O enraizamento

Dados Internacionais de Catalogação na Publicação (CIP)
(Câmara Brasileira do Livro, SP, Brasil)

Weil, Simone
  O enraizamento : prelúdio a uma declaração dos deveres para com o ser humano / Simone Weil ; tradução de Clarissa Ribeiro. – Petrópolis, RJ : Vozes, 2023. – (Clássicos da Espiritualidade)

  Título original: L'enracinement
  Bibliografia.
  ISBN 978-65-5713-820-5

  1. Alma – Cristianismo 2. Cristianismo 3. Ética cristã
I. Título. II. Série.

23-146237

Índices para catálogo sistemático:
1. Ética   170

Eliane de Freitas Leite – Bibliotecária – CRB 8/8415

Simone Weil

O enraizamento

Prelúdio a uma declaração dos deveres para com o ser humano

Tradução de Clarissa Ribeiro

EDITORA
VOZES

Petrópolis

Tradução realizada a partir do original em francês intitulado
L'enracinement. Prélude à une déclaration des devoirs.

© desta tradução:
2023, Editora Vozes Ltda.
Rua Frei Luís, 100
25689-900 Petrópolis, RJ
Brasil

Todos os direitos reservados. Nenhuma parte desta obra poderá ser reproduzida ou transmitida por qualquer forma e/ou quaisquer meios (eletrônico ou mecânico, incluindo fotocópia e gravação) ou arquivada em qualquer sistema ou banco de dados sem permissão escrita da editora.

CONSELHO EDITORIAL
Diretor
Volney J. Berkenbrock

Editores
Aline dos Santos Carneiro
Edrian Josué Pasini
Marilac Loraine Oleniki
Welder Lancieri Marchini

Conselheiros
Elói Dionísio Piva
Francisco Morás
Gilberto Gonçalves Garcia
Ludovico Garmus
Teobaldo Heidemann

Secretário executivo
Leonardo A.R.T. dos Santos

Diagramação: Daniela Alessandra Eid
Revisão gráfica: Lorena Delduca Herédias
Capa: Editora Vozes
Ilustração de capa: Lúcio Américo de Oliveira

ISBN 978-65-5713-820-5

Este livro foi composto e impresso pela Editora Vozes Ltda.

Sumário

Prefácio, 7

1 As necessidades da alma, 11
  1.1 A ordem, 19
  1.2 A liberdade, 22
  1.3 A obediência, 23
  1.4 A responsabilidade, 25
  1.5 A igualdade, 26
  1.6 A hierarquia, 29
  1.7 A honra, 30
  1.8 O castigo, 31
  1.9 A liberdade de opinião, 33
  1.10 A segurança, 44
  1.11 O risco, 45
  1.12 A propriedade privada, 46
  1.13 A propriedade coletiva, 47
  1.14 A verdade, 48

2 O desenraizamento, 53
  2.1 Desenraizamento operário, 55
  2.2 Desenraizamento camponês, 91
  2.3 Desenraizamento e nação, 114

3 O enraizamento, 206

Prefácio

Simone Weil (1909-1943) é uma autora que nos permite, como poucas, utilizar a expressão "vanguarda". Seus escritos, mas também sua vida, foram prenúncios de uma realidade religiosa e política que emergiriam apenas na segunda metade do século XX. Francesa, Weil participou da Guerra Civil Espanhola, mas também da Resistência Francesa, residindo em Londres. Trabalhou na fábrica da Renault, a fim de se aproximar dos operários e entender suas condições de trabalho. Muito antes da consolidação dos movimentos feministas e da participação das mulheres na política, Weil frequentava os ambientes partidários e ocupava espaços políticos e acadêmicos.

Também na relação com a religião, Weil, de família judaica, se mostra de vanguarda, expressando-se frente a questões como a subjetividade e a coerência entre a vida cristã e os relatos dos evangelhos. As cartas trocadas entre ela e o padre Perrin tratam destas questões e foram compiladas em várias obras. No Brasil temos *Carta a um religioso* (2016) e *Espera de Deus* (2019).

Simone Weil nasceu em 1909, em Paris. Filha de uma família judaica com boas condições financeiras, Weil teve acesso a bom ensino. Seu irmão mais velho, André, mostrava extrema capacidade intelectual, o que fazia com que Simone se sentisse inferior, embora não rivalizasse nem demonstrasse que havia cobranças familiares em relação a seu desempenho intelectual.

Em contato com o jornalista Maurice Schumann e com o ministro do interior e do trabalho André Philip, em 1942, Simone volta à Inglaterra, onde trabalhou como redatora de um pequeno escritório que também foi responsável pela reorganização da França no período pós-guerra. É justamente neste período que Simone escreve *O enraizamento*.

Enraizamento é uma obra da maturidade de Simone Weil. Nela, há muito de biográfico, de suas aspirações e de seus princípios, embora não seja a obra uma biografia. Escrita no final de sua vida, enquanto residia em Londres, Enraizamento traz a síntese de algumas questões. Diferente de outras obras como *Carta a um religioso* ou *Pensamentos desordenados sobre o amor de Deus*, que são coletâneas de textos escritos por Simone em determinados contextos, *O enraizamento* foi concebido como uma obra, apesar de não ter sido revisada ou finalizada. Porém sua publicação aconteceu apenas em 1949 por influência de Albert Camus.

Enraizar-se, alicerçar-se, consolidar-se, apegar-se, fixar-se, prender-se. "Criar raízes" pode ser uma expressão ambígua. Se por um lado as raízes são, metaforicamente, a expressão do sustento, são também a expressão da estagnação. Simone Weil acolhe a primeira via. Enraizar-se é entendido como um processo de identificação que acontece na relação com a história e com a cultura. Sem raízes, ao contrário, o ser humano se desconecta dos outros, de seu contexto e de si mesmo.

Seja na individualidade ou na coletividade, o ser humano se constrói a partir de suas raízes. A coletividade, sem raízes, torna-se desconectada de sua própria história. Os problemas vistos e vividos por Weil fazem com que ela compreenda as questões próprias do ser humano europeu da primeira metade do século XX, mas que ainda hoje dizem muito sobre todo ser humano que busca constituir-se como tal.

Última obra escrita por Weil, originalmente, *O enraizamento* recebeu o subtítulo *Prelúdio a uma declaração dos deveres para com o ser humano*, traz a constante relação entre a individualidade e a coletividade. A sociedade moderna, da qual a Europa do século XX é fruto, não existe sem o entendimento da coletividade, mas também com o contraponto da individualidade.

A obra é organizada em três partes: *As necessidades da alma, O desenraizamento* e *O enraizamento*. Tais partes não são originalmente de Simone Weil, que escreveu o texto menos subdividido. Os títulos foram colocados posteriormente.

Na primeira parte de sua obra, Weil trata das necessidades presentes na vida humana. Porém, por mais que tais necessidades tenham uma perspectiva vital, também são éticas. O ser humano não se limita a ser um ser de sobrevivência, mas constrói-se como um ser social. Suas necessidades são relacionadas à função do Estado e, assim sendo, são políticas.

Dois termos importantes são "direitos" e "deveres". Em um contexto de pós-guerra, Simone busca estabelecer uma reflexão de cunho ético na perspectiva dos direitos do ser humano. Em linhas gerais, Weil entende que o direito está submetido à obrigação, que por sua vez seria inerente à vida de qualquer ser humano.

Na segunda parte da obra, Weil busca apontar as falhas do mundo moderno no que diz respeito à garantia dos direitos humanos, o que ela chama de desenraizamento. Tal desenraizamento acontece em três ambientes que são abordados por Simone: o ambiente operário, camponês e na relação com a nação.

Por fim, na terceira parte, Weil trata das condições necessárias para a reconstrução de uma harmonia. O caminho para que essa reintegração aconteça é político e passa por opções como a educação e as relações sociais. Weil descreve e analisa o seu tempo com propriedade, mas também nos ajuda no entendimento de nossa própria história. Sendo um clássico, pode ser lido como um escrito atemporal, mas nunca fora do contexto histórico.

Welder Lancieri Marchini
Editor Vozes

1

As necessidades da alma

A noção de obrigação prima sobre a de direito, que lhe é subordinada e relativa. Um direito não é eficaz por si mesmo, mas somente pela obrigação à qual corresponde; a realização efetiva de um direito provém não daquele que o tem, mas dos outros homens que se reconhecem como obrigados a algo para com ele. A obrigação é eficaz desde que reconhecida. Ainda que uma obrigação não seja reconhecida por ninguém, nada da plenitude de seu ser se perde. Já um direito que não é reconhecido por ninguém é muito pouco.

Não há sentido em dizer que os homens têm, por um lado, direitos, por outro, deveres. Essas palavras expressam apenas diferenças de ponto de vista. A relação entre elas é como a do objeto e do sujeito. Um ser humano, considerado em si mesmo, tem somente deveres, dentre os quais encontram-se certos deveres para consigo mesmo. Os outros, considerados de seu ponto de vista, têm somente direitos. Ele tem direitos, por sua vez, quando é considerado a partir do ponto de vista dos outros, que reconhecem suas obrigações para com ele. Um ser humano que estivesse sozinho no universo não teria nenhum direito, mas teria obrigações.

A noção de direito, sendo de ordem objetiva, não pode ser separada das noções de existência e realidade.

Ela aparece quando a obrigação desce ao domínio dos fatos; por isso, ela sempre encerra em si, em certa medida, a consideração dos estados de coisas e das situações particulares. Os direitos sempre aparecem ligados a certas condições. Apenas a obrigação pode ser incondicionada. Ela se situa em um domínio que está acima de quaisquer condições, pois está acima deste mundo.

Os homens de 1789 não reconheciam a realidade de tal domínio. Eles só reconheciam a realidade das coisas humanas. É por isso que começaram pela noção de direito. Mas, ao mesmo tempo, quiseram estabelecer princípios absolutos. Essa contradição os fez cair em uma confusão de linguagem e de ideias que contribui muito para a confusão política e social da atualidade. O domínio do que é eterno, universal, incondicionado, se distingue do domínio das condições de fato, e lá habitam noções diferentes, ligadas à parte mais secreta da alma humana.

A obrigação liga apenas os seres humanos. Não há obrigações para as coletividades em si mesmas. Mas há obrigações para todos os seres humanos que compõem, servem, comandam ou representam uma coletividade, tanto na parte de suas vidas ligada à coletividade como na que dela independe.

Obrigações idênticas ligam todos os seres humanos, ainda que correspondam a atos diferentes segundo as situações. Nenhum ser humano, seja ele qual for, em nenhuma circunstância, pode fugir à obrigação sem cometer um crime; salvo o caso de duas obrigações reais serem de fato incompatíveis, de modo que o ser humano é forçado a abandonar uma delas.

A imperfeição de uma ordem social se mede pela quantidade de situações desse gênero que ela encerra.

Mas, mesmo nesse caso, só há crime se a obrigação abandonada não é apenas de fato abandonada, mas também negada.

O objeto da obrigação, no domínio das coisas humanas, é sempre o ser humano como tal. Há obrigação para com todo ser humano pelo simples fato de que é um ser humano, sem que tenha de intervir nenhuma outra condição, e ainda que o ser humano não reconheça obrigação alguma.

Essa obrigação não se baseia em nenhuma situação de fato, nem nas jurisprudências, nem nos costumes, nem na estrutura social, nem nas relações de poder, nem na herança do passado, nem na suposta orientação da história. Pois nenhuma situação de fato pode suscitar uma obrigação.

Essa obrigação não se baseia em nenhuma convenção. Pois todas as convenções podem ser modificadas pela vontade dos contratantes, enquanto nenhuma mudança na vontade dos homens pode modificar nela coisa alguma.

Essa obrigação é eterna. Ela responde ao destino eterno do ser humano. Apenas o ser humano tem um destino eterno. As coletividades humanas não. Assim como não há, com relação a elas, obrigações diretas que sejam eternas. Só é eterno o dever para com o ser humano como tal.

Essa obrigação é incondicionada. Se ela se fundamenta em algo, esse algo não pertence ao nosso mundo. Em nosso mundo, nada a fundamenta. É a única obrigação relativa às coisas humanas que não se submete a nenhuma condição.

Essa obrigação não tem um fundamento, mas se verifica na concordância da consciência universal. Ela é expressa por alguns dos mais antigos textos escritos que nos foram conservados. Ela é reconhecida por todos em todos os casos particulares em que não é combatida por interesses ou paixões. É relativamente a ela que se mede o progresso.

O reconhecimento dessa obrigação se expressa de uma maneira confusa e imperfeita, mas, a depender das circunstâncias, mais ou menos imperfeita, pelo que nomeamos de direitos positivos. Na medida em que os direitos positivos estão em conflito com ela, nessa medida exata eles têm o estigma da ilegitimidade.

Mesmo que essa obrigação eterna responda ao destino eterno do ser humano, ela não tem esse destino por objeto diretamente. O destino eterno de um ser humano não pode ser objeto de nenhuma obrigação, porque ele não se subordina a ações exteriores.

O fato de um ser humano ter um destino eterno impõe apenas uma obrigação, o respeito. A obrigação só se realiza se o respeito for efetivamente expresso, de uma maneira real e não fictícia; isso só ocorre por intermédio das necessidades terrestres do ser humano.

A consciência humana sobre esse ponto nunca variou. Há milhares de anos, os egípcios pensavam que uma alma não se justifica após a morte se não puder dizer: "Eu não deixei ninguém sofrer de fome". Todos os cristãos sabem-se expostos a ouvir um dia o próprio Cristo lhes dizer: "Tive fome e não me destes de comer". Todo mundo representa para si o progresso como sendo, primeiramente, a passagem a um estado da sociedade humana em que as pessoas não sofrerão mais de fome. Se a pergunta é colocada em termos gerais, a qualquer um, ninguém pensa que um ser humano seja inocente se, tendo comida em abundância e encontrando à sua porta alguém quase morto de fome, passa sem lhe dar nada.

É, portanto, uma obrigação eterna para com o ser humano não o deixar sofrer de fome quando se tem a ocasião de socorrê-lo. Sendo essa obrigação a mais evidente, ela deve servir como modelo para fazer a lista dos deveres eternos para com todo ser humano. Para ser estabelecida com rigor, essa lista deve proceder desse primeiro exemplo por analogia.

Por isso, a lista das obrigações para com o ser humano deve corresponder à lista das necessidades humanas vitais, análogas à fome.

Dentre essas necessidades, algumas são físicas, como a própria fome. É fácil enumerá-las. Elas concernem à proteção contra a violência, à moradia, às roupas, ao calor, à higiene, aos cuidados em caso de doença.

Outras, dentre essas necessidades, não têm a ver com a vida física, mas com a vida moral. Como as primeiras, contudo, elas são terrestres e não têm uma relação direta, que seja acessível à nossa inteligência, com o destino eterno do ser humano. Elas são, como as necessidades físicas, carências da vida aqui embaixo. Isso quer dizer que, se elas não forem satisfeitas, o ser humano atinge pouco a pouco um estado mais ou menos análogo à morte, mais ou menos próximo de uma vida puramente vegetativa.

Elas são muito mais difíceis de reconhecer e enumerar do que as necessidades corporais. Mas todo mundo reconhece que elas existem. Todas as crueldades que um conquistador pode exercer sobre populações submetidas, massacres, mutilações, fome organizada, a condição de escravo ou deportações massivas, são geralmente consideradas como medidas da mesma espécie, ainda que a liberdade ou o país natal não sejam necessidades físicas. Todo mundo tem consciência de que há crueldades que violam a vida do ser humano sem acometer o corpo. São as que privam o ser humano de certo ali-mento necessário à vida da alma.

As obrigações, incondicionadas ou relativas, eternas ou mutáveis, diretas ou indiretas, em sua relação com as coisas humanas derivam todas, sem exceção, das necessidades vitais do ser humano. As que não concernem diretamente a um ou outro ser humano determinado têm todas como objeto coisas que têm, no que toca aos homens, um papel análogo ao do alimento.

Deve-se respeitar um campo de trigo, não em si mesmo, mas porque é alimento para os homens.

De maneira análoga, deve-se respeitar toda e qualquer coletividade – pátria, família ou qualquer outra – não em si mesmas, mas como alimento de um certo número de almas humanas.

Essa obrigação impõe, na realidade, atitudes, atos diferentes segundo as diferentes situações. Mas, considerada por si mesma, ela é absolutamente idêntica para todos.

Ela é absolutamente idêntica especialmente para aqueles que estão do lado de fora.

O grau de respeito devido às coletividades humanas é muito elevado, por várias razões.

Primeiramente, cada uma delas é única e, se for destruída, não será substituída. Um saco de trigo pode sempre ser substituído por um outro saco de trigo. O alimento que uma coletividade fornece à alma dos que dela são membros não encontra equivalente no universo inteiro.

Depois, por sua duração, a coletividade já penetra no porvir. Ela contém alimento não somente para as almas dos vivos, mas também para as de seres ainda não nascidos que virão ao mundo no curso dos próximos séculos.

Enfim, pela mesma duração, a coletividade tem suas raízes no passado. Ela constitui o único órgão de conservação para os tesouros espirituais acumulados pelos mortos, único órgão de transmissão por meio do qual os mortos possam falar com os vivos. E a única coisa terrestre que tenha uma ligação direta com o destino eterno do ser humano é a propagação dos que souberam tomar consciência completa desse destino, transmitido de geração em geração.

Por causa de tudo isso, pode acontecer que a obrigação relativa a uma coletividade em perigo chegue ao sacrifício total. Mas não decorre disso que a coletividade esteja acima do ser humano. Acontece também que a obrigação de socorrer um ser humano em apuros deva chegar ao sacrifício total, sem que isso implique nenhuma superioridade da parte de quem é socorrido.

Um camponês, em certas circunstâncias, pode ter de se expor, para cultivar seu campo, ao esgotamento, à doença ou até mesmo à morte. Mas ele tem sempre em mente que se trata unicamente de pão.

De uma maneira análoga, mesmo no momento do sacrifício total, jamais uma coletividade merece outra coisa senão um respeito análogo ao que é devido ao alimento.

Acontece com frequência de o papel se inverter. Certas coletividades, ao invés de servir como alimento, pelo contrário comem as almas. Há, nesse caso, doença social, e a primeira obrigação é tentar um tratamento; em certas circunstâncias pode ser necessário se inspirar nos métodos cirúrgicos.

Sobre esse ponto também, a obrigação é idêntica para aqueles que estão dentro da coletividade e para aqueles que estão fora.

Acontece também que uma coletividade forneça às almas de seus membros um alimento insuficiente. Nesse caso, deve-se melhorá-la.

Enfim, há coletividades mortas que, sem devorar as almas, tampouco as alimentam. Se é totalmente certo que elas estão mortas mesmo, que não se trata de uma letargia passageira, e somente nesse caso, deve-se aniquilá-las.

O primeiro estudo a ser feito é o das necessidades que são, para a vida da alma, como as necessidades de alimento, sono e calor para a vida do corpo. Deve-se tentar enumerá-las e defini-las.

Nunca se deve confundi-las com os desejos, caprichos, as fantasias, os vícios. Deve-se também discernir o essencial e o acidental. O ser humano não precisa de arroz ou de batatas, mas de alimento; não de madeira ou de carvão, mas de aquecimento. O mesmo vale para as necessidades da alma, pois deve-se reconhecer as satisfações diferentes, porém equivalentes, respondendo às mesmas necessidades. Deve-se também distinguir alimentos para a alma dos venenos que, por um tempo, podem dar a ilusão de substituí-los.

A ausência de tal estudo força os governos, quando têm boas intenções, a vacilar ao sabor do acaso.

Aqui estão algumas indicações.

1.1 A ordem

A primeira necessidade da alma, a que está mais próxima do destino eterno, é a ordem, isto é, um tecido de relações sociais tal que ninguém seja forçado a violar obrigações rigorosas para executar outras obrigações. A alma só sofre uma violência espiritual da parte das circunstâncias exteriores nesse caso. Pois aquele que é retido na execução de uma obrigação apenas pela ameaça da morte ou do sofrimento pode superá-la, e será ferido somente em seu corpo. Mas aquele para quem as circunstâncias tornam realmente incompatíveis os atos ordenados por várias obrigações estritas, sem que possa defender-se, fere-se em seu amor pelo bem.

Hoje, há um grau elevado de desordem e de incompatibilidade entre as obrigações.

Qualquer um que aja de modo a aumentar essa incompatibilidade é causa de desordem. Qualquer um que aja de modo a diminuí-la é um fator de ordem. Qualquer um que, para simplificar os problemas, negue certas obrigações, concluiu em seu coração uma aliança com o crime.

Infelizmente, não se tem um método para diminuir essa incompatibilidade. Nem mesmo se tem a certeza de que a ideia de uma ordem em que todas as obrigações seriam compatíveis não seja uma ficção.

Quando o dever desce ao nível dos fatos, um número tão grande de relações independentes entra em jogo que a incompatibilidade parece bem mais provável do que a compatibilidade.

Mas todos nós temos sob os olhos o exemplo do universo, onde uma infinidade de ações mecânicas independentes concorre para constituir uma ordem que, através de variações, permanece fixa. Nós também amamos a beleza do mundo, porque sentimos por detrás dela a presença de algo análogo à sabedoria que gostaríamos de ter para satisfazer nosso desejo do bem.

Em menor grau, as obras de arte verdadeiramente belas oferecem o exemplo de conjuntos em que fatores independentes concorrem, de maneira impossível de compreender, para constituir uma beleza única.

Enfim, o sentimento das diversas obrigações procede sempre de um desejo do bem que é único, fixo, idêntico a si mesmo, para todo ser humano, do berço ao túmulo. Esse desejo que age perpetuamente no fundo de nós impede que possamos nos resignar a situações em que as obrigações são incompatíveis. Ou recorremos à mentira para esquecer que elas existem, ou nos debatemos cegamente para encontrar uma saída.

A contemplação das obras de arte autênticas, e mais ainda a da beleza do mundo, e mais ainda a do bem desconhecido ao qual aspiramos pode nos amparar no esforço de pensar continuamente na ordem humana que deve ser nosso primeiro objeto. Os grandes causadores de violência tomaram coragem ao considerar como a força mecânica, cega, é soberana em todo o universo.

Olhando o mundo melhor do que eles, nós encontraremos maior encorajamento se considerarmos como as forças cegas inumeráveis são limitadas, combinadas em um equilíbrio, levadas a concorrer para uma unidade por algo que não compreendemos, mas que amamos e que nomeamos beleza.

Se mantivermos sempre em mente o pensamento de uma ordem humana verdadeira, se pensarmos nisso como em um objeto ao qual se deve o sacrifício total quando a ocasião se apresenta, estaremos na situação de um ser humano que caminha à noite, sem guia, mas pensando sem parar na direção que quer seguir. Para um tal viajante, há uma grande esperança.

Essa ordem é a primeira necessidade, ela está até mesmo acima das necessidades propriamente ditas. Para poder pensá-la, é preciso ter conhecimento das outras necessidades.

A primeira característica que distingue as necessidades dos desejos, das fantasias ou dos vícios, e os alimentos das iguarias ou venenos, é que as necessidades são limitadas, assim como os alimentos a elas correspondentes. Um avarento nunca tem ouro o bastante, mas para qualquer outro ser humano, se lhe dão pão ilimitado, chegará um momento em que terá tido o suficiente. O alimento traz saciedade. O mesmo vale para os alimentos da alma.

A segunda característica, ligada à primeira, é que as necessidades se organizam em duplas de contrários, e devem ser combinadas em equilíbrio. O ser humano precisa de alimento, mas também de um intervalo entre as refeições; ele precisa de calor e de frescor, de repouso e exercício. O mesmo vale para as necessidades da alma.

O que chamamos de meio termo consiste, na realidade, em não satisfazer nem uma, nem outra necessidade contrária. É uma caricatura do verdadeiro equilíbrio pelo qual as necessidades contrárias são satisfeitas, uma e outra, em sua plenitude.

1.2 A liberdade

Um alimento indispensável à alma humana é a liberdade. A liberdade, no sentido concreto da palavra, consiste em uma possibilidade de escolha. Trata-se, claro, de uma possibilidade real. Em toda parte onde há vida comum, é inevitável que regras, impostas pela utilidade comum, limitem a escolha.

Mas a liberdade não é maior ou menor segundo a estreiteza ou largura dos limites. Ela tem sua plenitude sob condições menos facilmente mensuráveis.

É preciso que as regras sejam bastante razoáveis e bastante simples para que qualquer um que deseje e disponha de uma capacidade média de atenção possa compreender, por um lado, a utilidade à qual elas correspondem, por outro, as necessidades de fato que as impuseram. É preciso que elas emanem de uma autoridade que não seja vista como estrangeira ou inimiga, que seja amada como pertencente àqueles que dirige. É preciso que elas sejam bastante estáveis, bem pouco numerosas, bem gerais, para que o pensamento possa assimilá-las de uma vez por todas, e não se chocar com elas a cada tomada de decisão.

Sob essas condições, a liberdade dos homens de boa vontade, ainda que, de fato, limitada, é total na consciência. Uma vez que, as regras tendo sido incorporadas a seu próprio ser, as possibilidades proibidas não se mostram a seu pensamento e não terão de ser rejeitadas. Da mesma forma, o hábito, firmado pela educação, de não comer coisas repulsivas ou perigosas não é percebido por um ser humano normal como um limite à liberdade no domínio da alimentação. Somente a criança sente o limite.

Aqueles a quem falta boa vontade ou que permanecem pueris nunca são livres, em nenhum estado da sociedade.

Quando as possibilidades de escolha são largas a ponto de se tornarem nocivas à utilidade comum, os homens não desfrutam da liberdade. Pois eles precisam, seja recorrer ao recurso da irresponsabilidade, da puerilidade, da indiferença, refúgio onde só podem encontrar o tédio, seja sentirem-se esmagados pela responsabilidade, em qualquer circunstância, por medo de prejudicar alguém. Em um caso assim os homens, acreditando erradamente possuir a liberdade e sentindo que dela não desfrutam, acabam pensando que a liberdade não é um bem.

1.3 A obediência

A obediência é uma necessidade vital da alma humana. Ela é de duas espécies: obediência a regras estabelecidas e obediência a seres humanos vistos como chefes. Ela supõe o consentimento, não a cada uma das ordens recebidas, mas um consentimento concedido de uma vez por todas, sob a única reserva, se a circunstância pedir, das exigências da consciência. É preciso que seja comumente reconhecido, e pelos chefes em primeiro lugar, que o consentimento e não o medo do castigo ou a atração da recompensa constitui de fato o principal estímulo à obediência, de maneira que a submissão não se preste à suspeita de servilismo. É preciso, também, que seja de conhecimento geral que os que comandam, por seu lado, obedecem; e é preciso que toda a hierarquia seja orientada para um objetivo cujo valor e mesmo a grandeza sejam sentidos por todos, do mais alto ao mais baixo.

Como a obediência é um alimento necessário à alma, qualquer um que dela é definitivamente privado está doente. Assim, toda coletividade regida por um chefe soberano que não deve prestar contas a ninguém se encontra entre as mãos de um doente.

É por isso que, em lugares onde um ser humano ocupa por toda a vida a liderança da organização social, é preciso que ele seja um símbolo e não um chefe, como é o caso do rei da Inglaterra; é preciso também que as conveniências limitem sua liberdade mais estreitamente do que a de qualquer homem do povo. Dessa maneira, os chefes efetivos, ainda que chefes, têm alguém acima deles; por outro lado eles podem, sem que a continuidade seja rompida, se substituir, e, em seguida, cada um receber a sua parte indispensável de obediência.

Quem submete massas humanas pela coação e pela crueldade as privam ao mesmo tempo de dois alimentos vitais, liberdade e obediência; pois essas massas não podem mais conceder seu consentimento interior à autoridade que lhes subjuga. Os que favorecem um estado de coisas em que a tentação do ganho seja o motor principal retiram dos homens a obediência, pois o consentimento, que é seu princípio, não é algo que se possa vender.

Mil sinais mostram que os homens de nossa época estavam, há muito tempo, esfomeados de obediência. Mas se aproveitaram disso para lhes dar a escravidão.

1.4 A responsabilidade

A iniciativa e a responsabilidade, o sentimento de ser útil e mesmo indispensável, são necessidades vitais da alma humana.

A privação completa nesse sentido se dá no caso do desempregado, mesmo se ele é socorrido de maneira a poder comer, se vestir e ter moradia. Ele não é nada na vida econômica, e a cédula de voto que constitui sua parte na vida política não tem sentido para ele.

O peão está em uma situação não muito melhor.

A satisfação dessa necessidade exige que um ser humano tenha de tomar amiúde decisões face a problemas, grandes ou pequenos, que afetam interesses estrangeiros aos seus, mas nos quais se sente engajado. É preciso também que ele tenha de fornecer esforços de maneira contínua. É preciso enfim que possa apropriar-se pelo pensamento da obra inteira da coletividade da qual é membro, inclusive dos domínios em que nunca toma decisões e dá opiniões. Para tanto, é preciso fazer com que a conheça, solicitar seu interesse, fazer com que se torne sensível ao valor, à utilidade e, se for o caso, à grandeza da comunidade, e fazer com que apreenda claramente o papel que nela desempenha.

Toda coletividade, de toda e qualquer espécie, que não fornece essas satisfações a seus membros, está louca e deve ser transformada.

Em toda personalidade um pouco forte, a necessidade de iniciativa vai até a necessidade de comando. Uma vida local e regional intensa, uma profusão de obras educativas e de movimentos de juventude, devem dar a qualquer um que não seja incapaz a ocasião de comandar durante certos períodos da vida.

1.5 A igualdade

A igualdade é uma necessidade vital da vida humana. Ela consiste no reconhecimento público, geral, efetivo, expresso realmente pelas instituições e os costumes, de que se deve a mesma quantidade de respeito e de deferências a todo ser humano, porque se deve respeito a todo ser humano como tal e sem gradiente.

Por isso, as diferenças inevitáveis entre os homens nunca devem revestir o sentido de uma diferença no grau de respeito. Para que elas não sejam percebidas como tendo esse significado, é preciso um certo equilíbrio entre igualdade e desigualdade.

Uma certa combinação da igualdade e da desigualdade é constituída pela igualdade de possibilidades. Se qualquer um pode chegar ao nível social correspondente à função que é capaz de cumprir, e se a educação é difundida o suficiente para que ninguém seja privado de nenhuma capacidade pelo fato do nascimento, a esperança é a mesma para todas as crianças. Assim, cada ser humano é igual ao outro em esperança, por sua conta quando é jovem, por conta de seus filhos mais tarde.

Mas essa combinação, quando atua sozinha e não como um fator dentre outros, não constitui um equilíbrio e encerra grandes perigos.

Primeiramente, para um ser humano que está em uma situação inferior e que sofre por isso, saber que sua situação é causada por sua incapacidade, e saber que todos sabem, não é um consolo, mas redobra o amargor; segundo as personalidades, alguns podem se arruinar, outros ser levados ao crime.

Depois, cria-se inevitavelmente na vida social como uma bomba que suga para o alto. O resultado é uma doença social se um movimento descendente não vier equilibrar-se com o movimento ascendente. Na medida em que seja realmente possível para uma criança, filho de servente, ser um dia ministro, nessa medida deve ser realmente possível que uma criança, filho de ministro, seja um dia servente. A abrangência dessa segunda possibilidade não pode ser relevante sem um grau muito perigoso de coação social.

Essa espécie de igualdade, se ela atua só e sem limites, dá à vida social um grau de fluidez que a decompõe.

Há métodos menos grosseiros para combinar a igualdade e a diferença. O primeiro é a proporção. A proporção se define como a combinação da igualdade e da desigualdade, e por toda parte no universo ela é o único fator do equilíbrio.

Aplicada ao equilíbrio social, ela imporia a cada ser humano tarefas correspondentes ao poder, ao bem-estar que ele possui, e riscos correspondentes em caso de incapacidade ou de infração. Por exemplo, seria preciso que um patrão incapaz ou culpado por uma infração para com seus operários tenha de sofrer muito mais, em sua alma e em sua carne, que um peão incapaz, ou culpado por uma infração para com seu patrão. Além do mais, seria preciso que todos os peões soubessem que assim é. Isso implica, por um lado, uma certa organização dos riscos, por outro, em direito penal, uma concepção da punição em que o nível social, como circunstância agravante, influencie sempre em larga medida na determinação da pena. Mais justificado ainda é o exercício de funções públicas de alto escalão dever comportar graves riscos pessoais.

Uma outra maneira de tornar a igualdade compatível com a diferença é retirar das diferenças, o máximo possível, qualquer caráter quantitativo. Onde há somente diferença de natureza, não de grau, não há desigualdade alguma.

Fazendo do dinheiro a única motivação ou quase de todos os atos, a única medida ou quase de todas as coisas, colocou-se o veneno da desigualdade por toda parte. É verdade que essa desigualdade é volúvel; ela não se liga às pessoas, pois o dinheiro se ganha e se perde; ela não é menos real por isso.

Há duas espécies de desigualdade, às quais correspondem dois estimulantes diferentes. A desigualdade praticamente estável, como a da antiga França, suscita a idolatria dos superiores – não sem uma mistura de ódio recalcado – e a submissão a suas ordens. A desigualdade móvel, fluida, suscita o desejo de se elevar. Ela não é mais próxima da igualdade do que a desigualdade estável, e é tão doentia quanto. A Revolução de 1789, promovendo a igualdade, só fez, na realidade, consagrar a substituição de uma forma de desigualdade por outra.

Quanto mais igualdade há em uma sociedade, menor é a ação dos dois estimulantes ligados às duas formas de desigualdade, e por isso outros se fazem necessários.

A igualdade é maior à proporção que as diferentes condições humanas são vistas como sendo, não mais ou menos uma do que outra, mas simplesmente outras. Que a profissão de minerador e a de ministro sejam simplesmente duas vocações diferentes, como as de poeta e matemático. Que as durezas materiais ligadas à condição de minerador sejam acrescidas à honra daqueles que delas sofrem.

Em tempos de guerra, se um exército tem o espírito que convém, um soldado fica feliz e orgulhoso de estar em combate e não no quartel; um general fica feliz e orgulhoso pelo destino da batalha depender de seu pensamento; e ao mesmo tempo o soldado admira o general e o general admira o soldado. Um tal equilíbrio constitui uma igualdade. Haveria igualdade nas condições sociais se se encontrasse esse equilíbrio.

Isso implica, para cada condição, marcas de consideração que lhes sejam próprias, e que não sejam mentirosas.

1.6 A hierarquia

A hierarquia é uma necessidade vital da alma humana. Ela é constituída por uma certa veneração, um certo devotamento aos superiores, considerados não enquanto pessoas ou pelo poder que exercem, mas como símbolos. Aquilo de que são símbolos é esse domínio que se encontra acima de todo ser humano e cuja expressão nesse mundo é constituída pela obrigação de cada ser humano para com seus semelhantes. Uma verdadeira hierarquia supõe que os superiores tenham consciência dessa função de símbolo e saibam que ela é o único objeto legítimo do devotamento de seus subordinados. A verdadeira hierarquia tem como efeito levar cada um a se instalar moralmente no lugar que ocupa.

1.7 A honra

A honra é uma necessidade vital da alma humana. O respeito devido a cada ser humano como tal, mesmo que seja efetivamente concedido, não basta para satisfazer essa necessidade; pois ele é idêntico para todos e imutável; enquanto a honra se relaciona com um ser humano considerado, não simplesmente como tal, mas em seu meio social. Essa necessidade é plenamente satisfeita se cada uma das coletividades das quais um ser humano é membro lhe oferece um quinhão de uma tradição de grandeza contida em seu passado e publicamente reconhecida fora dela.

Por exemplo, para que a necessidade de honra seja satisfeita na vida profissional, é preciso que a cada profissão corresponda alguma coletividade realmente capaz de conservar viva a lembrança dos tesouros de grandeza, de heroísmo, de probidade, de generosidade, de genialidade, despendidos no exercício da profissão.

Toda opressão cria uma fome no que toca à necessidade de honra, pois as tradições de grandeza possuídas pelos oprimidos não são reconhecidas, por falta de prestígio social.

É sempre esse o efeito da conquista. Vercingetorix não era um herói para os romanos. Se os ingleses tivessem conquistado a França no século XV, Joana d'Arc estaria bem esquecida, mesmo, em larga medida, por nós. Atualmente, nós falamos dela para os anamitas, os árabes; mas eles sabem que nós não ouvimos falar de seus heróis e santos; assim o estado em que os mantemos é um ataque à honra.

A opressão social tem os mesmos efeitos. Guynemer, Mermoz entraram na consciência pública favorecidos pelo prestígio social da aviação; o heroísmo por vezes inacreditável despendido por mineradores ou pescadores quase não tem repercussão nos meios de mineradores e pescadores.

O grau extremo da privação da honra é a privação total de consideração infligida a categorias de seres humanos. Tais como, na França, em modalidades diversas, as prostitutas, os condenados pela justiça, os policiais, o subproletariado de imigrantes e de nativos das colônias... Tais categorias não devem existir.

Somente o crime deve colocar o ser que o cometeu fora da consideração social, e o castigo deve reintegrá-lo.

1.8 O castigo

O castigo é uma necessidade vital da alma humana. Ele é de duas espécies, disciplinar e penal. Os da primeira espécie oferecem uma segurança contra as falhas, com relação às quais a luta seria desgastante demais se não houvesse um apoio exterior. Mas o castigo mais indispensável à alma é o que pune o crime. Pelo crime, um ser humano coloca a si mesmo fora da rede de obrigações eternas que liga cada ser humano a todos os outros. Ele só pode ser reintegrado a ela pelo castigo, de forma plena se há consentimento da parte dele, senão imperfeitamente. Assim como a única maneira de demonstrar respeito por quem sofre de fome é lhe dar de comer, o único meio de demonstrar respeito por quem se colocou fora da lei é reintegrá-lo na lei pela submissão ao castigo que ela prescreve.

A necessidade de castigo não é satisfeita onde, como é o caso geralmente, o código penal é somente um procedimento de coação pelo terror.

A satisfação dessa necessidade exige primeiro que tudo o que toca ao direito penal tenha um caráter solene e sagrado; que a majestade da lei se comunique ao tribunal, à polícia, ao acusado, ao condenado, e mesmo nos casos pouco importantes, bastando que possam levar à privação da liberdade. É preciso que o castigo seja uma honra, que não somente ele apague a vergonha do crime, mas que seja visto como uma educação suplementar que obriga a um grau maior de devotamento ao bem público. É preciso também que a dureza das penas responda ao caráter das obrigações violadas e não aos interesses da segurança social.

A desconsideração pela polícia, a leviandade dos magistrados, o regime das prisões, o rebaixamento definitivo dos condenados pela justiça, a escala das penas que prevê uma punição bem mais cruel para dez pequenos roubos do que para um estupro ou certos assassinatos, tudo isso impede que exista entre nós qualquer coisa que mereça o nome castigo.

Para as infrações e para os crimes, o grau de impunidade deve aumentar não quando subimos, mas quando descemos na escala social. De outro modo os sofrimentos infligidos são vividos como coações ou mesmo abusos de poder, e não constituem castigos. Só há castigo se o sofrimento vier junto de um sentimento de justiça em algum momento, nem que seja depois, na lembrança. Assim como o musicista desperta o sentimento do belo pelos sons, o sistema penal deve saber despertar o sentimento da justiça no criminoso pela dor, ou mesmo, se for o caso, pela morte. Tal como se diz quanto ao aprendiz que se machuca, que ele incorpora a profissão, o castigo é um método para fazer entrar a justiça na alma do criminoso pelo sofrimento da carne.

A questão do melhor procedimento para impedir que se estabeleça no alto uma conspiração em vistas de obter a impunidade é um dos problemas políticos mais difíceis de resolver. Ele só pode ser resolvido se um ou vários homens têm a função de impedir uma tal conspiração, e caso se encontrem em uma situação tal que não sejam tentados a participar dela.

1.9 A liberdade de opinião

A liberdade de opinião e a liberdade de associação são geralmente mencionadas juntas. Isso é um erro. Salvo o caso dos agrupamentos naturais, a associação não é uma necessidade, mas um expediente da vida prática.

Ao contrário, a liberdade de expressão total, ilimitada, para toda e qualquer opinião, sem nenhuma restrição nem reserva, é uma necessidade absoluta para a inteligência. Por isso ela é uma necessidade da alma, pois, quando a inteligência não está à vontade, a alma inteira está doente. A natureza e os limites da satisfação correspondente a essa necessidade estão inscritos na própria estrutura das diferentes faculdades da alma. Pois uma mesma coisa pode ser limitada e ilimitada, assim como se pode prolongar indefinidamente o comprimento de um retângulo sem que ele deixe de estar limitado em seu comprimento.

Em um ser humano, a inteligência pode ser exercida de três maneiras. Ela pode trabalhar em problemas técnicos, isto é, buscar meios para atingir um objetivo pré-estabelecido. Ela pode fornecer luz quando se realiza pela deliberação da vontade na escolha de uma orientação. Ela pode, enfim, agir sozinha, separada das outras faculdades, em uma especulação puramente teórica da qual toda preocupação com a ação foi provisoriamente afastada.

Em uma alma sã, ela é exercitada das três maneiras em revezamento, com graus diferentes de liberdade. Na primeira função, ela é uma serva. Na segunda função, ela é destruidora e deve ser reduzida ao silêncio assim que começa a fornecer argumentos à parte da alma que, em qualquer um que não chegou ao estado de perfeição, se põe sempre do lado do mal. Mas quando ela age sozinha e separada, é preciso que disponha de uma liberdade soberana. De outro modo, falta ao ser humano algo de essencial.

O mesmo acontece em uma sociedade sã. É por isso que seria desejável constituir, no domínio da publicação, uma reserva de liberdade absoluta, mas de maneira que se compreenda que as obras ali publicadas não engajam em nenhum grau os autores e não contêm nenhum conselho para o leitor. Nelas poderiam encontrar-se, expostos em toda a sua força, todos os argumentos em favor das causas ruins. É bom e saudável que seja assim. Qualquer um poderia elogiar, ali, aquilo que mais reprova. Seria de notoriedade pública que tais obras teriam por objeto, não a definição da posição dos autores face aos problemas da vida, mas a contribuição, por meio de pesquisas preliminares, para a enumeração completa e correta dos dados relativos a cada problema. A lei impediria que sua publicação implicasse para o autor qualquer risco de qualquer espécie.

Ao contrário, as publicações destinadas a influenciar o que nomeamos opinião, isto é, na realidade, a conduta da vida, constituem atos e devem ser submetidos às mesmas restrições que todos os atos. Dito de outro modo, elas não devem prejudicar de modo ilegítimo nenhum ser humano, e sobretudo nunca devem conter negação alguma, explícita ou implícita, das obrigações eternas para com o ser humano, uma vez que essas obrigações foram solenemente reconhecidas por lei.

A distinção dos dois domínios, o que está fora da ação e o que faz parte dela, é impossível de formular no papel em língua jurídica. Mas isso não impede que ela seja perfeitamente clara. A separação desses domínios é, na realidade, fácil de estabelecer, basta que a vontade de alcançá-la seja forte o suficiente.

É claro, por exemplo, que a imprensa inteira, cotidiana e semanal, se encontra no segundo domínio. As revistas igualmente, pois elas todas constituem uma base para a difusão de uma certa maneira de pensar; apenas as que renunciassem a essa função poderiam pretender a liberdade total.

O mesmo vale para a literatura. Seria uma solução para o debate que recentemente se levantou sobre a moral e a literatura, e que foi obscurecido pelo fato de que todas as pessoas de talento, por solidariedade profissional, se encontravam de um lado, e somente imbecis e frouxos do outro.

Mas a posição dos imbecis e dos frouxos não deixava de ser, em larga medida, conforme à razão. Os escritores têm uma maneira inadmissível de fazer jogo duplo. Nunca pretenderam tanto ter, e exerceram tanto, o papel de diretores de consciência como em nossa época. Na realidade, no curso dos anos que precederam a guerra, ninguém disputou com eles essa função, exceto os eruditos. O lugar outrora ocupado por padres na vida moral do país estava tomado por físicos e romancistas, o que é suficiente para mensurar o valor de nosso progresso. Mas se alguém pedisse explicações aos escritores sobre a orientação de sua influência, eles se refugiavam com indignação atrás do privilégio sagrado da arte pela arte.

Sem nenhuma dúvida, por exemplo, Gide sempre soube que livros como os *Frutos da terra* ou os *Porões do Vaticano* tiveram uma influência sobre a conduta prática da vida de centenas de jovens, e disso se orgulhou. Não há, então, nenhum motivo para colocar tais livros atrás da barreira intocável da arte pela arte, e prender um garoto que jogue alguém para fora de um trem em movimento. Seria possível também exigir os privilégios da arte pela arte em favor do crime. Em outros tempos os surrealistas não estavam longe disso. Tudo aquilo que tantos imbecis repetiram à exaustão sobre a responsabilidade dos escritores em nossa derrota é com certeza verdadeiro, desgraçadamente.

Se um escritor, em favor da liberdade total concedida à inteligência pura, publicar escritos contrários aos princípios de moral reconhecidos pela lei, e se mais tarde ele se tornar, notoriamente, um foco de influência, é fácil perguntar-lhe se está disposto a divulgar publicamente que esses escritos não expressam sua posição. Em caso contrário, é fácil puni-lo. Se ele mentir, é fácil desonrá-lo. Além do mais, deve-se admitir que a partir do momento em que um escritor ocupa um lugar entre as influências que dirigem a opinião pública, ele não pode pretender uma liberdade ilimitada. Também nesse caso uma definição jurídica é impossível, mas os fatos realmente não são difíceis de discernir. Não há razão nenhuma para limitar a soberania da lei ao domínio das coisas que podem ser expressas por formulações jurídicas, pois essa soberania é exercida tão bem quanto por juízos de equidade.

Além do mais, a própria necessidade de liberdade, tão essencial à inteligência, exige uma proteção contra a sugestão, a propaganda, a influência por obsessão. Esses são modos de coação, uma coação particular, que não é acompanhada pelo medo ou a dor física, mas que não deixa de ser uma violência. A técnica moderna lhe fornece instrumentos extremamente eficazes. Essa coação, por sua natureza, é coletiva, e as almas humanas são suas vítimas.

O Estado, claro, ao usar tais instrumentos se torna criminoso, salvo no caso de uma necessidade gritante de salvação pública. Mas ele deve, além disso, impedir que sejam usados. A publicidade, por exemplo, deve ser rigorosamente limitada pela lei. Sua quantidade deve ser consideravelmente reduzida; deve-se proibir que a publicidade toque em temas pertencentes ao domínio do pensamento.

Da mesma forma, pode haver repressão contra a imprensa, as emissões radiofônicas, e qualquer outra coisa semelhante, não somente por ataque aos princípios da moralidade publicamente reconhecidos, mas pela baixeza do tom e do pensamento, o mau gosto, a vulgaridade, por uma atmosfera moral insidiosamente corruptora. Uma tal repressão pode ser exercida sem tocar, mesmo minimamente, na liberdade de opinião. Por exemplo, um jornal pode ser suprimido sem que os membros da redação percam o direito de publicar o que lhes aprouver, ou mesmo, em casos menos graves, podendo permanecer juntos para continuar com o mesmo jornal sob um outro nome. Simplesmente, ele terá sido publicamente marcado pela infâmia e correrá o risco de sê-lo novamente. É um dever conceder a liberdade de opinião unicamente, e com reservas, ao jornalista, não ao jornal; pois somente o jornalista tem a capacidade de formar uma opinião.

De uma maneira geral, todos os problemas concernentes à liberdade de expressão se esclarecem ao se estabelecer que essa liberdade é uma necessidade da inteligência, e que a inteligência reside unicamente no ser humano, considerado em si mesmo. Não há exercício coletivo da inteligência. Por isso nenhum grupo pode legitimamente pretender a liberdade de expressão, porque um grupo não tem, nem minimamente, essa necessidade.

Muito pelo contrário, a proteção da liberdade de pensar exige que seja proibido pela lei que um grupo expresse uma opinião. Pois quando um grupo começa a ter opiniões, ele tende inevitavelmente a impô-las a seus membros. Cedo ou tarde os indivíduos se veem impedidos, com um grau de rigor maior ou menor, sobre um número de problemas mais ou menos consideráveis, de expressar opiniões opostas àquelas do grupo, ao menos que saiam dele. Mas a ruptura com um grupo de que se é membro traz sempre sofrimentos, pelo menos um sofrimento sentimental. E na mesma medida em que o risco, a possibilidade do sofrimento, são elementos saudáveis e necessários para a ação, eles também são coisas doentias para o exercício da inteligência. Um temor, mesmo leve, sempre provoca seja abatimento, seja enrijecimento, segundo o grau de coragem, e nada mais é preciso para distorcer o instrumento de precisão extremamente delicado e frágil que a inteligência constitui. Mesmo a amizade, nesse quesito, é um grande perigo. A inteligência é vencida assim que a expressão dos pensamentos é precedida, explicitamente ou implicitamente, pela palavrinha "nós". E quando a luz da inteligência se obscurece, ao fim de um tempo bem curto o amor pelo bem se perde.

A solução prática imediata é com certeza a abolição dos partidos políticos. A luta dos partidos, tal como existia na Terceira República, é intolerável; o partido único, que é, aliás, o resultado dela, é o mal em seu grau extremo; não resta outra possibilidade senão uma vida pública sem partidos. Hoje, uma ideia como essa soa como algo novo e audacioso. Melhor assim, porque é preciso algo novo. Mas, na realidade, essa é simplesmente a tradição de 1789. Aos olhos das pessoas de 1789, não havia sequer outra possibilidade; uma vida pública tal qual a nossa no curso dos últimos cinquenta anos seria, para eles, parecido com um horroroso pesadelo; eles nunca teriam acreditado na possibilidade de um representante do povo abdicar de sua dignidade a ponto de se tornar o membro disciplinado de um partido.

Rousseau, aliás, tinha mostrado claramente que a luta dos partidos mata automaticamente a República. Ele tinha previsto seus efeitos. Seria bom encorajar neste momento a leitura do *Contrato Social*. Na realidade, presentemente, em todo lugar onde havia partidos políticos, a democracia está morta. Todos sabem que os partidos ingleses têm tradições, um espírito, uma função tal que não se pode compará-los a nada mais. Todos sabem também que as equipes concorrentes dos Estados Unidos não são partidos políticos. Uma democracia em que a vida pública é constituída pela luta de partidos políticos é incapaz de impedir a formação de um partido que tenha como objetivo declarado destruí-la. Se ela faz leis excepcionais, se asfixia. Se não as faz, está tão segura quanto um passarinho diante de uma serpente.

Seria preciso distinguir duas espécies de grupos, os grupos de interesses, aos quais a organização e a disciplina seriam permitidas em certa medida, e os grupos de ideias, aos quais isso seria rigorosamente proibido. Na situação atual, é bom permitir que as pessoas se juntem para defender seus interesses, isto é, o dinheiro no bolso e coisas similares, e deixar esses grupos agir sob limites muito estreitos e sob a vigilância perpétua dos poderes públicos. Mas não se deve deixá-los tocar nas ideias. Os grupos em que se debatem pensamentos devem ser mais como meios sociais, mais ou menos fluidos, do que como grupos. Quando uma ação é delineada ali, não há motivo para que seja executada por outros senão os que a aprovam.

No movimento operário por exemplo, uma tal distinção daria fim a uma confusão inextricável. No período que precedeu a guerra, três orientações solicitavam e dividiam perpetuamente todos os operários. Primeiramente a luta pela grana; depois os restos, cada vez mais fracos, mas sempre um pouco vivos, do velho espírito sindicalista de antigamente, idealista e mais ou menos libertário; enfim os partidos políticos. Frequentemente, no curso de uma greve, os operários que sofriam e lutavam teriam sido totalmente incapazes de entender se se tratava de salários, ou de uma lufada do velho espírito sindical, ou de uma operação política conduzida por um partido; e também ninguém de fora podia entender.

Sindicatos não podem viver se os operários se tornam ali obcecados pela grana da mesma forma que na fábrica, durante o trabalho na linha de montagem. Primeiro porque o resultado é a espécie de morte moral sempre causada pela obsessão do dinheiro. Depois porque, nas condições sociais presentes, o sindicato, sendo então um fator perpetuamente ativo na vida econômica do país, acaba inevitavelmente sendo transformado em organização profissional única, obrigatória, refreada pela vida oficial. Ele atingiu, então, o estado de cadáver.

Fora isso, também é claro que o sindicato não pode viver ao lado dos partidos políticos. Há uma impossibilidade que é da ordem das leis mecânicas. Por uma razão análoga, aliás, o partido socialista não pode viver ao lado do partido comunista, porque o segundo tem a qualidade de partido, pode-se dizer, a um grau muito mais elevado.

Aliás, a obsessão pelos salários reforça a influência comunista, porque as questões de dinheiro, ainda que toquem vivamente todos os homens, produzem ao mesmo tempo para todos os homens um tédio tão mortal que a perspectiva apocalíptica da revolução, segundo a versão comunista, se torna indispensável para compensar. Se os burgueses não têm a mesma necessidade de apocalipse, é que as cifras elevadas têm uma poesia, um prestígio que tempera um pouco o tédio ligado ao dinheiro, enquanto se o dinheiro é contado, o tédio chega ao estado puro. Aliás, o gosto dos grandes e pequenos burgueses pelo fascismo mostra que, apesar de tudo, eles também se entediam.

O governo de Vichy criou na França, para os operários, organizações profissionais únicas e obrigatórias.

É lamentável que ele as tenha dado, segundo a moda moderna, o nome de corporação, que designa na realidade uma coisa tão diferente e tão bela. Mas é de se felicitar que essas organizações mortas estejam ali para assumir a parte morta da atividade sindical. Seria perigoso suprimi-las. Mais vale encarregá-las da ação cotidiana pela grana e das reivindicações ditas imediatas. Quanto aos partidos políticos, se eles fossem todos rigorosamente proibidos em um clima geral de liberdade, é preciso ter a esperança de que sua existência clandestina seria ao menos difícil.

Nesse caso, os sindicatos operários, se ainda lhes restar uma faísca de vida verdadeira, poderiam voltar a ser, pouco a pouco, a expressão do pensamento operário, o órgão da honra operária. Segundo a tradição do movimento operário francês, que sempre se viu como responsável por todo o universo, eles se interessariam por tudo o que toca à justiça – inclusive, se for o caso, as questões de grana, mas de tempos em tempos e para salvar os seres humanos da miséria.

Claro, eles deveriam poder exercer uma influência sobre as organizações profissionais segundo as modalidades definidas pela lei.

Haveria, talvez, apenas vantagens em proibir que as organizações profissionais lancem uma greve, e permiti-lo aos sindicatos, com reservas, fazendo com que riscos correspondam a essa responsabilidade, proibindo toda coação e protegendo a continuidade da vida econômica.

Quanto ao *lockout*, não há motivo para não o proibir completamente.

A autorização dos grupos de ideias poderia ser submetida a duas condições. Uma, que a excomunhão não exista ali. O recrutamento seria feito livremente pela via da afinidade, sem que ninguém, todavia, possa ser convidado a aderir a um conjunto de afirmações cristalizadas em formulações escritas; mas um membro uma vez admitido só poderia ser excluído no caso de falta contra a honra ou delito de infiltração política; delito que implicaria, aliás, uma organização ilegal e por isso exporia a um castigo mais grave.

Essa seria, verdadeiramente, uma medida de salvação pública, a experiência tendo mostrado que os Estados totalitários são estabelecidos por partidos totalitários, e que os partidos totalitários se forjam a golpes de exclusão por delitos de opinião.

A outra condição poderia ser que exista realmente circulação de ideias e testemunho tangível dessa circulação, sob a forma de brochuras, revistas ou boletins datilografados nos quais sejam estudados problemas de ordem geral. Uma uniformidade de opiniões grande demais tornaria um grupo suspeito.

De resto, todos os grupos de ideias seriam autorizados a agir como bem entenderem, à condição de não violar a lei e não coagir seus membros por meio de nenhuma disciplina.

Quanto aos grupos de interesse, a vigilância deles deveria implicar primeiro uma distinção; é que a palavra interesse expressa por vezes a necessidade e por vezes qualquer outra coisa. Tratando-se de um operário pobre, o interesse quer dizer o alimento, a moradia, o aquecimento. Para um patrão, o interesse quer dizer outra coisa. Quando a palavra é tomada no primeiro sentido, a ação dos poderes públicos deveria consistir principalmente em estimular, apoiar, proteger a defesa dos interesses. No caso contrário, a atividade dos grupos de interesses deve ser controlada de forma contínua, limitada e, todas as vezes cabíveis, reprimida pelos poderes públicos. É evidente que os limites mais estreitos e os castigos mais dolorosos convêm àqueles que são, por sua natureza, os mais poderosos.

O que chamamos de liberdade de associação foi até hoje, na realidade, a liberdade das associações. Ora, as associações não precisam ser livres; elas são instrumentos, elas devem ser subservientes. A liberdade convém apenas ao ser humano.

Quanto à liberdade de pensamento, diz-se uma verdade, em larga medida, quando se diz que sem ela não há pensamento. Mas é ainda mais verdadeiro dizer que, quando o pensamento não existe, ele tampouco é livre. Havia muita liberdade de pensamento no curso dos últimos anos, mas não havia pensamento. É quase a situação da criança que, não tendo carne, pede sal para salgá-la.

1.10 A segurança

A segurança é uma necessidade essencial da alma. A segurança significa que a alma não está submetida ao peso do medo ou do terror, exceto pelo efeito de um conjunto de circunstâncias acidentais e em momentos raros e curtos. O medo ou o terror, como estados duradouros da alma, são venenos quase mortais causados pela possibilidade do desemprego, ou a repressão policial, ou a presença de um conquistador estrangeiro, ou a espera de uma invasão provável, ou qualquer outra desgraça que pareça ir além das forças humanas.

Os senhores romanos expunham um chicote no vestíbulo à vista dos escravos, sabendo que esse espetáculo colocava as almas no estado semimorto indispensável à escravidão. Por outro lado, segundo os egípcios, o justo deve poder dizer após a morte: "Eu não provoquei medo em ninguém".

Mesmo se o medo permanente constitui somente um estado latente, de maneira que só é raramente sentido como um sofrimento, ele sempre é uma doença. É uma semiparalisia da alma.

1.11 O risco

O risco é uma necessidade essencial da alma humana. A ausência de risco suscita uma espécie de tédio que paralisa como o medo e, ainda que de um modo diferente, quase tanto quanto. Aliás, há situações que, por implicarem uma angústia difusa sem riscos precisos, transmitem as duas doenças de uma só vez.

O risco é um perigo que provoca uma reação pensada; isso quer dizer que ele não extrapola os recursos da alma a ponto de esmagá-la sob o medo. Em certos casos, ele contém uma dimensão de jogo; em outros, quando uma precisa obrigação instiga o ser humano a enfrentá-la, ele constitui o estimulante mais elevado possível.

A proteção dos homens contra o medo e o terror não implica a supressão do risco; ela implica, ao contrário, a presença permanente de uma certa quantidade de risco em todos os aspectos da vida social; pois a ausência de risco enfraquece a coragem a ponto de deixar a alma, devido às circunstâncias, sem a mínima proteção interior contra o medo. É preciso somente que o risco se apresente em condições tais que não se transforme no sentimento da fatalidade.

1.12 A propriedade privada

A propriedade privada é uma necessidade vital da alma. A alma fica isolada, perdida, se ela não encontra em seu entorno objetos que sejam para ela como um prolongamento dos membros do corpo. Inevitavelmente, todo ser humano é levado a se apropriar pelo pensamento de tudo o que utiliza longa e continuamente, seja para o trabalho, o prazer ou as necessidades da vida. Assim, um jardineiro, ao fim de um certo tempo, sente que o jardim é dele. Mas quando o sentimento de apropriação não coincide com a propriedade jurídica, o ser humano se encontra continuamente ameaçado por rompimentos muito dolorosos.

Se a propriedade privada é reconhecida como uma necessidade, isso implica a possibilidade de todos possuírem outra coisa além dos objetos de consumo habituais. As modalidades dessa necessidade variam muito segundo as circunstâncias; mas é desejável que a maioria das pessoas sejam proprietárias de suas moradias e de um pequeno terreno em torno delas e, quando não há impossibilidade técnica, de seus instrumentos de trabalho. A terra e o rebanho contam como instrumentos do trabalho dos camponeses.

O princípio da propriedade privada é violado no caso em que uma terra, cultivada por operários agrícolas e empregados domésticos da sede rural sob as ordens de um administrador, pertence a moradores da cidade que usufruem de sua renda. Pois entre todos os que têm uma relação com essa terra, não há ninguém que, de uma maneira ou de outra, não se sinta estrangeiro ali. Ela é desperdiçada, não do ponto de vista do trigo, mas do ponto de vista da satisfação que poderia fornecer à necessidade de propriedade.

Entre esse caso extremo e o outro caso limite, o do camponês que cultiva com sua família a terra que possui, há muitos casos intermediários em que a necessidade de apropriação dos homens é mais ou menos ignorada.

1.13 A propriedade coletiva

A participação nos bens coletivos, participação consistindo não em desfrute material, mas em um sentimento de propriedade, é uma necessidade não menos importante. Trata-se mais de um estado de espírito do que de uma disposição jurídica. Onde há realmente uma vida cívica, cada um se sente pessoalmente proprietário dos monumentos públicos, dos jardins, da magnificência exibida nas cerimônias, e o luxo que quase todos os seres humanos desejam é, assim, concedido mesmo aos mais pobres. Mas não é apenas o Estado que deve fornecer essa satisfação, é toda espécie de coletividade.

Uma grande fábrica moderna constitui um desperdício no que concerne à necessidade de propriedade. Nem os operários, nem o diretor que preside um conselho de administração, nem os membros do conselho que nunca o veem, nem os acionários que ignoram sua existência, podem encontrar nela a mínima satisfação dessa necessidade.

Quando as modalidades de troca e de aquisição levam ao desperdício dos alimentos materiais e morais, elas devem ser transformadas.

Não há nenhuma ligação natural entre a propriedade e o dinheiro. A ligação estabelecida hoje se deve somente a um sistema que concentrou no dinheiro a força para toda motivação possível. Como esse sistema faz mal, é preciso operar a dissociação inversa.

O verdadeiro critério para a propriedade, é que ela é legítima na medida em que é real. Ou, mais exatamente, as leis concernentes à propriedade são melhores na medida em que aproveitam as possibilidades contidas nos bens deste mundo para a satisfação da necessidade de propriedade comum a todos os homens.

Por conseguinte, as modalidades atuais de aquisição e de posse devem ser transformadas em nome do princípio de propriedade. Toda espécie de posse que não satisfaça para ninguém a necessidade de propriedade privada ou coletiva pode, com razão, ser vista como nula.

Isso não significa que seja preciso transferi-la para o Estado, mas, em vez disso, tentar fazer dela uma verdadeira propriedade.

1.14 A verdade

A necessidade de verdade é mais sagrada do que qualquer outra. Contudo, nunca se faz menção a ela. Sente-se medo de ler caso se dê conta da enormidade e da quantidade de falsidades materiais exibidas sem vergonha, mesmo nos livros dos autores de melhor reputação. Lê-se então como se bebe água de um poço duvidoso.

Há homens que trabalham oito horas por dia e fazem o grande esforço de ler à noite para se instruir. Eles não podem se dedicar a verificações nas grandes bibliotecas. Eles creem naquilo que o livro diz. Não se tem o direito de lhes dar de comer falsidades. Que sentido há em alegar que os autores têm boa-fé? Eles não trabalham fisicamente oito horas por dia. A sociedade os alimenta para que tenham lazer e se deem ao trabalho de evitar o erro. Um controlador ferroviário que cause um descarrilhamento seria mal acolhido se alegasse ter boa-fé.

Com ainda mais razão, é vergonhoso tolerar a existência de jornais dos quais todos sabem que nenhum colaborador poderia ali permanecer se não consentisse, às vezes, alterar conscientemente a verdade.

O público desconfia dos jornais, mas sua desconfiança não o protege. Sabendo, por alto, que um jornal contém verdades e mentiras, ele reparte as notícias anunciadas entre essas duas categorias, mas aleatoriamente, ao sabor de suas preferências. Ele está, assim, entregue ao erro.

Todo mundo sabe que, quando o jornalismo se confunde com a organização da mentira, ele constitui um crime. Mas acredita-se que é um crime impossível de punir. O que pode impedir de punir uma atividade uma vez reconhecida como criminosa? De onde pode vir essa estranha concepção de crimes sem pena possível? É uma das mais monstruosas deformações do espírito jurídico.

Não estaria em tempo de proclamar que todo crime discernível é passível de punição, e que se a ocasião se apresentar, se punirá resolutamente todos os crimes?

Algumas medidas fáceis de salubridade pública protegeriam a população contra os ataques à verdade.

A primeira seria o estabelecimento, para essa proteção, de tribunais especiais, dignos de grande veneração, compostos por magistrados escolhidos e formados especialmente para isso. Eles teriam a incumbência de punir com reprovação pública todo erro verificável, e poderiam infligir a prisão e trabalhos forçados em caso de recidiva frequente, agravada por uma má-fé demonstrada.

Por exemplo, um amante da Grécia antiga, lendo no último livro de Maritain: "os maiores pensadores da antiguidade não tinham pensado em condenar a escravidão", levaria Maritain para um desses tribunais. Ele levaria o único texto importante sobre a escravidão que chegou até nós, o de Aristóteles. Ele faria os magistrados lerem a frase: "alguns afirmam que a escravidão é absolutamente contrária à natureza e à razão". Ele salientaria que nada permite supor que tais pessoas não tenham figurado entre os maiores pensadores da antiguidade. O tribunal culparia Maritain por ter impresso, ao passo que era fácil ter evitado o erro, uma afirmação falsa e que constitui, ainda que involuntariamente, uma calúnia atroz contra uma civilização inteira. Todos os jornais diários, semanais e outros, todas as revistas e o rádio teriam a obrigação de levar ao conhecimento do público a decisão do tribunal e a resposta de Maritain, se resposta houvesse. Nesse caso preciso, seria difícil haver uma.

No dia em que *Gringoire*[1] publicou por inteiro um discurso atribuído a um anarquista espanhol que havia sido anunciado como orador em uma reunião parisiense, mas que, na realidade, no último momento, não pôde deixar a Espanha, um tribunal como esse não teria sido supérfluo. A má-fé sendo, nesse caso, mais evidente

---

1. Trata-se de uma publicação semanal, de cunho literário e político, fundada em 1928 por Horace de Carbuccia. Associado inicialmente à direita moderada, o periódico converteu-se progressivamente à extrema-direita [N.T.].

do que dois mais dois serem quatro, a prisão ou os trabalhos forçados não teriam, talvez, sido severos demais.

Nesse sistema, seria permitido a qualquer um que tenha reconhecido, em um texto impresso ou em um programa de rádio, um erro evitável, levar a acusação diante desses tribunais.

A segunda medida seria proibir absolutamente qualquer propaganda de qualquer espécie pelo rádio ou pela imprensa cotidiana. Só seria permitido a esses dois instrumentos servir à informação não tendenciosa.

Os tribunais em questão zelariam para que a informação não fosse tendenciosa.

Quanto aos órgãos de informação, os tribunais poderiam ter de julgar não somente as afirmações erradas, mas também as omissões voluntárias e tendenciosas.

Os meios em que circulam ideias e que desejam torná-las conhecidas teriam direito somente a órgãos semanais, quinzenais ou mensais. Não há, de modo algum, necessidade de uma frequência maior, caso se queira fazer pensar e não embrutecer.

A correção dos meios de persuasão seria assegurada pela vigilância dos mesmos tribunais, que poderiam suprimir um órgão em caso de frequente alteração da verdade. Mas seus redatores poderiam lançá-lo novamente com um outro nome.

Em tudo isso não haveria o mínimo ataque às liberdades públicas. Haveria satisfação da necessidade mais sagrada da alma humana, a necessidade de proteção contra a sugestão e o erro.

Mas quem garante a imparcialidade dos juízes? se objetará. A única garantia, afora sua independência total, é que eles venham de meios sociais muito diferentes, que sejam naturalmente dotados de uma inteligência abrangente, clara e precisa, e que sejam formados em uma escola em que recebam uma educação não imediatamente jurídica, mas, antes de tudo, espiritual, e intelectual em segundo lugar. É preciso que eles se acostumem, ali, a amar a verdade.

Não há nenhuma possibilidade de satisfazer a necessidade de verdade de um povo se não se pode encontrar, para realizá-lo, homens que amam a verdade.

2

O desenraizamento

O enraizamento é, talvez, a necessidade mais importante e mais ignorada da alma humana. É uma das mais difíceis de definir. Um ser humano tem uma raiz pela sua participação real, ativa e natural na existência de uma coletividade que conserva vivos certos tesouros naturais do passado e certos pressentimentos de futuro. Participação natural, isto é, a que se chega automaticamente pelo lugar, o nascimento, a profissão, o círculo social. Cada ser humano precisa ter raízes múltiplas. Ele precisa receber a quase totalidade de sua vida moral, intelectual, espiritual, pelo intermediário dos meios dos quais faz parte naturalmente.

As trocas de influências entre meios muito diferentes não são menos indispensáveis do que o enraizamento no círculo social natural. Mas um determinado meio deve receber uma influência exterior não como uma contribuição, mas como um estimulante que torne sua própria vida mais intensa. Ele só deve se nutrir das contribuições externas após tê-las digerido, e os indivíduos que o compõem só devem recebê-las através dele. Quando um pintor de verdadeiro valor vai a um museu, sua originalidade se confirma com essa experiência. O mesmo deve acontecer com as diversas populações do globo terrestre e os diferentes meios sociais.

Há desenraizamento todas as vezes em que há conquista militar, e nesse sentido a conquista é quase sempre um mal. O desenraizamento se encontra no nível mínimo quando os conquistadores são migrantes que se instalam no país conquistado, se misturam com a população e, por sua vez, ganham raízes. Tal foi o caso dos Helenos na Grécia, dos Celtas na Gália, dos Mouros na Espanha. Mas quando o conquistador permanece estrangeiro no território do qual tomou posse, o desenraizamento é uma doença quase mortal para as populações submetidas. Ele atinge o grau mais agudo quando há deportações massivas, como na Europa ocupada pela Alemanha ou na região da Bacia do Rio Níger, ou quando há supressão brutal de todas as tradições locais, como nos territórios franceses da Oceania (se acreditarmos em Gauguin e Alain Gerbault).

Mesmo sem conquista militar, o poder do dinheiro e a dominação econômica podem impor uma influência estrangeira ao ponto de provocar a doença do desenraizamento.

Enfim, as relações sociais no interior de um mesmo país podem ser fatores muito perigosos de desenraizamento. Em nossas paragens, nos dias de hoje, a conquista posta de lado, há dois venenos que propagam essa doença. Um é o dinheiro. O dinheiro destrói as raízes em todo lugar que penetra, substituindo todas as motivações pelo desejo de ganhar. Ele triunfa, sem penar, sobre as outras motivações porque pede um esforço de atenção tão menor. Nada é tão claro e simples quanto um número.

2.1 Desenraizamento operário

Existe uma condição social inteiramente e perpetuamente dependente do dinheiro, a de assalariado, sobretudo depois que o salário por peça obrigou cada operário a manter a atenção sempre fixada na soma de cada trocado. É nessa condição social que a doença do desenraizamento é mais aguda. Bernanos escreveu que, ainda assim, nossos operários não são imigrantes como os da Ford. A principal dificuldade social de nossa época vem do fato de que, de certa maneira, eles o são. Mesmo que permaneçam no mesmo lugar, geograficamente, eles foram moralmente desenraizados, exilados e admitidos novamente, como se por tolerância, a título de carne que trabalha. O desemprego é, claro, um desenraizamento elevado à segunda potência. Eles não se sentem em casa nem nas fábricas, nem onde moram, nem nos partidos e sindicatos que se dizem feitos para eles, nem nos lugares de prazer, nem na cultura intelectual, se tentam assimilá-la.

Pois o segundo fator de desenraizamento é a instrução tal como concebida hoje. O Renascimento provocou, por toda parte, um corte entre as pessoas educadas e a massa; mas, ao separar a cultura da tradição nacional, ele a mergulhava, pelo menos, na tradição grega. Desde então, os laços com as tradições nacionais não foram reatados, mas a Grécia foi esquecida. O resultado disso é uma cultura que se desenvolveu em um meio muito restrito, separado do mundo, em uma atmosfera confinada, uma cultura consideravelmente orientada para a técnica e influenciada por ela, muito impregnada de pragmatismo, extremamente fragmentada pela especialização, totalmente desvencilhada tanto do contato com o universo presente como da abertura para o outro mundo.

Nos dias de hoje, um ser humano pode pertencer aos meios ditos educados, por um lado, sem ter nenhuma concepção no que concerne ao destino humano, por outro sem saber, por exemplo, que nem todas as constelações são visíveis em todas as estações. Acredita-se normalmente que um pequeno camponês de hoje, aluno da escola primária, sabe mais do que Pitágoras porque, obediente, ele repete que a Terra gira em torno do sol. Porém, na realidade, ele não olha mais para as estrelas. Esse sol de que se fala na sala de aula não tem, para ele, nenhuma relação com o sol que ele vê. Ele é arrancado do universo que o cerca como se arrancam os pequenos polinésios de seu passado, forçando-os a repetir: "Nossos ancestrais, os gauleses, tinham cabelos louros".

O que se chama hoje de instrução das massas é pegar essa cultura moderna, elaborada em um meio tão fechado, tão desatinado, tão indiferente à verdade, retirar tudo o que ela ainda pode conter de ouro puro, operação nomeada vulgarização, e enfiar o resíduo tal qual, como se faz com as aves, goela abaixo, na memória dos infelizes que desejam aprender.

Aliás, o desejo em si mesmo de aprender, o desejo de verdade, se tornou muito raro. O prestígio da cultura se tornou quase exclusivamente social, tanto para o camponês que sonha em ter um filho professor primário, ou para o professor primário que sonha em ter um filho professor universitário[2], quanto para a elite que bajula os estudiosos e escritores conhecidos.

---

2. A autora utiliza a expressão "normalien" referindo-se aos jovens diplomados pela célebre École Normale Supérieure (ENS). Estabelecida no século XIX com vistas à formação de pedagogos e professores para as escolas, a instituição torna-se um centro de pesquisa de excelência em ciências exatas,

As avaliações exercem sobre a juventude das escolas o mesmo poder de obsessão que a grana sobre os operários que trabalham por peça. Um sistema social está profundamente doente quando um camponês trabalha a terra com o pensamento que, se ele é camponês, é porque não era inteligente o bastante para se tornar professor primário.

A mistura de ideias confusas e mais ou menos falsas conhecida sob o nome de marxismo, mistura na qual, desde Marx, apenas intelectuais burgueses medíocres tiveram parte, também é para os operários uma contribuição completamente estrangeira, inassimilável e, aliás, despida de valor nutritivo em si mesma, pois ela foi esvaziada de quase toda a verdade contida nos escritos de Marx. Acrescenta-se por vezes a ela uma vulgarização científica de qualidade ainda mais inferior. Tudo isso só pode levar o desenraizamento dos operários ao cúmulo.

O desenraizamento é, de longe, a mais perigosa doença das sociedades humanas, pois ele se multiplica por si mesmo. Seres realmente desenraizados têm, praticamente, apenas dois comportamentos possíveis: ou caem em uma inércia da alma quase equivalente à morte, como a maioria dos escravos no tempo do Império romano, ou se lançam em uma atividade que tende sempre a desenraizar, frequentemente pelos métodos mais violentos, aqueles que ainda não o são ou apenas em parte.

Os romanos eram um punhado de fugitivos que se aglomeraram artificialmente em uma cidade; e eles privaram as populações do Mediterrâneo da vida própria,

---

biológicas e humanas, sendo o berço da elite intelectual francesa. Simone Weil foi aluna da ENS [N.T].

da pátria, da tradição, do passado que tinham, a um nível tal que a posteridade os tomou, fiando-se na palavra deles, como os fundadores da civilização nesses territórios. Os hebreus eram escravos fugidos, e eles exterminaram ou submeteram à servidão todas as populações da Palestina. Os alemães, no momento em que Hitler se apoderou deles, eram realmente, como ele repetia sem cessar, uma nação de proletários, isto é, de desenraizados; a humilhação de 1918, a inflação, a industrialização sem limites e, sobretudo, a extrema gravidade da crise de desemprego, tinham levado a doença moral deles ao grau que, de tão agudo, acarreta a irresponsabilidade. Os espanhóis e os ingleses que, a partir do século XVI, massacraram ou assujeitaram populações de cor eram aventureiros quase sem contato com a vida profunda de seus próprios países. O mesmo vale para uma parte do Império francês que, aliás, foi constituído em um período em que a tradição francesa tinha uma vitalidade enfraquecida. Quem é desenraizado desenraiza. Quem é enraizado não desenraiza.

Sob o mesmo nome de revolução, e frequentemente sob palavras de ordem e temas de propaganda idênticos, se dissimulam duas concepções absolutamente opostas. Uma consiste em transformar a sociedade de maneira que os operários possam ter raízes; a outra consiste em estender a toda a sociedade a doença do desenraizamento infligida aos operários. Não se deve dizer ou pensar que a segunda operação possa ser um prelúdio da primeira; isso é falso. São duas direções opostas que não se encontram.

A segunda concepção é hoje muito mais frequente do que a primeira, tanto entre os militantes como na massa dos operários. Não é preciso dizer que ela tende a prevalecer cada vez mais, à medida que o desenraizamento se prolonga e aumenta suas devastações. É fácil compreender que, de um dia para o outro, o mal pode se tornar irreparável.

Do lado dos conservadores há um equívoco análogo. Um pequeno número deseja realmente enraizar novamente os operários; simplesmente, seu desejo se faz acompanhar de imagens cuja maioria é, ao invés de relativa ao porvir, tomada de empréstimo a um passado que, aliás, é em parte fictício. Os outros desejam pura e simplesmente manter ou agravar a condição de matéria humana à qual o proletariado está reduzido.

Assim, aqueles que desejam realmente o bem, já pouco numerosos, se enfraquecem ainda mais ao dividirem-se em dois campos hostis com os quais não têm nada em comum.

O desmoronamento súbito da França, que surpreendeu todo mundo por toda parte, mostrou simplesmente a que ponto o país estava desenraizado. Uma árvore cujas raízes estão quase inteiramente roídas cai no primeiro choque. Se a França apresentou um espetáculo mais sofrível do que qualquer outro país da Europa, é que a civilização moderna, com seus venenos, estava instalada ali mais profundamente do que em outros lugares, à exceção da Alemanha. Mas na Alemanha o desenraizamento tinha tomado forma agressiva, e na França ele tomou a forma da letargia e do estupor. A diferença se deve a causas mais ou menos escondidas, mas algumas poderiam ser encontradas, sem dúvida, se procuradas. Inversamente, o país que diante da primeira onda de terror alemão se portou melhor, e em muito, é aquele onde a tradição é mais viva e mais bem preservada, isto é, a Inglaterra.

Na França, o desenraizamento da condição proletária tinha reduzido uma grande parte dos operários a um estado de estupor inerte e lançado a outra parte em uma atitude de guerra contra a sociedade. O mesmo dinheiro que tinha cortado brutalmente as raízes nos meios operários as tinha roído nos meios burgueses, pois a riqueza é cosmopolita; ali, o fraco apego ao país que podia permanecer intacto era em muito superado, sobretudo desde 1936, pelo medo e o ódio com relação aos operários. Também os camponeses estavam quase desenraizados desde a guerra de 1914, desmoralizados pelo papel de bucha de canhão que tinham desempenhado, pelo dinheiro que ocupava em suas vidas um lugar cada vez maior, e pelos contatos frequentes demais com a corrupção das cidades. Quanto à inteligência, ela estava quase morta.

Essa doença generalizada do país tomou a forma de uma espécie de sono, o que, unicamente, impediu a guerra civil. A França odiou a guerra que ameaçava impedi-la de dormir. Meio nocauteada pelo golpe terrível de maio e junho de 1940, ela se lançou nos braços de Pétain para poder continuar a dormir com um semblante de segurança. Desde então, a opressão inimiga transformou esse sono em um pesadelo tão doloroso que ela se inquieta e espera ansiosamente os socorros do exterior que a acordarão.

Sob o efeito da guerra, a doença do desenraizamento tomou em toda a Europa uma agudeza tal que chega legitimamente a aterrorizar. A única indicação que dá alguma esperança é que o sofrimento devolveu um certo grau de vida a lembranças quase mortas outrora, como, na França, as de 1789.

Quanto aos países do Oriente, onde há alguns séculos, mas sobretudo há cinquenta anos, os brancos levaram a doença do desenraizamento de que sofrem, o Japão mostra suficientemente a acuidade que toma por lá a forma ativa da doença. A Indochina é um exemplo da forma passiva. A Índia, onde existe ainda uma tradição viva, é contaminada o bastante para que os mesmos que falam publicamente em nome dessa tradição sonhem em estabelecer em seu território uma nação do tipo ocidental e moderna. A China é muito misteriosa. A Rússia, que é sempre meio europeia, meio oriental, é tão misteriosa quanto; pois não se pode saber se a energia que a cobre de glória procede, como para os alemães, de um desenraizamento ativo, o que a história dos últimos vinte e cinco anos levaria a crer inicialmente, ou se se trata sobretudo da vida profunda do povo, que se origina dos tempos antigos e permanece, no subterrâneo, quase intacta.

Quanto ao continente americano, como há vários séculos seu povoamento se funda antes de tudo na imigração, a influência dominante que provavelmente ele vai exercer agrava muito o perigo.

Nessa situação quase desesperada, só se pode encontrar socorro, aqui embaixo, nas pequenas ilhas de passado que permanecem vivas na superfície terrestre. Não que seja preciso aprovar a algazarra feita por Mussolini em torno do Império romano, e tentar utilizar da mesma maneira Luís XIV. As conquistas não são vida, elas são a morte no exato momento em que acontecem. São as gotas do passado vivo que devem ser preservadas com afinco, em todo lugar, em Paris ou no Taiti indistintamente, pois, no mundo como um todo, não há muito desse passado.

Seria vão afastar-se do passado para pensar apenas no porvir. É uma ilusão perigosa crer que isso seja uma possibilidade real. A oposição entre futuro e passado é absurda. O futuro não nos traz nada, não nos dá nada: somos nós que, para construí-lo, devemos lhe dar tudo, lhe dar até mesmo nossa vida. Mas para dar é preciso possuir, e nós não temos outra vida, outra seiva, além dos tesouros herdados do passado e digeridos, assimilados, recriados por nós. De todas as necessidades da alma humana, não há nada mais vital do que o passado.

O amor pelo passado não tem nada a ver com uma orientação política reacionária. Como todas as atividades humanas, a revolução tira toda a sua seiva de uma tradição. Marx percebeu isso tão bem que fez questão de fazer essa tradição remontar às épocas mais distantes, fazendo da luta de classes o único princípio de explicação histórica. Ainda no início deste século, poucas coisas na Europa eram mais próximas da Idade Média do que o sindicalismo francês, único reflexo entre nós do espírito das corporações. Os restos enfraquecidos desse sindicalismo estão entre as centelhas que devem ser insufladas urgentemente.

Há vários séculos, os homens de raça branca destruíram o passado por toda parte, estupidamente, cegamente, o deles mesmos e o dos outros. Se, sob certos pontos de vista, houve, contudo, verdadeiro progresso ao longo desse período, não é por causa dessa raiva, mas apesar dela, sob a impulsão do pouco de passado que restou vivo.

O passado destruído não retorna nunca mais. A destruição do passado é, talvez, o maior crime. Hoje, a conservação do pouco que resta deveria se tornar quase uma ideia fixa. É preciso parar o desenraizamento terrível que os métodos coloniais europeus sempre produzem, mesmo em suas formas menos cruéis. É preciso se abster, após a vitória, de punir o inimigo vencido intensificando o desenraizamento; a partir do momento em que não é nem possível nem desejável exterminar o inimigo, agravar sua loucura seria ser mais louco do que ele. É preciso também, antes de tudo, que em toda inovação política, jurídica ou técnica suscetível de repercussões sociais, se tenha em vista um arranjo que permita aos seres humanos retomar suas raízes.

Isso não significa confiná-los. Ao contrário, nunca antes o arejamento foi tão indispensável. O enraizamento e a multiplicação dos contatos são complementares. Por exemplo, se, em todo lugar onde a técnica o permite – e ao preço de um leve esforço nessa direção ela o permitiria amplamente –, os operários se dispersassem, cada um possuindo uma casa, um pedaço de terra e uma máquina; e se, por outro lado, o *Tour de France*[3] de outrora fosse ressuscitado para os jovens, se necessário à escala internacional; se os operários tivessem frequentemente a oportunidade de fazer estágios no ateliê de montagem onde as peças que fabricam se juntam a todas as outras, ou de ir ajudar a formar aprendizes; tendo, além disso, uma proteção eficaz dos salários, a desgraça da condição proletária desapareceria.

A condição proletária não será destruída com medidas jurídicas, quer se trate de nacionalização das indús-

---

3. Antes de nomear o célebre campeonato de ciclismo, a expressão "Tour de France" designa tradicionalmente o momento da formação dos artesãos em que estes realizam estágios em diferentes oficinas por toda a França, a fim de ampliar o conhecimento de variadas técnicas de fabricação de um determinado produto. [N. T.]

trias-chave, ou da supressão da propriedade privada, ou de poderes concedidos aos sindicatos para a negociação de convenções coletivas, ou de delegados de fábrica, ou do controle da contratação de empregados. Todas as medidas propostas, quer tenham etiqueta revolucionária ou reformista, são puramente jurídicas, e não é no plano jurídico que se situam a desgraça dos operários e o remédio para essa desgraça. Marx o teria compreendido perfeitamente se tivesse tido probidade com relação a seu próprio pensamento, pois é uma evidência que irradia das melhores páginas do *Capital*.

Não se pode procurar nas reivindicações dos operários o remédio para a sua desgraça. Mergulhados na desgraça de corpo e alma, inclusive a imaginação, como imaginariam algo que dela não tenha a marca? Se eles fazem um esforço violento para libertar-se, caem em devaneios apocalípticos, ou procuram uma compensação em um imperialismo operário que, assim como o imperialismo nacional, não deve ser encorajado.

O que se pode procurar em suas reivindicações é o sinal de seus sofrimentos. Ora, todas as reivindicações, ou quase, exprimem o sofrimento do desenraizamento. Se querem o controle da contratação e a nacionalização, é que estão obcecados pelo medo do desenraizamento total, do desemprego. Se querem abolir a propriedade privada, é que já não aguentam ser tratados em seu local de trabalho como imigrantes cuja entrada é permitida por caridade. Também se encontra aí a força psicológica das ocupações de usinas em 1936. Durante alguns dias, eles experimentaram a alegria pura, sem mistura, de se sentir em casa ali mesmo, nos locais de trabalho; uma alegria de criança que não quer pensar no dia seguinte.

Nenhuma pessoa sensata podia crer que o dia seguinte seria bom.

O movimento operário francês originado da Revolução foi essencialmente um grito, menos de revolta do que de protesto, diante da dureza impiedosa do destino com todos os oprimidos. Relativamente ao que se pode esperar de um movimento coletivo, naquele havia muita pureza. Ele terminou em 1914; desde então, só restam ecos; os venenos da sociedade circundante corromperam até mesmo o sentido da desgraça. É preciso tentar reencontrar a tradição desse movimento; mas não poderíamos desejar ressuscitá-lo. A entonação de um grito de dor pode ser bela, mas não se pode desejar ouvi-lo novamente; é mais humano desejar curar a dor.

A lista concreta das dores dos operários fornece a lista das coisas a se modificar. É preciso suprimir, primeiramente, o choque sofrido pelo garoto que, com doze ou treze anos, sai da escola e entra na fábrica. Alguns operários seriam plenamente felizes se esse choque não tivesse deixado uma ferida que sempre dói; mas eles mesmos não sabem que seu sofrimento vem do passado. A criança na escola, bom ou mau aluno, era um ser cuja existência se reconhecia, que se buscava desenvolver, de quem se solicitava os melhores sentimentos. De um dia para o outro ele se torna um suplemento da máquina, um pouco menos do que uma coisa, e ninguém se preocupa se ele obedece sob a impulsão das motivações mais baixas, desde que obedeça. A maioria dos operários sofreram, ao menos nesse momento de suas vidas, a impressão de deixar de existir, acompanhada de uma espécie de vertigem interior, que os intelectuais ou os burgueses, mesmo nos maiores sofrimentos, tiveram raramente a oportunidade de conhecer. Esse primeiro choque, recebido tão cedo, imprime frequentemente uma marca indelével. Ele pode tornar o amor pelo trabalho definitivamente impossível.

É preciso mudar o regime da atenção ao longo das horas de trabalho, a natureza dos estímulos que levam a vencer a preguiça ou o esgotamento – estímulos que, hoje, são apenas o medo e a grana –, a natureza da obediência, a quantidade muito pequena de iniciativa, de habilidade e de reflexão requisitada aos operários, a impossibilidade em que se encontram de participar pelo pensamento e o sentimento do conjunto do trabalho da empresa, a ignorância por vezes completa do valor, da utilidade social, da destinação das coisas que fabricam, a separação completa entre a vida do trabalho e a vida familiar. A lista poderia ser prolongada.

O desejo de reformas posto de lado, três espécies de fatores influenciam no regime da produção: técnicos, econômicos, militares. Hoje, a importância dos fatores militares na produção corresponde à da produção na condução da guerra; dito de outro modo, ela é muito considerável.

Do ponto de vista militar, amontoar milhares de operários em imensas prisões industriais onde os operários realmente qualificados são a pequena minoria, é duplamente um absurdo. As condições militares atuais exigem, por um lado, que a produção industrial seja dispersada, por outro que a maioria dos operários em tempos de paz consista em profissionais instruídos, sob as ordens de quem se possa colocar imediatamente, em caso de crise internacional ou de guerra, uma multidão de mulheres, de meninos jovens, de homens em idade madura, para aumentar imediatamente o volume da produção. Nada contribui mais para paralisar por tanto tempo a produção inglesa de guerra do que a falta de operários qualificados.

Mas como não se pode fazer executar por profissionais altamente qualificados a função de mero operador de máquinas, é preciso suprimir essa função, salvo em caso de guerra.

É tão raro que as necessidades militares estejam em harmonia e não em contradição com as melhores aspirações humanas que é preciso aproveitar a oportunidade.

Do ponto de vista técnico, a facilidade relativa do transporte da energia sob a forma de eletricidade permite, certamente, um amplo grau de descentralização.

Quanto às máquinas, elas não estão preparadas para uma transformação do regime da produção; mas as indicações encontradas nas máquinas automáticas reguláveis atualmente em uso permitiriam, sem dúvida, atingir esse objetivo, pagando-se o preço de um esforço, se tal esforço fosse feito.

De uma maneira geral, uma reforma de uma importância social infinitamente maior do que todas as medidas classificadas sob a etiqueta do socialismo seria uma transformação na própria concepção das pesquisas técnicas. Até agora, nunca se imaginou que um engenheiro ocupado com pesquisas técnicas concernentes a novos tipos de máquinas pudesse ter outra coisa em vista do que um duplo objetivo: por um lado, aumentar os ganhos da empresa que lhe encomendou essas pesquisas, por outro servir aos interesses dos consumidores. Pois em um caso como esse, quando se fala dos interesses da produção, trata-se de produzir mais e com menos gasto;

isso quer dizer que esses interesses são, na realidade, os do consumo. Essas duas palavras sempre são empregadas uma no lugar da outra.

Quanto aos operários que darão suas forças a essa máquina, ninguém pensa nisso. Nem mesmo se pensa que seja possível pensar nisso. No máximo se prevê, de tempos em tempos, vagos aparelhos de segurança, ainda que na realidade os dedos cortados e as escadas da fábrica cotidianamente molhadas de sangue fresco sejam tão frequentes.

Mas essa marca débil de atenção é a única. Não somente não se pensa no bem-estar moral dos operários, o que exigiria um esforço de imaginação grande demais; mas nem mesmo se pensa em não sacrificar sua carne. De outro modo, se teria talvez encontrado outra coisa para as minas do que essa abominável britadeira, que sacode sem parar, durante oito horas, o homem a ela atrelado.

Tampouco se pensa em questionar se a nova máquina, ao aumentar a imobilidade do capital e a rigidez da produção, não vai agravar o perigo generalizado de desemprego.

De que serve aos operários obter pela força da luta um aumento dos salários e um abrandamento da disciplina, se durante esse tempo os engenheiros de alguns centros de pesquisa inventam, sem nenhuma má intenção, máquinas que esgotam seus corpos e almas ou agravam as dificuldades econômicas? De que lhes serviria a nacionalização parcial ou total da economia, se o espírito desses centros de pesquisa não mudou? E até agora, pelo que se sabe, ele não mudou onde aconteceu a nacionalização. Mesmo a propaganda soviética nunca pretendeu que a Rússia tenha encontrado um tipo radicalmente novo de máquina, digno de ser empregado por um proletariado ditador.

Contudo, se há uma certeza que aparece com uma força irresistível nos estudos de Marx, é que uma mudança na relação entre as classes deve permanecer uma pura ilusão se uma transformação da técnica não a acompanha, transformação cristalizada em máquinas novas;

Do ponto de vista operário, uma máquina precisa ter três qualidades. Primeiro, ela deve poder ser manejada sem esgotar nem os músculos, nem os nervos, nem os órgãos – e também sem cortar ou rasgar a carne, senão de maneira muito excepcional.

Em segundo lugar, relativamente ao perigo generalizado de desemprego, o aparelho de produção em seu conjunto deve ser o mais maleável possível, para poder seguir as variações da demanda. Por conseguinte, uma mesma máquina deve prestar-se a diferentes usos, tão variados quanto possível e mesmo, em uma certa medida, indeterminados. É também uma necessidade militar, para que se passe do estado de paz ao estado de guerra com maior facilidade. Enfim, é um fator favorável à alegria no trabalho, pois se pode assim evitar a monotonia, tão temida pelos operários por conta do tédio e do desgosto que engendra.

Em terceiro lugar, ela deve normalmente corresponder a um trabalho de profissional qualificado. Esta é também uma necessidade militar, sendo além disso indispensável para a dignidade, o bem-estar dos operários. Uma classe operária formada quase inteiramente por bons profissionais não é um proletariado.

Um desenvolvimento significativo da máquina automática, regulável, versátil, satisfaria essas necessidades em larga medida. As primeiras realizações nesse campo existem, e é certo que nessa direção há grandes possibilidades. Tais máquinas suprimem o estado de simples operador de máquina. Em uma empresa imensa como a Renault, poucos operários parecem felizes trabalhando; dentre esses poucos privilegiados se encontram aqueles que se ocupam dos tornos automáticos regulados por cames.

Mas o essencial é a própria ideia de formular em termos técnicos os problemas concernentes às repercussões das máquinas sobre o bem-estar moral dos operários. Uma vez formulados, os técnicos só precisam resolvê-los. Eles resolveram muitos outros. É preciso somente que o desejem. Para isso, é preciso que os lugares onde máquinas novas são elaboradas não estejam inteiramente mergulhados na rede dos interesses capitalistas. É natural que o Estado os mantenha sob controle por meio de subvenções. E por que não as organizações operárias, por meio de benefícios? Sem contar os outros modos de influenciar e pressionar. Se os sindicatos operários pudessem se tornar realmente vivos, deveria haver contatos perpétuos entre eles e os centros de pesquisa onde as técnicas novas são esboçadas. Tais contatos poderiam ser preparados estabelecendo-se uma atmosfera favorável aos operários nas escolas de engenharia.

Até agora, os técnicos jamais tiveram outra coisa em vista além das necessidades da fabricação. Se eles passassem a sempre ter consciência das necessidades daqueles que fabricam, a técnica de produção como um todo deveria, pouco a pouco, se transformar.

Isso deveria se tornar uma matéria ensinada nas escolas de engenharia e em todas as escolas técnicas – mas uma matéria que tenha real substância.

Haveria, talvez, apenas vantagens em iniciar desde agora estudos sobre essa ordem de problemas.

O tema desses estudos seria fácil de definir. Um papa disse: "A matéria sai enobrecida da fábrica, os trabalhadores saem humilhados". Marx expressou exatamente o mesmo pensamento em termos ainda mais vigorosos. Trata-se de todos os que procuram realizar progressos técnicos terem fixada no pensamento, continuamente, a certeza de que, dentre todas as carências de toda natureza passíveis de serem percebidas no estado atual da fabricação, esta é a que, de longe, imperiosa e urgentemente, é necessário remediar; da necessidade de nunca fazer algo que agrave essa carência; da necessidade de fazer de tudo para diminuí-la. Esse pensamento deveria fazer parte, a partir de agora, do sentimento da obrigação profissional, do sentimento da honra profissional, em qualquer um que tenha responsabilidades no campo da indústria. Uma das tarefas essenciais dos sindicatos operários, se eles fossem capazes de cumpri-la, seria fazer penetrar esse pensamento na consciência universal.

Se a maior parte dos operários fossem profissionais altamente qualificados, devendo com bastante frequência provar-se engenhosos e com iniciativa, responsáveis por sua produção e sua máquina, a disciplina de trabalho atual não teria mais nenhuma razão de ser. Alguns operários poderiam trabalhar de casa, outros em pequenos ateliês que poderiam por vezes ser organizados como cooperativas. Hoje em dia, a autoridade é exercida nas pequenas fábricas de maneira ainda mais intolerável do que nas grandes, mas é que elas copiam as grandes. Tais ateliês não seriam pequenas fábricas, seriam organismos industriais de uma espécie nova, onde seria possível insuflar um espírito novo; mesmo pequenos, eles teriam ligações orgânicas entre si fortes o bastante para que formassem juntos uma grande empresa. Há na grande empresa, apesar de todos os seus vícios, uma espécie particular de poesia que os operários de hoje apreciam.

O pagamento por peça não seria mais um inconveniente, uma vez abolida a disciplina militar de trabalho. Ele não implicaria mais a obsessão da rapidez a qualquer custo. Ele seria o modo natural de remuneração por um trabalho realizado com liberdade. A obediência não seria mais uma submissão a cada segundo. Um operário ou um grupo de operários poderia ter um certo número de encomendas a efetuar em um dado prazo, e dispor de uma escolha livre para a organização do trabalho. Seria outra coisa, diferente de saber que se deve repetir indefinidamente o mesmo gesto, imposto por uma ordem, até o segundo preciso em que um novo comando virá impor um novo gesto por uma duração desconhecida. Há uma certa relação com o tempo que convém às coisas inertes, e outra que convém às criaturas pensantes. É um erro confundi-las.

Sendo ou não cooperativas, esses pequenos ateliês não seriam casernas. Um operário poderia, às vezes, mostrar para sua mulher seu local de trabalho, sua máquina, como eles fizeram com tanta felicidade em junho de 1936, graças à ocupação das fábricas. As crianças viriam depois da aula encontrar seu pai e aprender a trabalhar, na idade em que o trabalho é de longe o jogo mais apaixonante. Mais tarde, no momento de se tornarem aprendizes, eles já estariam quase dominando uma especialidade e poderiam, por escolha própria, aperfeiçoar-se nela ou adquirir uma outra. O trabalho seria iluminado de poesia pela vida inteira por conta do maravilhamento infantil, em vez de ter pela vida inteira a cor de pesadelo causada pelo choque das primeiras experiências.

Se, mesmo em meio à desmoralização atual, os camponeses precisam bem menos do que os operários serem continuamente aguilhoados por estímulos, isso se deve talvez a essa diferença. No trabalho rural, uma criança pode já ser infeliz com nove ou dez anos, mas quase sempre houve um momento em que o trabalho era para ela um jogo maravilhoso, reservado às pessoas grandes.

Se os operários se tornassem, em sua maioria, mais ou menos felizes, vários problemas em aparência essenciais e angustiantes não seriam resolvidos, mas abolidos. Sem que tivessem sido resolvidos, até mesmo o fato de terem sido colocados seria esquecido. A desgraça é um caldo de cultura para falsos problemas. Ela suscita obsessões. O modo de apaziguá-las não é fornecer o que reclamam, mas fazer desaparecer a desgraça. Se um ser humano tem sede por causa de uma ferida na barriga, não é preciso fazer com que beba, mas curar a ferida.

Infelizmente, além dos jovens, quase não há destinos que possam modificar-se. Será preciso fornecer um grande esforço para a formação da juventude operária, e primeiramente pelo aprendizado de um ofício. O Estado será obrigado a assumir essa responsabilidade, porque nenhum outro elemento da sociedade é capaz disso.

Nada mostra melhor a carência essencial da classe capitalista do que a negligência dos patrões com relação à aprendizagem. Ela é do tipo chamado na Rússia de negligência criminosa. Nunca será demais insistir nisso, difundir em meio ao público essa verdade simples, fácil de compreender, incontestável. Os patrões, há vinte ou trinta anos, esqueceram de pensar na formação de bons profissionais. A falta de operários qualificados contribuiu tanto quanto qualquer outro fator para a perdição do país. Mesmo em 1934 e 1935, no ponto mais agudo da crise de desemprego, quando a produção estava em ponto morto, fábricas mecânicas e de aviação procuravam bons profissionais e não os encontravam. Os operários reclamavam que as tarefas eram difíceis demais; mas eram eles que não tinham sido formados de maneira a poder executá-las. Como, nessas condições, nós poderíamos ter tido um armamento suficiente? Mas, aliás, mesmo sem a guerra, a falta de profissionais, agravando-se com os anos, deveria acabar por tornar a própria vida econômica impossível.

É preciso divulgar, de uma vez por todas, em todo o país e para os próprios interessados, que os patrões se mostraram, na realidade, incapazes de suportar as responsabilidades que o sistema capitalista faz pesar sobre eles. Eles têm uma função a cumprir, mas não essa, porque a experiência faz notar que ela é pesada demais e ampla demais para eles. Uma vez que isso esteja claro, não se terá mais medo deles, e eles, de seu lado, cessarão de se opor às reformas necessárias; eles permanecerão nos limites modestos de sua função natural. É sua única chance de salvação; é porque se tem medo deles que se pensa com tanta frequência em se livrar deles.

Eles acusavam de imprudência um operário que tomava um trago, mas a sabedoria deles mesmos não chegava a prever que, se aprendizes não são formados, ao cabo de vinte anos não há mais operários, ao menos que mereçam esse nome. Aparentemente, eles são incapazes de pensar para além de dois ou três anos à frente. Sem dúvida também, uma secreta inclinação lhes fazia preferir ter em suas fábricas um gado de desgraçados, de seres desenraizados sem nenhuma consideração, sob nenhum ponto de vista. Eles não sabiam que se a submissão dos escravos é maior do que a de homens livres, sua revolta é também muito mais terrível. Eles puderam experimentá-la, mas sem compreendê-la.

A carência dos sindicatos operários com relação ao problema do aprendizado é tão escandalosa quanto, mas de um outro ponto de vista. Eles não tinham de se preocupar com o futuro da produção; mas, tendo por única razão de ser a defesa da justiça, deveriam ter sido tocados pelo desamparo moral dos meninos. Na realidade, a parte realmente miserável da população das fábricas, os adolescentes, as mulheres, os operários imigrantes, estrangeiros ou das colônias, estava abandonada. A soma inteira de sua dor contava muito menos na vida sindical do que o problema de um aumento de salário para categorias já com salário significativo.

Nada mostra melhor o quanto é difícil que um movimento coletivo seja realmente orientado para a justiça, e que os desgraçados sejam realmente defendidos. Eles não podem se defender sozinhos, porque a desgraça os impede; e eles não são defendidos do exterior, porque o pendão da natureza humana é de não prestar atenção nos desgraçados.

Apenas a JCC[4] ocupou-se da desgraça dos adolescentes operários; a existência de uma tal organização é talvez o único sinal certo de que o cristianismo não está morto entre nós.

Como os capitalistas traíram sua vocação, negligenciando criminosamente não somente os interesses do povo, não somente os da nação, mas até mesmo o seu próprio, da mesma forma os sindicatos operários traíram sua vocação negligenciando a proteção dos miseráveis entre os operários para se voltar para a defesa dos interesses. Isso também é bom de divulgar, visando o dia em que eles poderão ter responsabilidade e a tentação de cometer abusos de poder. Colocar os sindicatos na linha, transformá-los em organizações únicas e obrigatórias era o resultado natural, inevitável, dessa mudança de mentalidade. No fundo, a ação do governo de Vichy com relação a isso foi quase nenhuma. A CGT[5] não foi vítima de violação de sua parte. Há muito tempo que ela não tinha mais condições para isso.

O Estado não é particularmente qualificado para assumir a defesa dos desgraçados. Ele é, inclusive, praticamente incapaz, se não for forçado por uma necessidade de salvação pública urgente, evidente, levado pela opinião pública.

No que concerne à formação da juventude operária, a necessidade de salvação pública é tão urgente e evi-

---

4. Sigla de *Jeunes Chrétiens Combattants*, isto é, Jovens Cristãos Combatentes. O grupo formou-se na França de Vichy para colaborar com a Resistência francesa [N.T.].

5. Sigla de *Confédération Générale du Travail*, isto é, Confederação Geral do Trabalho: uma das mais antigas organizações representativas dos trabalhadores na França, reunindo até hoje diversos sindicatos de categorias profissionais [N.T.].

dente quanto possível. Quanto à comoção da opinião, é preciso suscitá-la, e começar desde já, servindo-se dos embriões de organismos sindicais autênticos, da JOC[6], dos grupos de estudo e dos movimentos de juventude, até mesmo dos oficiais.

Os bolcheviques russos fizeram o povo se apaixonar propondo-lhe a construção de uma grande indústria. Nós não poderíamos apaixonar o nosso propondo-lhe a construção de uma população operária de novo tipo? Um tal objetivo estaria em acordo com o gênio francês.

A formação de uma juventude operária deve ir além da formação puramente profissional. Ela deve, claro, incluir uma educação, como a formação de qualquer juventude; e para isso é desejável que a aprendizagem não seja feita nas escolas, onde ela é sempre malfeita, mas que mergulhe imediatamente na produção em si. Contudo, também não podemos confiá-los às fábricas. Nesse quesito, esforços inventivos devem ser feitos. Seria preciso algo que combine as vantagens da escola profissionalizante com aquelas do aprendizado na fábrica, das atuais associações de artesãos[7], e muitas outras mais.

Mas a formação de uma juventude operária, sobretudo em um país como a França, implica também uma

---

6. Sigla de *Jeunesse Ouvrière Chrétienne*, isto é, Juventude Operária Cristã. Criada por clérigos belgas, a JOC desenvolveu-se na França no fim dos anos 1920, contribuindo para a humanização da vida dos adolescentes operários não somente pela oferta de serviços sociais, mas também pela organização da militância por direitos [N.T.].

7. No original, *chantier de compagnons*, literalmente: canteiro de obra dos companheiros. A expressão remete ao antigo *compagnonnage*, organização de artesãos responsável também pelo acolhimento e formação de aprendizes. Sob a França de Vichy, a representatividade artesã ganha novo fôlego com a fundação da Associação operária dos Companheiros do Dever, em 1941 [N.T.].

instrução, uma participação na cultura intelectual. É preciso que eles se sintam em casa também no mundo do pensamento.

Que participação, que cultura? É um debate que dura há muito tempo. Em certos meios, antigamente, falava-se muito em cultura operária. Outros diziam que não há cultura operária ou não operária, mas a cultura, e ponto. Essa observação teve o efeito de, em suma, fazer conceder aos operários mais inteligentes e mais ávidos de aprendizado o tratamento que se concede aos alunos meio idiotas. As coisas puderam por vezes ser um pouco melhores, mas globalmente é exatamente este o princípio da vulgarização, tal como é compreendido em nossa época. A palavra é tão atroz quanto a coisa. Quando houver algo mais ou menos satisfatório, será preciso encontrar outra palavra.

Certamente, a verdade é uma, mas o erro é múltiplo; e em toda cultura, salvo em caso de perfeição, o que para o ser humano é apenas um caso limite, há mistura de verdade e de erro. Se nossa cultura estivesse próxima da perfeição, ela estaria situada acima das classes sociais. Mas como é medíocre, em larga medida é uma cultura de intelectuais burgueses, e mais particularmente, há algum tempo, uma cultura de intelectuais funcionários.

Caso se desejasse aprofundar a análise nesse sentido, seria descoberto que há em certas ideias de Marx muito mais verdade do que a princípio aparentam; mas não são os marxistas que farão algum dia uma tal análise; pois essa é uma operação penosa demais, para a qual somente as virtudes especificamente cristãs fornecem coragem que baste.

O que torna nossa cultura tão difícil de comunicar ao povo não é que ela seja elevada demais, é que ela é baixa demais. Toma-se um remédio singular ao rebaixá-la ainda mais antes de dá-la em pedaços para o povo remoer.

Há dois obstáculos que tornam difícil o acesso do povo à cultura. Um é a falta de tempo e de força. O povo tem pouco tempo livre para dedicar ao esforço intelectual; e o cansaço estabelece um limite para a intensidade desse esforço.

Esse obstáculo não tem importância alguma. Pelo menos ele não teria se o erro de lhe dar importância não fosse cometido. A verdade ilumina a alma na proporção de sua pureza e não de qualquer espécie de quantidade. Não é a quantidade de metal que importa, mas a qualidade da liga. Nesse domínio, um pouco de ouro puro vale como muito ouro puro. Um pouco de verdade vale tanto quanto muita verdade pura. Da mesma maneira, uma estátua grega perfeita contém tanta beleza quanto duas estátuas gregas perfeitas.

O pecado de Níobe consistiu em ignorar que a quantidade não tem relação com o bem, e ela foi punida pela morte de seus filhos. Nós cometemos o mesmo pecado todos os dias, e somos punidos da mesma maneira.

Se um operário, em um ano de esforços ávidos e obstinados, aprender alguns teoremas de geometria, terá entrado em sua alma tanta verdade quanto na de um estudante que, durante o mesmo tempo, terá com o mesmo fervor assimilado uma parte da matemática superior.

É verdade que não é fácil de acreditar nisso, e não seria, talvez, fácil de demonstrar. Pelo menos para os cristãos, isso deveria ser um artigo de fé, se eles se lembrassem de que a verdade, no Evangelho, conta como um dos bens puros comparados ao pão, e de que quem pede pão não recebe pedras.

Os obstáculos materiais – falta de lazer, cansaço, falta de talento natural, doença, dor física – prejudicam a aquisição dos elementos inferiores ou médios da cultura, não a dos bens mais preciosos que ela guarda.

O segundo obstáculo à cultura operária é que à condição operária, como a qualquer outra, corresponde uma disposição particular da sensibilidade. Por isso, já há algo de estrangeiro no que foi elaborado por outros e para outros.

O remédio é um esforço de tradução. Não de vulgarização, mas de tradução, o que é bem diferente.

Não pegar as verdades, já pobres demais, contidas na cultura dos intelectuais, para desagregá-las, mutilá-las, esvaziá-las de seu sabor; mas simplesmente expressá-las, em sua plenitude, por meio de uma linguagem que, como diz Pascal, torne-as sensíveis para o coração, em pessoas cuja sensibilidade se encontra moldada pela condição operária.

A arte de transpor verdades é uma das mais essenciais e das menos conhecidas. O que a torna difícil é que, para praticá-la, é preciso ter-se situado no centro de uma verdade, tê-la possuído em sua nudez, por detrás da fórmula sob a qual ela se encontra, por acaso, exposta.

De resto, a transposição é uma prova para uma verdade. O que não pode ser transposto não é uma verdade; da mesma forma que o que não muda de aparência segundo o ponto de vista não é um objeto sólido, mas uma ilusão. Também no pensamento há um espaço de três dimensões.

A pesquisa quanto aos modos de transposição convenientes para a transmissão da cultura ao povo seria ainda mais salutar para a cultura do que para o povo. Seria para ela um estímulo infinitamente precioso. Ela sairia, assim, da atmosfera confinada e irrespirável onde se fechou. Ela deixaria de ser uma coisa de especialistas. Pois, atualmente, ela é uma coisa de especialistas, de alto a baixo, degradando-se à medida que se aproxima do baixo. Da mesma forma que os operários são tratados como se fossem alunos um pouco idiotas, tratam-se os alunos de escola como se fossem universitários consideravelmente cansados, e os universitários como professores que sofressem de amnésia e precisassem ser reeducados. A cultura é um instrumento manejado por professores para fabricar professores que, por sua vez, fabricarão professores.

Entre todas as formas atuais da doença do desenraizamento, o desenraizamento da cultura não é o menos alarmante. A primeira consequência dessa doença, em todas as áreas, é geralmente que, uma vez que as relações estão cortadas, cada coisa é vista como um fim em si mesmo. O desenraizamento engendra a idolatria.

Para dar um só exemplo da deformação de nossa cultura, o cuidado, absolutamente legítimo, de conservar o caráter necessário dos raciocínios geométricos, faz com que a geometria seja apresentada aos alunos como uma coisa absolutamente sem relação com o mundo. Eles só podem se interessar por ela como por um jogo, ou para ter notas boas. Como enxergariam verdade ali?

A maioria ignorará para sempre que quase todas as nossas ações, simples ou inteligentemente combinadas, são aplicações de noções geométricas, que o universo onde vivemos é um tecido de relações geométricas, e que, enquanto criaturas encerradas no espaço e no tempo, estamos submetidos, na realidade, à necessidade geométrica. A necessidade geométrica é apresentada de tal maneira que parece arbitrária. O que há de mais absurdo do que uma necessidade arbitrária? Por definição, uma necessidade se impõe.

Por outro lado, quando se quer vulgarizar a geometria e aproximá-la da experiência, as demonstrações são omitidas. Então, não resta mais do que algumas receitas em tudo desprovidas de interesse. A geometria perdeu seu sabor, sua essência. Sua essência é ser um estudo que tem como objeto a necessidade, essa mesma necessidade que, na realidade, é soberana aqui embaixo.

As duas deformações seriam fáceis de evitar. Não se deve escolher entre a demonstração e a experiência. Demonstra-se com madeira ou ferro com a mesma facilidade do giz.

Haveria uma maneira simples de introduzir a necessidade geométrica numa escola profissionalizante, associando o estudo ao ateliê. Seria dito às crianças: "Aqui está um certo número de tarefas para executar (fabricar objetos que satisfaçam tais, tais e tais condições). Algumas são possíveis, outras impossíveis. Executem as que são possíveis, e as que não executarem, forcem-me a admitir que são impossíveis". Por essa brecha, toda a geometria pode ser introduzida no trabalho. A execução é uma prova empírica suficiente da possibilidade, mas para a impossibilidade não há prova empírica; uma demonstração se faz necessária. A impossibilidade é a forma concreta da necessidade.

Quanto ao restante da ciência, tudo o que pertence à ciência clássica – e não se pode integrar à cultura operária Einstein e os quanta – procede principalmente de um método analógico, consistindo em transportar para a natureza as relações que dominam o trabalho humano. Por conseguinte, a ciência pertence aos trabalhadores, se souberem apresentá-la a eles, muito mais naturalmente do que aos alunos.

É ainda mais lógico que seja assim com relação à parte da cultura organizada sob a rubrica "Letras". Pois o objeto dela é sempre a condição humana, e é o povo que tem a experiência mais real, mais direta da condição humana.

No conjunto, salvo exceções, as obras de segunda classe e abaixo da média convêm mais à elite, e as obras de primeiríssima ordem convêm mais ao povo.

Por exemplo, qual intensidade de compreensão poderia nascer de um contato entre o povo e a poesia grega, que tem por objeto único a desgraça! Somente seria preciso saber traduzi-la e apresentá-la. Por exemplo, um operário, que tem a angústia do desemprego arraigada até a medula, compreenderia o estado de Filoctetes quando lhe tiram seu arco e o desespero com o qual olha suas mãos impotentes. Ele compreenderia também que Electra tem fome, o que um burguês, exceto no período presente, é absolutamente incapaz de compreender – inclusive os editores da coleção Budé.

Há um terceiro obstáculo para a cultura operária; é a escravidão. O pensamento é por essência livre e soberano, quando é realmente exercido. Ser livre e soberano, na qualidade de ser pensante, durante uma hora ou duas, e escravo no resto do dia, é um desmembramento tão dilacerante que é quase impossível não renunciar, para se livrar dele, das formas mais elevadas do pensamento.

Se reformas eficazes fossem realizadas, esse obstáculo desapareceria aos poucos. Além do mais, a lembrança da escravidão recente e os restos de escravidão em vias de desaparecer seriam um estímulo potente para o pensamento durante o processo de libertação.

Uma cultura operária tem como condição uma mistura dos chamados intelectuais – nome abominável, mas hoje eles não merecem outro mais bonito – com os trabalhadores. É difícil que uma tal mistura seja real. Mas a situação atual é favorável. Uma boa quantidade de jovens intelectuais foi atirada na escravidão, em fábricas e plantações alemãs. Outros se misturaram com os jovens operários em trabalhos coletivos. Mas sobretudo os primeiros tiveram uma experiência relevante. Muitos terão sido destruídos por ela, ou ao menos enfraquecidos demais, de corpo e alma. Mas alguns, talvez, terão sido realmente instruídos.

Essa experiência tão preciosa corre o risco de ser perdida por causa da tentação quase irresistível de esquecer a humilhação e a desgraça desde que delas se escapa. Desde já, seria preciso abordar os prisioneiros que retornaram, engajá-los a continuar em contato com os trabalhadores, como tinham começado a fazê-lo de modo forçado, a repensar para eles sua experiência recente, com vistas a uma aproximação da cultura e do povo, com vistas a uma nova orientação da cultura.

As organizações sindicais de resistência poderiam, neste momento, criar oportunidades para esse tipo de aproximação. Mas de maneira geral, se deve haver uma vida do pensamento nos sindicatos operários, eles deverão ter com os intelectuais outros contatos além de agrupá-los, na CGT, em organizações profissionais para a defesa de sua própria fortuna. Isso era mais do que absurdo.

A relação natural seria que um sindicato aceitasse como membros de honra, mas impedidos de intervir em deliberações sobre a ação, intelectuais que se colocassem à disposição, gratuitamente, para a organização de cursos e bibliotecas.

Seria altamente desejável que na geração que, por sua juventude, escapou à mistura com os trabalhadores sob a coação do cativeiro, surgisse uma corrente análoga à que agitou os estudantes russos há cinquenta anos, mas com pensamentos mais claros, e que estudantes fossem fazer estágios voluntários e prolongados como operários misturados à massa, anonimamente, nos campos e fábricas.

Em resumo, a supressão da condição proletária, que é definida antes de tudo pelo desenraizamento, se reduz à tarefa de constituir uma produção industrial e uma relação com a cultura[8] em que os operários estejam e se sintam em casa.

---

8. A autora emprega a expressão "*culture de l'esprit*", isto é, cultura do espírito. Comum à tradição alemã e francesa, a associação da palavra "espírito" à formação intelectual e cultural causa estranhamento no universo lusófono, em que refere sobretudo à dimensão religiosa e sobrenatural da existência. Sendo assim, a palavra "*esprit*", quando utilizada da forma indicada, foi vertida seja por paráfrases contendo a palavra "cultura", seja por "mente", "reflexão", "pensamento", ou ainda por "ânimo". Em casos pontuais, a palavra foi suprimida [N.T.].

Claro, os próprios operários fariam boa parte de uma tal construção. Mas, pela natureza das coisas, sua participação iria aumentar à medida que sua libertação real se concretizasse. Inevitavelmente, ela é mínima enquanto os operários estão sob o domínio da desgraça.

Esse problema da construção de uma condição operária realmente nova é urgente e deve ser examinado sem demora. Uma orientação deve ser decidida desde já. Pois tão logo a guerra acabe, se construirá, no sentido literal da palavra. Casas e prédios serão construídos. O que terá sido construído não será mais demolido, a menos que ocorra uma nova guerra, e a vida se adaptará a isso. Seria paradoxal que se deixasse juntar ao acaso as pedras que devem determinar, talvez por muitas gerações, toda a vida social. Por conseguinte, será preciso ter, com antecedência, um pensamento nítido no que concerne à organização das indústrias no futuro próximo.

Se por acaso nós nos furtássemos a essa necessidade por medo das possíveis divisões, isso significaria simplesmente que não estamos qualificados para intervir nos destinos da França.

É urgente, portanto, examinar um plano para enraizar novamente os operários, do qual se encontra aqui, em resumo, um esboço possível.

As grandes fábricas seriam abolidas. Uma grande empresa seria constituída por um ateliê de montagem ligado a um grande número de pequenos ateliês, cada um tendo um ou alguns operários, dispersos no meio rural. Seriam esses operários, e não especialistas, que iriam em revezamento, durante um certo período, trabalhar no ateliê central de montagem, e esses períodos deveriam constituir-se em festas. O trabalho não iria além de meio expediente, o restante devendo ser consagrado aos laços de camaradagem, ao desenvolvimento de um patriotismo de empresa, a conferências técnicas para fazer cada operário compreender a função exata das peças que produz e as dificuldades superadas pelo trabalho dos outros, a conferências de geografia para ensiná-los para onde vão os produtos que ajudam a fabricar, que seres humanos os utilizam, em que espécie de meio, de vida cotidiana, de atmosfera humana esses produtos encontram lugar e que lugar. A isso se acrescentaria um pouco de cultura geral. Uma universidade operária estaria na vizinhança de cada ateliê central de montagem. Ela teria laços estreitos com a direção da empresa, mas não seria sua propriedade.

As máquinas não pertenceriam à empresa. Elas pertenceriam aos minúsculos ateliês dispersos por toda parte que seriam, por sua vez, seja individualmente, seja coletivamente, propriedade dos operários. Cada operário possuiria além disso uma casa e um pouco de terra.

Essa tripla propriedade – máquina, casa e terra – lhes seria conferida por um dom do Estado, no momento do casamento, e à condição de que tenham realizado com sucesso um teste técnico difícil, acompanhado de uma prova para controlar o nível de inteligência e de cultura geral.

A escolha da máquina deveria obedecer, por um lado aos gostos e conhecimentos do operário, por outro às necessidades gerais da produção. A máquina deve ser, evidentemente, o máximo possível, uma máquina automática regulável e versátil.

Essa tripla propriedade não poderia ser nem transmitida por herança, nem vendida, nem alienada de maneira alguma. (Somente em certos casos a máquina poderia ser trocada). Aquele que dela desfruta teria apenas a capacidade de renunciar a ela, pura e simplesmente. Nesse caso, deveria ser para ele não impossível, mas difícil, receber algo equivalente mais tarde.

Quando um operário morre, essa propriedade retorna para o Estado, que, claro, se for o caso, deve assegurar um bem-estar igual à mulher e aos filhos. Se a mulher é capaz de executar o trabalho, ela conserva a propriedade.

Todos esses dons são financiados por impostos, seja diretos, sobre o lucro das empresas, seja indiretos, sobre a venda dos produtos. Eles são geridos por uma administração em que se encontram funcionários, patrões de empresas, sindicalistas, deputados.

Esse direito de propriedade pode ser retirado, em caso de incapacidade profissional, pela sentença de um tribunal. Isso, claro, supõe que medidas penais análogas sejam previstas para punir, se for o caso, a incapacidade profissional de um patrão de empresa.

Um operário que desejasse se tornar patrão de um pequeno ateliê deveria obter autorização para tal de um organismo profissional encarregado de concedê-la com discernimento, e teria então facilidades para a compra de duas ou três máquinas a mais; nada além disso.

Um operário incapaz de passar no teste permaneceria na condição de assalariado. Mas ele poderia, por toda sua vida, sem limite de idade, fazer novas tentativas. Ele poderia em qualquer idade e repetidamente pedir para fazer um estágio gratuito de alguns meses em uma escola profissionalizante.

Esses assalariados por incapacidade trabalhariam seja nos pequenos ateliês não cooperativos, seja como auxiliares de um operário que trabalhe em seu ateliê, seja como assistentes em ateliês de montagem. Mas eles só deveriam ser tolerados na indústria em pequeno número. A maioria deveria ser empurrada para as incumbências de assistente ou de secretário indispensáveis nos serviços públicos e no comércio.

Até a idade de se casar e se estabelecer na própria casa por uma vida – quer dizer, a depender das personalidades, até vinte e dois, vinte e cinco, trinta anos –, um jovem operário seria visto como ainda em aprendizagem.

Na infância, a escola deveria deixar para as crianças lazer o bastante para que possam passar horas e horas brincando de montar com as peças do trabalho do pai. A semiescolaridade – algumas horas de estudo, algumas horas de trabalho – deveria, em seguida, prolongar-se por muito tempo. Em seguida, seria necessário um modo de vida muito variado – viagens à maneira do "*Tour de France*", estada e trabalho ora em ateliês de operários que trabalham individualmente, ora em pequenos ateliês, ora em ateliês de montagem de empresas diferentes, ora em grupos de juventude do gênero "*Chantiers*" ou "*Compagnons*"; estadas que, segundo os gostos e capacidades, poderiam se repetir várias vezes em colégios operários e se prolongar por períodos variando entre algumas semanas e dois anos. Essas estadas deveriam, aliás, ser possíveis em qualquer idade, sob certas condições. Elas deveriam ser inteiramente gratuitas e não acarretar nenhuma espécie de vantagem social.

Quando o jovem operário, saciado e abarrotado de variedade, pensasse em se fixar, ele estaria maduro para o enraizamento. Uma mulher, filhos, uma casa, um jardim lhe forneceriam boa parte de sua alimentação, um trabalho ligando-o a uma empresa que amaria, da qual sentiria orgulho, e que seria para ele uma janela aberta para o mundo, é o bastante para a felicidade terrestre de um ser humano.

Claro, uma tal concepção da juventude operária implica a refundação total da vida de caserna.

Para os salários, seria preciso sobretudo evitar, primeiro, claro, que sejam baixos ao ponto de atirar na miséria – mas isso não seria um temor nessas condições –, e que ocupem a mente e impeçam o operário de apegar-se à empresa.

Os organismos corporativos, de arbitragem etc., deveriam ser concebidos unicamente para esse fim – funcionar de maneira que cada operário pense raramente em questões de dinheiro.

A profissão de chefe de empresa deveria, como a de médico, contar entre aquelas que o Estado, no interesse público, autoriza a exercer somente sob a condição de certas garantias. As garantias deveriam ter relação não somente com a capacidade, mas com a elevação moral.

Os capitais investidos seriam muito mais reduzidos do que agora. Um sistema de crédito poderia facilmente permitir a um jovem pobre, com capacidade e vocação para ser chefe de empresa, que se torne um.

A empresa poderia, assim, voltar a ser individual. Quanto às sociedades anônimas, não haveria, talvez, nenhum inconveniente, estabelecendo-se um sistema de transição, em aboli-las e declará-las proibidas.

Claro, a variedade das empresas exigiria o estudo de modalidades muito diversas. O plano esboçado aqui pode apenas ser visto como o termo de longos esforços, dentre os quais os esforços para a invenção técnica seriam indispensáveis.

Em todo caso, um tal modo de vida social não seria nem capitalista nem socialista.

Ele aboliria a condição proletária, enquanto o que se chama de socialismo tende, na realidade, a compelir todos os homens para essa condição.

Ele teria como orientação, não, segundo a fórmula que tende hoje a estar na moda, o interesse do consumidor – esse interesse só pode ser grosseiramente material –, mas a dignidade do ser humano no trabalho, o que é um valor espiritual.

O inconveniente de uma tal concepção social é que ela não tem nenhuma chance de sair do domínio das palavras sem um certo número de homens livres que teriam, no fundo do coração, uma vontade fervente e inquebrantável de fazê-la sair. Não se sabe se tais homens podem ser encontrados ou suscitados.

Contudo, fora isso, parece não haver escolha senão entre formas diferentes e quase igualmente atrozes de desgraça.

Ainda que a realização dessa concepção seja de longa duração, a reconstrução do pós-guerra deveria ter como regra imediata a dispersão do trabalho industrial.

2.2 Desenraizamento camponês

O problema do desenraizamento camponês não é menos grave do que o problema do desenraizamento operário. Ainda que a doença esteja menos avançada, ela tem algo de ainda mais escandaloso; pois não é natural que a terra seja cultivada por seres desenraizados. É preciso conceder a mesma atenção aos dois problemas.

De resto, nunca se deve dar uma marca pública de atenção aos operários sem dar uma outra, simétrica, aos camponeses. Pois eles são muito suscetíveis, muito sensíveis, e estão sempre atormentados pelo pensamento de que são esquecidos. É certo que, dentre os sofrimentos atuais, eles encontram um consolo na certeza de que se está pensando neles. É preciso admitir que se pensa muito mais neles quando se tem fome do que quando se come à vontade; e isso acontece mesmo entre as pessoas que tinham acreditado situar seu pensamento em um plano muito superior a todas as necessidades físicas.

Os operários têm uma tendência, que não deve ser encorajada, a acreditar que, quando se fala do povo, deve tratar-se unicamente deles. Não há absolutamente nenhum motivo legítimo para isso; a menos que se leve em conta o fato de que eles fazem mais barulho do que os camponeses. Eles conseguiram persuadir, nesse ponto, os intelectuais que têm uma inclinação para o povo. O resultado disso é, no meio camponês, uma espécie de raiva pelo que na política é chamado de esquerda – exceto onde caíram na influência comunista, e onde o anticlericalismo é a paixão principal; e sem dúvida ainda em alguns outros casos.

A divisão entre camponeses e operários, na França, vem de longe. Há uma reclamação do fim do século XIV em que os camponeses enumeram, com um tom dilacerante, as crueldades que todas as classes da sociedade os fazem sofrer, inclusive os artesãos.

Na história dos movimentos populares na França, quase não aconteceu, salvo erro, que camponeses e operários tenham se reunido. Mesmo em 1789, tratava-se talvez mais de uma coincidência do que de outra coisa.

No século XIV, os camponeses eram de longe os mais desgraçados. Mas, mesmo quando estão materialmente mais felizes – e quando é o caso, eles não chegam a se dar conta, porque os operários que vêm passar no vilarejo alguns dias de férias sucumbem à tentação da ostentação –, eles continuam atormentados pelo sentimento de que tudo acontece nas cidades, e que estão "*out of it*".

Claro, esse estado de espírito é agravado pela instalação nos vilarejos da TSF[9], de cinemas, e pela circulação de revistas tais como *Confidences* e *Marie-Claire*, que são mais perigosas do que a cocaína.

Sendo essa a situação, é preciso primeiro inventar e colocar em aplicação algo que, a partir de agora, dê aos camponeses o sentimento de que estão "*in it*".

Talvez seja lamentável que nos textos emanando oficialmente de Londres os operários tenham sempre sido mais mencionados do que os camponeses. É verdade que estes têm uma participação bem menor na resistência. Mas essa é, talvez, uma razão a mais para dar provas repetidas vezes de que se sabe de sua existência.

É preciso ter em mente que não se pode dizer que o povo francês seja a favor de um movimento quando isso não é verdade para a maioria dos camponeses.

Deveria ser uma regra nunca prometer algo novo e melhor aos operários sem prometer o mesmo para os camponeses. A grande habilidade do partido nazista antes de 1933 foi se apresentar aos operários como um partido especificamente operário, aos camponeses como

---

9. Telegrafia sem fios, primeira inovação tecnológica a permitir a difusão da radiofonia [N.T.].

um partido especificamente camponês, aos pequenos burgueses como um partido especificamente pequeno burguês etc. Isso era fácil para ele, pois mentia para todos. Seria preciso fazer o mesmo, mas sem mentir para ninguém. É difícil, mas não impossível.

O desenraizamento camponês foi, ao longo dos últimos anos, um perigo tão mortal para o país quanto o desenraizamento operário. Um dos sintomas mais graves foi, há sete ou oito anos, o despovoamento do meio rural que continuava em plena crise de desemprego.

É evidente que o despovoamento do meio rural, no limite, resulta na morte social. Pode-se dizer que não chegará a esse ponto. Mas não se tem certeza disso. Até então, não é possível perceber nada que seja suscetível de pará-lo.

Acerca desse fenômeno, duas coisas devem ser observadas. A doença ganhou mesmo a África negra que, no entanto, era sem dúvida há milhares de anos um continente feito de vilarejos. Essas pessoas, ao menos quando não vinham massacrá-las, torturá-las ou submetê-las à escravidão, sabiam viver felizes em sua terra. Nosso contato está fazendo com que percam essa capacidade. Isso poderia fazer-nos questionar se até mesmo os negros da África, ainda que sejam os mais primitivos dos colonizados, não tinham no fim das contas mais a nos ensinar do que a aprender conosco. Nossas benesses para eles parecem as do agiota para com o trabalhador. Nada no mundo compensa a perda da alegria no trabalho.

A outra observação a se fazer, é que os recursos, aparentemente ilimitados, do Estado totalitário, são impotentes contra o mal. Houve sobre esse assunto, na Alemanha, duas declarações oficiais, formais, muitas vezes repetidas.

Em um certo sentido, é melhor, pois isso oferece a possibilidade de fazer melhor do que eles.

A destruição dos estoques de trigo durante a crise chocou muito a opinião pública, com razão; mas quando se pensa nisso, a deserção do meio rural em período de crise industrial tem algo de ainda mais escandaloso, se for possível sê-lo. É evidente que não há nenhuma esperança de resolver o problema operário à parte, sem considerar este aqui. Não há nenhum meio de impedir que a população operária não seja um proletariado se ela aumenta constantemente com o afluxo de camponeses em estado de ruptura com sua vida passada.

A guerra mostrou qual é o grau de gravidade da doença nos camponeses. Pois os soldados eram jovens camponeses. Em setembro de 1939, ouviam-se os camponeses dizerem: "Mais vale viver alemão do que morrer francês". O que fizeram com eles para que acreditassem não terem nada a perder?

É preciso realmente tomar consciência de uma das maiores dificuldades da política. Se os operários sofrem cruelmente por se sentirem em exílio nessa sociedade, os camponeses, por sua vez, têm a impressão de que nessa sociedade, ao contrário, apenas os operários se sentem em casa. Aos olhos dos camponeses, os intelectuais defensores dos operários não figuram como defensores dos oprimidos, mas como defensores dos privilegiados. Os intelectuais não suspeitam desse estado de espírito.

O complexo de inferioridade no meio rural é tal que se veem camponeses milionários acharem natural serem tratados por pequenos burgueses aposentados com uma distância como a de colonizadores diante de nativos. É preciso que um complexo de inferioridade seja muito forte para não ser apagado pelo dinheiro.

Por isso, quanto mais se propõe fornecer satisfações morais aos operários, mais é preciso se preparar para procurar o mesmo aos camponeses. De outro modo, o desequilíbrio produzido seria perigoso para a sociedade, repercutindo nos próprios operários.

A necessidade de enraizamento, para os camponeses, primeiro tem a forma da sede de propriedade. É realmente uma sede para eles, e uma sede sã e natural. Para tocá-los, oferecer-lhes esperanças nesse sentido é certeiro; e não há nenhuma razão para não o fazer, uma vez que se vê como sagrada a necessidade de propriedade, e não os títulos jurídicos que determinam as modalidades da propriedade. Há uma quantidade de disposições legais possíveis para transferir para os camponeses, pouco a pouco, as terras que não estão em suas mãos. Nada pode legitimar o direito de propriedade de um citadino sobre uma terra. A grande propriedade agrícola só se justifica em alguns casos, por razões técnicas; e mesmo nesses casos, pode-se conceber camponeses que cultivam intensamente legumes e produtos desse gênero cada um em seu terreno, e ao mesmo tempo aplicam métodos de cultura extensiva, com um maquinário moderno, em vastos espaços de posse comum, sob a forma da cooperativa.

Uma medida que tocaria o coração dos camponeses seria decidir considerar a terra como um meio de trabalho, e não como uma riqueza na repartição das heranças. Assim, não se veria mais o escandaloso espetáculo do camponês endividado pela vida inteira com um irmão funcionário que trabalha menos e ganha mais.

Aposentadorias para os idosos, ainda que mínimas, teriam, talvez, grande relevância. A palavra aposentadoria é, infelizmente, uma palavra mágica que arrasta os jovens camponeses para a cidade. Com frequência, a humilhação dos velhos no campo é grande, e um pouco de dinheiro, concedido de uma forma honrosa, lhes daria prestígio.

Por um efeito de contraste, uma estabilidade grande demais produz nos camponeses um efeito de desenraizamento. Um menino camponês começa a trabalhar sozinho por volta dos quatorze anos; então, o trabalho é uma poesia, embriaga, ainda que suas forças mal bastem. Alguns anos mais tarde, esse entusiasmo infantil se esgotou, o ofício é conhecido, as forças físicas transbordam e superam de longe o trabalho a ser feito; e não há nada mais para fazer além do que foi feito todos os dias durante vários anos. Ele começa, então, a passar sua semana sonhando com o que fará no domingo. A partir desse momento, ele está perdido.

Seria preciso que esse primeiro contato completo do camponês ainda menino com o trabalho, na idade de quatorze anos, que essa primeira embriaguez seja consagrada por uma festa solene que a faça penetrar para sempre no fundo da alma. Nos vilarejos mais cristãos, uma tal festa deveria ter um caráter religioso.

Mas também, três ou quatro anos mais tarde, seria preciso fornecer um alimento à sede de novidade que toma o jovem camponês. Para ele, só há um alimento, a viagem. Seria preciso dar a todos os jovens camponeses a possibilidade de viajar sem despesas de dinheiro, na França e mesmo no estrangeiro, não pelas cidades, mas pelo meio rural. Isso implicaria a organização para os camponeses de algo análogo ao *Tour de France*. Seria possível acrescentar a isso obras de educação e de instrução. Pois, frequentemente, os melhores dentre os jovens camponeses, depois de terem se investido com violência, aos treze anos, em afastarem-se da escola para lançarem-se ao trabalho, sentem novamente aos dezoito ou vinte anos o gosto pela instrução. Isso acontece também, aliás, com os jovens operários. Sistemas de troca poderiam permitir que até mesmo aos jovens indispensáveis para as famílias partissem. É óbvio que essas viagens seriam inteiramente voluntárias. Mas os pais não teriam o direito de impedi-las.

Não se pode imaginar a potência da ideia da viagem para os camponeses, e a importância moral que uma tal reforma poderia ter, mesmo antes de ser realizada, no estado de promessa, e muito mais uma vez que a coisa se torne costumeira. O menino novo, tendo rodado o mundo por vários anos sem nunca deixar de ser um camponês, voltaria para casa com suas inquietações apaziguadas e fundaria um lar.

Seria preciso talvez algo análogo para as meninas; é preciso dar-lhes algo para substituir a revista *Marie-Claire*, e não se pode deixar com elas *Marie-Claire*.

A caserna foi um fator terrível de desenraizamento para os jovens camponeses. A tal ponto que a instrução militar teve, no fim das contas, um efeito contrário a seu objetivo; os jovens tinham aprendido o exercício, mas estavam menos preparados para lutar do que antes do aprendizado, pois qualquer um que saísse da caserna saía antimilitarista. Essa é a prova experimental de que não se pode, pelo próprio interesse da máquina militar, deixar os militares disporem soberanamente de dois anos da vida de cada um, ou mesmo um ano que fosse. Assim como não se pode deixar o capitalismo ser o mestre da formação profissional da juventude, não se pode deixar o Exército ser o mestre da formação militar. As autoridades civis devem participar dela, de maneira a fazer com que constitua uma educação e não uma corrupção.

O contato entre camponeses e jovens operários no serviço militar não é de modo algum desejável. Os últimos buscam impressionar os primeiros, e isso faz mal a ambos. Contatos assim não suscitam aproximações verdadeiras. Apenas a ação comum aproxima; e por definição, não há ação comum na caserna, porque ali se é preparado para a guerra em tempos de paz.

Não há nenhuma razão para instalar as casernas nas cidades. Pensando nos jovens camponeses, seria perfeitamente possível estabelecer casernas longe de qualquer cidade.

É verdade que os donos de bordéis perderiam com isso. Mas é inútil pensar em qualquer espécie de reforma se não se está absolutamente decidido a pôr um fim no conluio dos poderes públicos com esse tipo de gente, e em abolir uma instituição que é uma das vergonhas da França.

Seja dito a propósito, nós pagamos caro por essa vergonha. A prostituição estabelecida como uma instituição oficial, segundo o regime próprio à França, contribuiu largamente para estragar o exército, e estragou completamente a polícia, o que deveria acarretar a ruína da democracia. Pois é impossível que uma democracia subsista quando a polícia, que representa a lei aos olhos dos cidadãos, é abertamente um objeto de desprezo. Os ingleses não podem compreender que possa haver uma democracia em que a polícia não é objeto de um terno respeito. Mas a polícia deles não dispõe de um rebanho de prostitutas para se distrair.

Se fosse possível ponderar com exatidão os fatores de nosso desastre, talvez se estimasse que todas as nossas vergonhas – como esta, e a dos apetites coloniais, e a dos tratamentos infligidos aos estrangeiros – tiveram um ricochete efetivo em nossa perdição. Pode-se dizer muitas coisas de nossa desgraça, mas não que seja imerecida.

A prostituição é um exemplo típico dessa propriedade de propagação elevada ao quadrado do desenraizamento. A situação da prostituta profissional constitui o grau extremo do desenraizamento; e para essa doença do desenraizamento, um punhado de prostitutas tem um vasto poder de contaminação. É evidente que não se terá um campesinato saudável enquanto o próprio Estado estiver obstinado em operar a aproximação entre os jovens camponeses e as prostitutas. Enquanto o campesinato não for são, a classe operária também não pode sê-lo, nem o resto do país.

De resto, nada seria mais popular no meio camponês do que o projeto de reformar o regime do serviço militar por conta da preocupação com bem-estar moral deles.

O problema da relação com a cultura se coloca para os camponeses como no caso dos operários. Também para eles se faz necessária uma tradução que lhes seja própria; ela não deve ser a mesma dos operários.

Em tudo o que concerne às coisas da cultura, os camponeses foram brutalmente desenraizados pelo mundo moderno. Antigamente, eles tinham tudo que um ser humano precisa no campo da arte e do pensamento, sob uma forma que lhes era própria, e da melhor qualidade. Quando se lê tudo o que escreveu Restif de la Bretonne sobre sua infância, deve-se concluir que os mais desgraçados entre os camponeses de então tinham um destino infinitamente melhor do que o do mais feliz dos camponeses de hoje. Mas esse passado já não se encontra mais, ainda que tão próximo. É preciso inventar métodos para impedir que os camponeses continuem estrangeiros à cultura que lhes é oferecida.

A ciência deve ser apresentada aos camponeses e operários de maneiras muito diferentes. Para os operários, é natural que tudo seja dominado pela mecânica. Para os camponeses, tudo deveria ter como centro o maravilhoso circuito pelo qual a energia solar, que desce para as plantas e é fixada pela clorofila, concentra-se nas sementes e nos frutos, entra no ser humano que come ou bebe, passa para seus músculos e é gasta no trabalho da terra. Tudo o que se relaciona com a ciência pode ser organizado em torno desse circuito, pois a noção de energia está no centro de tudo. O pensamento desse circuito, se penetrasse na mente dos camponeses, envolveria o trabalho com poesia.

De uma maneira geral, qualquer instrução nos vilarejos deveria ter como objetivo essencial aumentar a sensibilidade à beleza do mundo, à beleza da natureza. Os turistas, é verdade, descobriram que os camponeses não se interessam pelas paisagens. Mas na partilha de jornadas de trabalho extenuantes com os camponeses, única maneira de proceder para trocar de coração aberto com eles, ouve-se alguns deles lamentarem que o trabalho seja duro demais para deixá-los desfrutar a beleza da natureza.

Claro, o aumento da sensibilidade à beleza não se realiza dizendo: "Olhem como é belo!". É menos fácil.

O movimento de voltar-se ao folclore que aconteceu recentemente nos meios cultos deveria ajudar a restituir aos camponeses o sentimento de que estão em casa no pensamento humano. O sistema atual consiste em apresentá-los a tudo o que se relaciona com o pensamento como a uma propriedade exclusiva das cidades, da qual consente-se oferecer-lhes uma pequena parte, porque eles não têm a capacidade de conceber algo maior.

É a mentalidade colonial, somente em um grau menos agudo. E como acontece que um nativo das colônias com um verniz de instrução europeia despreze seu povo mais do que o faria um europeu culto, o mesmo acontece com frequência com um professor primário filho de camponês.

A primeira condição para voltar a enraizar moralmente o campesinato no meio rural, é que o ofício de professor primário rural seja algo distinto, específico, cuja formação seja não apenas parcialmente diferente, mas totalmente diferente da formação de um professor primário das cidades. É extremamente absurdo fabricar em um mesmo molde professores para Belleville[10] ou um vilarejo pequeno. É um dos numerosos absurdos de uma época cuja característica dominante é a idiotice.

A segunda condição é que os professores primários do meio rural conheçam os camponeses e não os desprezem, o que não será obtido se simplesmente recrutarmos camponeses. Seria preciso dispor de uma parte ampla,

---

10. Trata-se de um bairro onde habitava, à época, o operariado da cidade de Paris.

no ensino que lhes é fornecido, para o folclore de todos os países, apresentado não como um objeto de curiosidade, mas como uma grande coisa; falar para eles do papel que tiveram os pastores de animais nas primeiras especulações do pensamento humano, sobre os astros, e também, como mostram as comparações que ressurgem em toda parte nos textos antigos, sobre o bem e o mal; fazê-los ler a literatura camponesa, Hesíodo, *Pier the Ploughman*, as baladas da Idade Média, as poucas obras contemporâneas que são autenticamente camponesas; tudo isso, claro, sem prejuízo da cultura geral. Depois de uma preparação assim, seria possível enviá-los para servir por um ano como funcionários de fazenda, anonimamente, em um outro departamento; depois reuni-los de novo para ajudá-los a ver com clareza sua própria experiência. O mesmo vale para os professores dos bairros operários e fábricas. Somente, tais experiências devem ser preparadas moralmente; de outra forma, elas suscitam o desprezo ou a repulsa em vez da compaixão e do amor.

Seria bastante vantajoso também que as igrejas façam da condição de padre-cura ou pastor de vilarejo algo específico. É um escândalo ver o quanto, em um vilarejo francês inteiramente católico, a religião pode estar ausente da vida cotidiana, reservada para algumas horas do domingo, quando se pensa com que predileção Cristo tomou de empréstimo o tema de suas parábolas da vida no campo. Mas muitas dessas parábolas não figuram na liturgia, e as que figuram não provocam nenhuma atenção. Da mesma forma que as estrelas e o sol dos quais o professor fala habitam nos cadernos e livros e não têm nenhuma relação com o céu, a vinha, o trigo, as ovelhas mencionadas aos domingos na igreja não têm nada em comum com a vinha, o trigo, as ovelhas que estão nos campos e às quais se dá todos os dias um pouco da própria vida. Os camponeses cristãos também estão desenraizados de sua vida religiosa. A ideia de representar um vilarejo sem igreja na Exposição de 1937 não era tão absurda quanto foi dito por muitos.

Assim como os meninos membros da JOC se exaltam com o pensamento do Cristo operário, os camponeses deveriam extrair o mesmo orgulho da parte que concedem as parábolas do Evangelho à vida no campo e da função sagrada do pão e do vinho, e tirar daí o sentimento de que o cristianismo é uma coisa deles.

As polêmicas em torno da laicidade foram uma das principais fontes de envenenamento da vida camponesa na França. Infelizmente, elas não estão perto de acabar. É impossível evitar se posicionar sobre esse problema, e parece à primeira vista quase impossível encontrar uma posição que não seja ruim demais.

É certo que a neutralidade é uma mentira. O sistema laico não é neutro, ele comunica às crianças uma filosofia que é, por um lado, muito superior à religião do gênero São Sulpício, por outro muito inferior ao cristianismo autêntico. Mas tal cristianismo, hoje, é muito raro. Muitos professores primários apegam-se a essa filosofia com um fervor religioso.

A liberdade de ensino não é uma solução. A palavra é vazia de sentido. A formação espiritual de uma criança não pertence a ninguém: nem à criança, por não ter capacidade de dispor dela; nem aos pais; nem ao Estado. O direito das famílias invocado com tanta frequência é apenas uma máquina de guerra. Um padre que, tendo uma ocasião natural de fazê-lo, se abstivesse de falar de Cristo para uma criança de família não cristã seria um padre quase sem fé. Manter a escola laica, tal qual, e permitir ou mesmo favorecer, em paralelo, a concorrência da escola confessional é um absurdo do ponto de vista teórico e do ponto de vista prático. As escolas privadas, confessionais ou não, devem ser autorizadas, não em virtude de um princípio de liberdade, mas por um motivo de utilidade pública em cada caso particular em que a escola é boa, e sob a reserva de um controle.

Conceder ao clero um papel no ensino público não é uma solução. Se isso fosse possível, não seria desejável, e na França não seria possível sem uma guerra civil.

Ordenar aos professores a falar sobre Deus para as crianças, como o fez por alguns meses o governo de Vichy, sob a iniciativa de Chevalier, é uma piada de muito mau gosto.

Conservar o estatuto oficial da filosofia laica seria uma medida arbitrária, injusta porque não responde à escala dos valores, e que nos precipitaria diretamente no totalitarismo. Pois, ainda que a laicidade tenha excitado um certo grau de fervor quase religioso, é pela natureza mesma das coisas um grau fraco; e nós vivemos em uma época de entusiasmos que fazem sair de si. A corrente que idolatra o totalitarismo não encontra obstáculo senão em uma vida espiritual autêntica. Se as crianças forem habituadas a não pensar em Deus, elas se tornarão fascistas ou comunistas pela necessidade de se doar a alguma coisa.

Vê-se com clareza o que a justiça exige nesse domínio quando a noção de direito é substituída pela de obrigação ligada à necessidade. Uma alma jovem que desperta para o pensamento precisa do tesouro recolhido pela espécie humana ao longo dos séculos. É um mal para a criança ser educada em um cristianismo estreito que a impede de tornar-se capaz de perceber que há tesouros de ouro puro nas civilizações não cristãs. A educação laica faz um mal ainda maior para as crianças. Ela dissimula esses tesouros, e os do cristianismo ainda mais.

A única atitude tanto legítima como possível em termos práticos que, na França, possa assumir o ensino público com relação ao cristianismo, consiste em considerá-lo como um tesouro do pensamento humano em meio a tantos outros. É altamente absurdo que um bacharel francês tenha tomado conhecimento de poemas da Idade Média, de *Polieucto*, de *Atália*, de *Fedro*, de Pascal, de Lamartine, das doutrinas filosóficas impregnadas de cristianismo como a de Descartes e de Kant, da *Divina Comédia* ou do *Paradise Lost*, e que nunca tenha aberto a *Bíblia*.

Bastaria apenas dizer aos futuros professores primários e secundários: a religião teve em todas as eras, em todos os países, salvo bem recentemente em alguns lugares da Europa, um papel dominante no desenvolvimento da cultura, do pensamento, da civilização humana. Uma instrução na qual nunca se fala de religião é um absurdo. Além disso, assim como em história fala-se muito da França aos pequenos franceses, é natural que, estando na Europa, se o assunto é religião, trate-se antes de tudo do cristianismo.

Consequentemente, seria preciso incluir no ensino em todos os níveis, para as crianças já um pouco crescidas, cursos que poderiam ser classificados, por exemplo, como história religiosa. As crianças deveriam ler passagens da Escritura, e acima de tudo do Evangelho. Os comentários seguiriam o espírito do texto, como se deve fazer sempre.

O dogma seria tratado como uma coisa que desempenhou um papel de primeira importância em nosso país, e na qual homens de primeiríssimo nível acreditaram de corpo e alma; também não seria necessário dissimular a quantidade de crueldades que encontraram nele um pretexto; mas, sobretudo, a tentativa seria de tornar sensível para as crianças a beleza que ele contém. Se elas perguntarem: "Isso é verdade?", deve-se responder: "Isso é tão bonito que contém certamente muita verdade. Quanto a saber se é ou não absolutamente verdadeiro, encarreguem-se de tornarem-se capazes de dar-se conta disso mais velhos". Seria rigorosamente proibido incluir algo nos comentários que implique a negação do dogma; nada, também, que implique uma afirmação. Qualquer professor primário ou secundário que o desejasse, e tivesse o conhecimento e o talento pedagógico necessários, teria a liberdade de falar com as crianças não somente do cristianismo, mas também, ainda que com menos ênfase, de qualquer outra corrente de pensamento religioso autêntico. Um pensamento religioso é autêntico quando tem uma orientação universal. (Não é o caso do judaísmo, que está ligado a uma noção de raça.)

Se uma tal solução fosse aplicada, a religião cessaria pouco a pouco, é preciso ter esperança, de ser uma coisa a favor ou contra a qual toma-se partido da mesma maneira que se toma partido na política. Assim, se aboliriam os dois campos, o campo do professor primário e o campo do cura, que estabelecem uma espécie de guerra civil latente em tantos vilarejos franceses. O contato com a beleza cristã, apresentada simplesmente como uma beleza a saborear, impregnaria de espiritualidade, imperceptivelmente, a massa do país, se todavia o país for capaz disso, de modo muito mais eficaz do que qualquer ensino dogmático das crenças religiosas.

A palavra beleza não implica de modo algum que seja preciso considerar as coisas religiosas à maneira dos estetas. O ponto de vista dos estetas comete sacrilégio, não somente em matéria de religião, mas até mesmo em matéria de arte. Ele consiste em se divertir com a beleza, manipulando-a e contemplando-a. A beleza é algo que se come; é um alimento. Se fosse oferecida ao povo a beleza cristã simplesmente a título de beleza, deveria ser como uma beleza que nutre.

Na escola rural, a leitura atenta, repetida com frequência, comentada com frequência, sempre retomada, dos textos do Novo Testamento em que se trata da vida rural, poderia fazer muito para devolver à vida dos campos a poesia perdida. Se, por um lado, toda a vida espiritual da alma, por outro, todos os conhecimentos científicos concernentes ao universo material, são orientados para o ato do trabalho, o trabalho tem o seu lugar no pensamento de um ser humano. Em vez de ser uma espécie de veneno, ele é um contato com este mundo e o outro.

Por que, por exemplo, um camponês que está semeando a terra não teria presentes no fundo de seu pensamento, sem palavras, até mesmo no interior de si, por um lado algumas comparações com Cristo: "Se o grão não morre...", "A semente é a palavra de Deus...", "O grão de mostarda é o menor dos grãos...", por outro o duplo mecanismo do crescimento: aquele pelo qual a semente, consumindo-se a si mesma e com a ajuda das bactérias, chega à superfície do solo; aquele pelo qual a energia solar desce na luz e, captada pelo verde do caule, eleva-se em um movimento ascendente irresistível. A analogia que faz dos mecanismos daqui debaixo um espelho dos mecanismos sobrenaturais, se for possível empregar essa expressão, ganha assim novo brilho, e o cansaço do trabalho, segundo o dito popular, a faz entrar no corpo. O padecimento sempre mais ou menos ligado ao esforço do trabalho torna-se na dor que faz penetrar no cerne do ser humano a beleza do mundo.

Um método análogo pode preencher o trabalho operário com um significado análogo. Ele também é fácil de conceber.

Apenas assim a dignidade do trabalho estaria plenamente fundada. Pois, indo no fundo das coisas, não há verdadeira dignidade que não tenha uma raiz espiritual e, por isso, de ordem sobrenatural.

A tarefa da escola popular é dar ao trabalho mais dignidade, infundindo nele pensamento, e não fazer do trabalhador uma coisa compartimentada que numa hora trabalha, em outra pensa. Claro, um camponês que semeia deve se manter atento para disseminar a semente como se deve, e não ficar se lembrando das lições aprendidas na escola. Mas o objeto da atenção não é todo o conteúdo do pensamento. Uma mulher jovem, feliz, grávida pela primeira vez, que costura um enxoval, pensa em costurar como se deve. Mas ela não se esquece em momento algum da criança que porta em si. No mesmo momento, em algum lugar em um ateliê de prisão, uma condenada costura pensando também em costurar como se deve, pois ela tem medo de ser punida. Seria possível imaginar que as duas mulheres fazem no mesmo momento a mesma obra, e têm a atenção ocupada com a mesma dificuldade técnica. Mas isso não diminui o abismo de diferença entre os dois trabalhos. Todo o problema social consiste em fazer os trabalhadores passarem de uma situação para a outra.

O que seria necessário é que este mundo e o outro, em sua dupla beleza, fossem apresentados e associados ao ato do trabalho, como a criança que vai nascer à fabricação do enxoval. Essa associação pode ser operada por meio de uma apresentação dos pensamentos que os coloque em relação direta com os gestos e as operações particulares a cada trabalho, por meio de uma assimilação bastante profunda para que eles penetrem na substância própria do ser, e por meio de um hábito impresso na memória que ligue esses pensamentos aos movimentos do trabalho.

Nós não somos hoje, nem intelectualmente nem espiritualmente, capazes de uma transformação como essa. Seria muito se fôssemos capazes de começar a prepará-la. Claro, a escola não será o suficiente. Seria preciso que todos os meios em que subsiste algo que se assemelhe ao pensamento participem disso – as Igrejas, os sindicatos, os meios literários e científicos. Quase não se ousa mencionar nessa categoria os meios políticos.

Nossa época tem como missão própria, por vocação, a constituição de uma civilização fundada na espiritualidade do trabalho. Os pensamentos relacionados com o pressentimento dessa vocação, e que estão esparsos na obra de Rousseau, George Sand, Tolstói, Proudhon, Marx, nas encíclicas dos papas, e alhures, são os únicos pensamentos originais de nosso tempo, os únicos que não tenhamos tomado de empréstimo dos gregos. É porque nós não estivemos à altura dessa grande coisa que estava nascendo em nós que nos jogamos no abismo dos sistemas totalitários. Mas, se a Alemanha for vencida, talvez nossa falência não seja definitiva. Talvez ainda tenhamos uma oportunidade. Não se pode pensar nisso sem angústia; se a tivermos, medíocres como somos, como faremos para não a perder?

Essa vocação é a única coisa bastante grande para propor aos povos em vez da idolatria totalitária. Se não for proposta de maneira a fazer perceber sua grandiosidade, eles permanecerão sob o jugo do ídolo; ele estará somente pintado de vermelho, em vez de marrom. Se for dada aos homens a escolha entre a manteiga e os canhões, ainda que prefiram, de longe, a manteiga, uma fatalidade misteriosa os coagirá, a despeito de si mesmos, a escolher os canhões. À manteiga falta em muito a poesia – ao menos quando se tem manteiga, pois quando não se tem ela atinge uma espécie de poesia. A preferência por ela é inconfessável.

Atualmente, as Nações Unidas, sobretudo a América, gastam seu tempo dizendo para as populações esfomeadas da Europa: Com os canhões, nós vamos fornecer manteiga a vocês. Isso só provoca uma reação, o pensamento de que eles não se apressam em nada. Quando essa manteiga for dada, as pessoas se jogarão em cima dela; e logo depois se voltarão para qualquer um que lhes fará ver belos canhões, decentemente cobertos por qualquer ideologia. Que não se imagine que, estando esgotados, eles só demandarão o bem-estar. O esgotamento nervoso causado por uma desgraça recente impede que se estabeleçam no bem-estar. Ele impele a buscar o esquecimento, seja em uma embriaguez de fruições exasperadas – como foi o caso depois de 1918 – seja em algum fanatismo sombrio. A desgraça que mordeu com profundidade demais suscita uma disposição à desgraça que impele a nela precipitar o outro e si mesmo.

As populações infelizes do continente europeu precisam de grandiosidade ainda mais do que de pão, e só há duas espécies de grandiosidade, a autêntica, que é de ordem espiritual, e a velha mentira da conquista do mundo. A conquista é o sucedâneo da grandiosidade.

A forma contemporânea da grandiosidade autêntica é uma civilização constituída pela espiritualidade do trabalho. É um pensamento que pode ser levado adiante sem correr o risco de qualquer desunião. A palavra espiritualidade não implica nenhuma filiação particular. Até mesmo os comunistas, na atmosfera atual, sem dúvida não a rechaçariam. Seria fácil, aliás, encontrar em Marx citações que conduzem à repreensão da sociedade capitalista por sua falta de espiritualidade; o que implica que deve haver espiritualidade na nova sociedade. Os conservadores não ousariam rechaçar essa fórmula. Os meios radicais, laicos, maçônicos, também não. Os cristãos se apropriariam dela com alegria. Ela poderia suscitar a unanimidade.

Mas não se pode tocar em uma fórmula assim, senão tremendo. Como tocá-la sem sujá-la, sem fazer dela uma mentira? Nossa época está tão envenenada de mentira que ela transforma em mentira tudo em que toca. E nós somos de nossa época; não temos nenhuma razão para acreditar que somos melhores do que ela.

Descreditar essas palavras, lançando-as no domínio público sem infinitas precauções, seria fazer um mal irreparável; seria matar todo o resto de esperança de que a coisa correspondente pudesse aparecer. Elas não devem ser associadas a uma causa, um movimento, nem mesmo a um regime, tampouco a uma nação. Não se deve lhes fazer o mal que Pétain fez às palavras "Trabalho, Família, Pátria", tampouco o mal que a Terceira República fez às palavras Liberdade, Igualdade, Fraternidade. Elas não devem ser palavras de ordem.

Se forem propostas publicamente, deve ser enquanto expressão de um pensamento que supera em muito os homens e as coletividades de hoje, e com o engajamento de mantê-la sempre em mente, com toda a humildade, como guia para todas as coisas. Se essa modéstia é menos potente para arrastar as massas do que atitudes mais vulgares, pouco importa. Mais vale fracassar do que conseguir causar o mal.

Mas esse pensamento não teria necessidade de ser lançado com estardalhaço para impregnar pouco a pouco o espírito dos homens, porque responde às inquietações de todos no momento presente. Todo mundo repete, com termos ligeiramente diferentes, que sofremos um desequilíbrio devido ao desenvolvimento puramente material da técnica. O desequilíbrio não pode ser consertado, senão por um desenvolvimento espiritual no mesmo domínio, isto é, no domínio do trabalho.

A única dificuldade é a desconfiança dolorosa e infelizmente muito legítima das massas, que encaram qualquer formulação um pouco elevada como uma armadilha montada para enganá-las.

Uma civilização constituída por uma espiritualidade seria o grau mais elevado de enraizamento do ser humano no universo, sendo então o oposto do estado em que estamos, que consiste em um desenraizamento quase total. Ela é, assim, por sua natureza, a aspiração que corresponde a nosso sofrimento.

2.3 Desenraizamento e nação

Uma outra espécie de desenraizamento ainda deve ser estudada para chegar-se a um conhecimento sumário de nossa principal doença. É o desenraizamento que se poderia nomear geográfico, isto é, com relação às coletividades que correspondem a territórios. O próprio sentido dessas coletividades quase desapareceu, exceto no caso de apenas uma, da nação. Mas há outras, muitas outras. Algumas menores, todas pequenas, às vezes: cidade ou conjunto de povoados, província, região; algumas englobam várias nações; algumas englobam vários pedaços de nação.

A nação, unicamente, substituiu tudo isso. A nação, isto é, o Estado; pois não se pode encontrar outra definição para a palavra nação do que o conjunto dos territórios que reconhecem a autoridade de um mesmo Estado. Pode-se dizer que em nossa época o dinheiro e o Estado substituíram todos os outros laços.

A nação somente, desde há muito tempo, desempenha o papel que constitui por excelência a missão da coletividade para com o ser humano, a saber, assegurar por meio do presente uma ligação entre o passado e o porvir. Nesse sentido, pode-se dizer que é a única coletividade que existe no universo atual. A família não existe. O que se chama hoje por esse nome é um grupo minúsculo de seres humanos em torno de si mesmos; pai e mãe, marido ou mulher, filhos; irmãos e irmãs já é um pouco distante. Nestes últimos tempos, em meio ao transtorno geral, esse pequeno grupo se tornou numa força de atração quase irresistível, ao ponto de fazer esquecer, às vezes, qualquer espécie de dever; mas é que somente ali se encontrava um pouco de calor vivo, em meio ao frio glacial que se abateu de repente. Era uma reação quase animal.

Mas ninguém hoje pensa nos avós que morreram há cinquenta anos, ou mesmo há vinte ou dez anos, antes de seu nascimento, nem nos descendentes que nascerão daqui a cinquenta anos, ou mesmo vinte ou dez anos depois de sua morte. Por isso, do ponto de vista da coletividade e de sua função própria, a família não conta.

A profissão, desse ponto de vista, tampouco conta. A corporação era um laço entre os mortos, os vivos e os homens ainda não nascidos, no quadro de um certo trabalho. Não há nada hoje que seja, um pouco que seja, orientado para uma tal função. O sindicalismo francês por volta de 1900 talvez tenha tido certas veleidades nesse sentido, logo apagadas.

Enfim o vilarejo, a localidade, a província, a região, todas as unidades geográficas menores que a nação, quase deixaram de contar. As que englobam várias nações ou vários pedaços de nações também. Quando se dizia, por exemplo, há alguns séculos, "a cristandade", isso tinha uma ressonância afetiva totalmente diferente do que hoje na Europa.

Em suma, o bem mais precioso do ser humano na ordem temporal, isto é, a continuidade no tempo, para além dos limites da existência humana, nos dois sentidos, esse bem foi inteiramente depositado no Estado.

E, no entanto, é precisamente neste período em que a nação subsiste sozinha que nós assistimos à decomposição instantânea, vertiginosa da nação. Isso nos deixou atordoados a tal ponto que se torna extremamente difícil refletir sobre isso.

O povo francês, em junho e julho de 1940, não foi um povo de quem escroques, escondidos na sombra, de repente, de surpresa, roubaram a pátria. É um povo que abriu a mão e deixou a pátria cair no chão. Mais tarde – mas depois de um longo intervalo – ele se consumiu em esforços cada vez mais desesperados para catá-la, mas alguém tinha posto o pé em cima.

Agora o sentido nacional retornou. As palavras "morrer pela França" retomaram um tom que não tinham desde 1918. Mas, no movimento de recusa que sublevou o povo francês, a fome, o frio, a presença sempre odiosa de soldados estrangeiros que tem todo o poder para comandar, a separação das famílias, para alguns o exílio, a captividade, todos esses sofrimentos tiveram ao menos uma participação bastante grande, provavelmente decisiva. A melhor prova é a diferença de estado de espírito que separava a zona ocupada da outra. Não há, por natureza, uma quantidade maior de graça patriótica no Norte do que no sul do Rio Loire. A diferença das situações produziu estados de espírito diferentes. O exemplo da resistência inglesa, a esperança da derrota alemã foram também fatores importantes.

A França hoje não tem outra realidade além da lembrança e da esperança. A República nunca foi tão bela quanto sob o Império; a pátria nunca é tão bela quanto sob a opressão de um conquistador, se há a esperança de revê-la intacta. É por isso que não se deve julgar, pela intensidade atual do sentimento nacional, a eficácia real que ele terá, depois da libertação, para a estabilidade da vida pública.

A desintegração instantânea desse sentimento em junho de 1940 é uma lembrança carregada de tanta vergonha que se prefere não pensar nisso, colocá-la fora de questão, só pensar na recuperação ulterior. Na vida privada também, cada um é sempre tentado a colocar as próprias falhas, de certo modo, entre parênteses, guardá-las em algum tipo de depósito, encontrar uma maneira de calcular em virtude da qual elas não contam. Ceder a essa tentação é arruinar a alma; é a tentação a ser vencida por excelência.

Todos nós sucumbimos a essa tentação, porque essa vergonha pública foi tão profunda que feriu cada um no sentimento íntimo de sua própria honra. Sem essa tentação, as reflexões em torno de um fato tão extraordinário já teriam resultado em uma nova doutrina, em uma nova concepção da pátria.

Do ponto de vista social em especial, não se evitará a necessidade de pensar a noção de pátria. Não de pensá-la novamente; de pensá-la pela primeira vez; pois, salvo erro, ela nunca foi pensada. Isso não é singular, para uma noção que desempenhou e desempenha um tal papel? Isso faz notar que lugar o pensamento tem, na realidade, entre nós.

A noção de pátria tinha perdido todo o crédito entre os operários franceses ao longo do último quartel do século. Os comunistas a colocaram novamente em circulação depois de 1934, com um grande acompanhamento de bandeiras tricolores e de cantos da "Marselhesa". Mas eles não tiveram a mínima dificuldade em colocá-la novamente para dormir pouco antes da guerra. Não é em seu nome que eles começaram a ação de resistência. Eles não a adotaram novamente, senão cerca de três quartos de ano após a derrota. Pouco a pouco eles a adaptaram integralmente. Mas seria ingênuo demais notar aí uma reconciliação verdadeira entre a classe operária e a pátria. Os operários morrem pela pátria, isso é totalmente verdadeiro. Mas nós vivemos em um tempo tão perdido em mentiras que mesmo a virtude do sangue voluntariamente sacrificado não basta para pôr-se novamente dentro da verdade.

Durante anos, ensinou-se aos operários que o internacionalismo é o mais sagrado dos deveres, e o patriotismo, o mais vergonhoso dos preconceitos burgueses. Passou-se outros anos a lhes ensinar que o patriotismo é um dever sagrado, e o que não é patriotismo, uma traição. Como, no fim das contas, eles seriam conduzidos de outra maneira senão por reações elementares e pela propaganda?

Não haverá movimento operário são se este não encontrar à sua disposição uma doutrina atribuindo um lugar à noção de pátria, e um lugar determinado, isto é, limitado. Aliás, essa necessidade só não é mais evidente para os meios operários porque o problema da pátria já foi muito discutido ali, desde há muito tempo. Mas é uma necessidade comum a todo o país. É inadmissível que a palavra que hoje retorna quase continuamente acoplada à palavra dever, quase nunca tenha sido objeto de nenhum estudo. Em geral, não se encontra uma citação sobre esse tema além de uma página medíocre de Renan.

A nação é um fato recente. Na Idade Média, a fidelidade ia para o senhor, ou para a cidade, ou para os dois, e para além disso para meios definidos por territórios que não eram muito distintos. O sentimento que nomeamos de patriotismo existia sim, em um grau às vezes muito intenso; é o objeto que não era definido territorialmente. O sentimento cobria superfícies de terra variáveis segundo as circunstâncias.

Para falar a verdade, o patriotismo sempre existiu, até onde a história remonta. Vercingetorix morreu realmente pela Gália; as tribos espanholas que resistiram à conquista romana às vezes até o extermínio, morriam pela Espanha, e sabiam disso, e diziam isso; os mortos de Maratona e Salamina morreram pela Grécia; no tempo em que a Grécia, ainda não reduzida a uma província, estava com relação à Roma no mesmo estado que a França de Vichy com relação à Alemanha, as crianças das cidades gregas lançavam pedras, na rua, nos colaboradores, e os chamavam de traidores, com a mesma indignação que a nossa hoje.

O que nunca tinha existido até uma época recente é um objeto cristalizado, oferecido de uma maneira permanente ao sentimento patriótico. O patriotismo era difuso, errante, e se alargava ou estreitava segundo as afinidades e os perigos. Ele estava misturado com lealdades diferentes, as que se voltavam para os homens, senhores ou reis, as que se voltavam para as cidades. O todo formava algo muito confuso, mas também muito humano. Para expressar o sentimento de obrigação para com seu país que cada um experimenta, dizia-se frequentemente "o público", "o bem público", palavra que pode à vontade designar um vilarejo, uma cidade, uma província, a França, a cristandade, o gênero humano.

Falava-se também do reino da França. Nesse termo estava misturado o sentimento da obrigação para com o país e o da fidelidade para com o rei. Mas dois obstáculos impediram que esse duplo sentimento jamais tivesse podido ser puro, até mesmo no tempo de Joana d'Arc. Não se deve esquecer que a população de Paris era contrária à Joana d'Arc.

Um primeiro obstáculo era que, depois de Carlos V, a França, caso se queira empregar o vocabulário de Montesquieu, cessou de ser uma monarquia para cair no estado de despotismo, do qual ela só saiu no século XVIII. Nós achamos hoje tão natural pagar impostos ao Estado que não imaginamos em meio a que transtorno moral esse costume se estabeleceu. No século XIV, o pagamento dos impostos, exceto as contribuições excepcionais consentidas para a guerra, era visto como uma desonra, uma vergonha reservada aos países conquistados, o sinal visível da escravidão. Encontra-se o mesmo sentimento expresso no *Romancero* espanhol, e também em Shakespeare: "Essa terra [...] fez uma vergonhosa conquista de si mesma".

Carlos VI, quando criança, ajudado por seus tios, pelo uso da corrupção e de uma crueldade atroz, obrigou o povo francês de maneira brutal a aceitar um imposto absolutamente arbitrário, renovável à vontade, que literalmente esfomeava os pobres e era desperdiçado pelos senhores. É por isso que os ingleses de Henrique V foram, de início, acolhidos como libertadores, em um momento em que os Armagnacs eram o partido dos ricos e os Borguinhões, o dos pobres.

O povo francês, curvado brutalmente e de um golpe só, não é mais, em seguida, até o século XVIII, do que laivos de independência. Durante todo esse período, ele foi visto pelos outros povos europeus como o povo escravo por excelência, o povo que estava à mercê de seu soberano como um rebanho.

Mas ao mesmo tempo se instalou profundamente no coração desse povo um ódio recalcado e tanto mais amargo pelo rei, ódio cuja tradição jamais se apagou. Ele já é sentido em uma dilacerante reclamação de camponeses do tempo de Carlos VI. Ele deve ter tido um papel na misteriosa popularidade da Liga em Paris. Depois do assassinato de Henrique IV, uma criança de doze anos foi morta por ter dito publicamente que faria o mesmo com o pequeno Luís XIII. Richelieu começou sua carreira com um discurso em que pedia ao clero que proclamasse a danação de todos os regicidas; ele dava como motivo que os que nutriam esse desejo estavam animados por um entusiasmo fanático demais para serem contidos por qualquer pena temporal.

Esse ódio atingiu seu grau de exasperação mais intenso no fim do reino de Luís XIV. Tendo sido comprimido por um terror de intensidade igual, o povo explodiu, segundo o costume desconcertante da história, com oitenta anos de atraso; foi o pobre Luís XVI que recebeu o golpe. Esse mesmo ódio impediu que pudesse haver realmente uma restauração da realeza em 1815. Hoje ainda, ele impede absolutamente que o Conde de Paris possa ser livremente aceito pelo povo da França, apesar da adesão de um homem como Bernanos. De certos pontos de vista é uma pena; muitos problemas poderiam ser resolvidos assim; mas assim é.

Uma outra fonte de veneno no amor dos franceses pelo reino da França é o fato de que a cada época, entre os territórios sob a obediência do rei da França, alguns se sentiam como países conquistados e eram tratados como tais. É preciso reconhecer que os quarenta reis que em mil anos fizeram a França frequentemente se dedicaram à labuta com uma brutalidade digna de nossa época. Se há correspondência natural entre a árvore e os frutos, não deve surpreender que o fruto esteja, na realidade, longe da perfeição.

Por exemplo, pode-se encontrar na história fatos de uma atrocidade tão grande, mas não maior, salvo talvez algumas raras exceções, quanto a conquista pelos franceses dos territórios situados ao sul do Rio Loire, no início do século XIII. Esses territórios, onde existia um nível elevado de cultura, de tolerância, de liberdade, de vida espiritual, eram animados por um patriotismo intenso pelo que nomeavam sua "linguagem"; palavra pela qual designavam a pátria. Os franceses eram, para eles, estrangeiros e bárbaros, como para nós os alemães. Para imprimir imediatamente o terror, os franceses começaram pelo extermínio da cidade inteira de Béziers, e obtiveram o efeito buscado. Uma vez o país conquistado, eles instalaram ali a Inquisição. Uma perturbação surda continuou incubada em meio a essas populações, e as levou mais tarde a abraçar com ardor o protestantismo, do qual d'Aubigné diz, apesar das diferenças de doutrina tão consideráveis, que ele procede diretamente dos albigenses. Pode-se notar o quanto era forte nesse país o ódio pelo poder central pelo fervor religioso manifestado em Toulouse pelos restos do duque de Montmorency, decapitado por ter se rebelado contra Richelieu. O mesmo protesto latente os lançou com entusiasmo na Revolução Francesa. Mais tarde, tornaram-se radicais-socialistas, laicos, anticlericais; sob a Terceira República, não odiavam mais o poder central, pois tinham em larga medida tomado conta dele e o exploravam.

Pode-se observar que a cada mudança seu protesto assume o caráter de desenraizamento mais intenso e um nível de espiritualidade e de pensamento mais baixo. Pode-se observar também que desde que foram conquistados, esses países trouxeram à cultura francesa uma contribuição bastante fraca, ao passo que antes eram tão brilhantes. O pensamento francês deve mais aos albigenses e aos trovadores do século XII, que não eram franceses, do que a tudo o que esses territórios produziram ao longo dos séculos seguintes.

O condado da Borgonha era a sede de uma cultura original e extremamente brilhante que não sobreviveu a ele. As cidades de Flandres tinham, no fim do século XIV, relações fraternas e clandestinas com Paris e Rouen; mas os flamengos feridos preferiam morrer a ser cuidados pelos soldados de Carlos VI. Esses soldados fizeram uma expedição de pilhagem para os lados dos Países Baixos, e trouxeram ricos burgueses que se decidiu matar; um movimento de piedade levou a oferecer-lhes a vida se quisessem ser súditos do rei da França; eles responderam que, uma vez mortos, seus ossos recusariam, se pudessem, ser submetidos à autoridade do rei da França. Um historiador catalão da mesma época, contando a história das Vésperas sicilianas, diz: "Os franceses, que por toda parte que dominam, são tão cruéis quanto é possível ser..."

Os Bretões ficaram desesperados quando sua soberana Ana foi forçada a esposar o rei da França. Se esses homens retornassem hoje, ou melhor, há alguns anos, teriam tido razões fortes o bastante para pensar que se enganaram? Por mais desacreditado que seja o autonomismo bretão, por conta da pessoa daqueles que o manobram e pelos fins inconfessáveis que perseguem, é certo que essa propaganda responde a algo de real tanto nos fatos como nos sentimentos dessas populações. Há tesouros latentes, nesse povo, que não puderam sair. A cultura francesa não lhe convém; a sua não pode germinar; desde então ele é mantido como totalmente marginal, mesmo entre as categorias sociais inferiores. Os bretões fornecem uma boa parte dos soldados iletrados; as bretãs, diz-se, uma boa parte das prostitutas de Paris. A autonomia não seria um remédio, mas isso não significa que a doença não exista.

O Franco-Condado, livre e feliz sob a soberania muito distante dos espanhóis, lutou no século XVII para não se tornar francesa. As pessoas de Estrasburgo começaram a chorar quando viram as tropas de Luís XIV entrarem em sua cidade em plena paz, sem nenhuma declaração prévia, por uma violação da palavra dada digna de Hitler.

Paoli, o último herói da Córsega, despendeu seu heroísmo para impedir seu país de cair nas mãos da França. Há um monumento em sua homenagem em uma igreja de Florença; na França quase não se fala dele. A Córsega é um exemplo do perigo de contágio implicado no desenraizamento. Depois de ter conquistado, colonizado, corrompido e apodrecido as pessoas dessa ilha, nós os submetemos à forma de delegados, policiais, guardas, vigilantes e outras funções dessa espécie, graças às quais eles tratam, por sua vez, todos os franceses como uma população mais ou menos conquistada. Eles também contribuíram para dar à França, do ponto de vista de muitas populações nativas das colônias, uma reputação de brutalidade e crueldade.

Quando se louvam os reis da França por terem assimilado os países conquistados, a verdade é sobretudo que eles os desenraizaram em larga medida. É um procedimento fácil de assimilação, acessível a todos. Pessoas de quem se toma sua cultura, ou permanecem sem cultura, ou recebem migalhas da cultura que lhes é concedida. Nos dois casos, elas não fazem manchas de cores diferentes, elas parecem assimiladas. A verdadeira maravilha é assimilar populações que conservam sua cultura viva, ainda que modificada. É uma maravilha raramente realizada.

Certamente, no Antigo Regime, houve uma grande intensidade de consciência francesa em todos os momentos de grande brilho da França; no século XIII, quando a Europa acorria à Universidade de Paris; no século XVI, quando o Renascimento, já apagado ou não ainda aceso em outros lugares, tinha sua sede na França; nos primeiros anos de Luís XIV, quando o prestígio das letras se unia ao das armas. Não é menos verdadeiro que não foram os reis que soldaram esses territórios díspares. Foi unicamente a Revolução.

Já no curso do século XVIII havia na França, em meios muito diferentes, ao lado de uma corrupção pavorosa, uma chama ardente e pura de patriotismo. Testemunha disso é este jovem camponês, irmão de Restif de la Bretonne, brilhantemente dotado, que se tornou soldado quase ainda criança por puro amor pelo bem público, e foi morto aos dezessete anos. Mas já era a Revolução que produzia isso. Ela foi pressentida, esperada, desejada ao longo de todo o século.

A Revolução fundiu as populações submetidas à coroa da França em uma massa única pela embriaguez da soberania nacional. Os que tinham sido franceses por meio da força agora davam seu livre consentimento; muitos dos que não o eram desejavam tornar-se franceses. Pois ser francês, a partir desse momento, era ser a nação soberana. Se todos os povos tivessem se tornado soberanos, como se esperava, a França não poderia [sic] perder a glória de ter começado. Aliás, as fronteiras não tinham mais importância. Estrangeiros eram apenas os que permaneciam escravos dos tiranos. Os estrangeiros de alma verdadeiramente republicana eram de bom grado admitidos como franceses a título honorífico.

Assim, houve na França esse paradoxo de um patriotismo fundado, não no amor do passado, mas na ruptura mais violenta com o passado do país. E, no entanto, a Revolução tinha um passado na parte mais ou menos subterrânea da história da França; tudo o que tem relação com a emancipação dos servos, com as liberdades das cidades, com as lutas sociais; as revoltas do século XIV, o início do movimento dos Borguinhões, a Fronda, escritores como d'Aubigné, Théophile de Viau, Retz. Sob Francisco I, um projeto de milícia popular foi afastado porque os senhores objetaram que se fosse realizado, os netos dos milicianos seriam senhores e seus próprios netos servos. Tão grande era a força ascendente que levantava sorrateiramente esse povo.

Mas a influência dos enciclopedistas, todos intelectuais desenraizados, todos obcecados pela ideia de progresso, impediu que se fizesse algum esforço para evocar uma tradição revolucionária. Aliás, o longo terror do reinado de Luís XIV deixava um espaço vazio, difícil de transpor. É por causa dele que, apesar dos esforços de Montesquieu no sentido contrário, a corrente de libertação do século XVIII se viu sem raízes históricas. 1789 foi realmente uma ruptura.

O sentimento que se nomeava então de patriotismo tinha como único objeto o presente e o futuro. Era o amor pela nação soberana, fundado em larga medida no orgulho de fazer parte dela. A qualidade de francês parecia ser não um fato, mas uma escolha da vontade, como hoje a afiliação a um partido ou a uma Igreja.

Quanto aos que eram apegados ao passado da França, seu apego tomou a forma da fidelidade pessoal e dinástica ao rei. Eles não sentiram nenhum incômodo em procurar socorro nas armas dos reis estrangeiros. Não eram traidores. Eles permaneceram fiéis ao que acreditavam dever fidelidade, exatamente como os homens que fizeram Luís XVI morrer.

Os únicos, nessa época, que foram patriotas no sentido que a palavra tomou mais tarde, são os que apareceram aos olhos dos contemporâneos e da posteridade como grandes traidores, pessoas como Talleyrand, que serviram, não como se disse, a todos os regimes, mas à França inteira por detrás de todos os regimes. Mas para eles a França não era nem a nação soberana, nem o rei; era o Estado francês. A sequência dos eventos lhes deu razão.

Pois, quando a ilusão da soberania nacional se mostrou manifestamente como uma ilusão, ela não pôde mais servir como objeto do patriotismo; por outro lado, a realeza era como essas plantas cortadas que não se replanta mais; o patriotismo devia mudar de significado e se orientar para o Estado. Mas, desde então, ele deixava de ser popular. Pois o Estado não era uma criação de 1789, ele datava do início do século XVII e tinha sua parcela no ódio de que o povo investia a realeza. É assim que, por um paradoxo histórico à primeira vista surpreendente, o patriotismo mudou de classe social e de campo político; ele tinha estado à esquerda, ele passou para a direita.

A mudança operou-se por completo na sequência da Comuna e dos inícios da Terceira República. O massacre de maio de 1871 foi um golpe do qual, moralmente, os operários franceses talvez nunca tenham se recuperado. Não está tão distante. Um operário de cinquenta anos hoje pode ter recolhido lembranças aterrorizantes desse tempo da boca de seu pai, então criança. O exército do século XIX era uma criação específica da Revolução Francesa. Até mesmo os soldados sob as ordens dos Bourbons, de Luís-Felipe ou Napoleão III, deviam violentar-se extremamente para atirar no povo. Em 1871, pela primeira vez desde a Revolução, excetuando-se o curto intermédio de 1848, a França tinha um exército republicano. Esse exército, composto por meninos corajosos do campo francês, se pôs a massacrar os operários com um descontrole inaudito de gozo sádico. Havia o bastante para produzir um choque.

A causa principal era, sem dúvida, a necessidade de compensação pela vergonha da derrota, essa mesma necessidade que nos levou um pouco mais tarde a conquistar os infelizes vietnamitas. Os fatos mostram que, salvo operação sobrenatural da graça, não há crueldade ou baixeza de que a boa gente não seja capaz, desde que os mecanismos psicológicos correspondentes entrem em jogo.

A Terceira República foi um segundo choque. Pode-se acreditar na soberania nacional enquanto reis ou imperadores malvados a amordaçam; pensa-se: se eles não estivessem aqui!... Mas quando eles não estão mais aqui, quando a democracia se instala e que, no entanto, o povo manifestamente não é soberano, o desalento é inevitável.

1871 foi o último ano desse patriotismo francês particular nascido em 1789. O príncipe imperial alemão Frederico – mais tarde Frederico II –, homem humano, razoável e inteligente, foi vivamente surpreendido pela intensidade desse patriotismo, que se encontrava por toda parte no meio rural. Ele não podia compreender os alsacianos que, quase ignorando o francês, falando um dialeto próximo do alemão, brutalmente conquistados em uma data em suma recente, não queriam ouvir falar da Alemanha. Ele constatava que os alsacianos eram movidos pelo orgulho de pertencer ao país da Revolução Francesa, à nação soberana. A anexação, separando-os da França, lhes fez talvez conservar parcialmente esse estado de espírito até 1918.

A Comuna de Paris tinha sido, no início, não um movimento social, mas uma explosão de patriotismo e até mesmo de chauvinismo agudo. Ao longo de todo o século XIX, aliás, o estilo agressivo do patriotismo francês tinha inquietado a Europa; a guerra de 1870 tinha sido o resultado direto disso; pois a França não tinha preparado essa guerra, mas nem por isso deixou de declará-la sem nenhum motivo razoável. Os sonhos de conquista imperial tinham permanecido vivos no povo ao longo do século. Ao mesmo tempo, brindava-se à independência do mundo. Conquistar o mundo e libertar o mundo são duas formas de glória incompatíveis de fato, mas que se conciliam muito bem nos devaneios.

Todo esse borbulhar de sentimento popular declinou após 1871. Duas causas mantiveram, contudo, uma aparência de continuidade no patriotismo. Primeiro, o ressentimento da derrota. Então, ainda não havia um motivo verdadeiramente razoável para ter mágoa dos alemães; eles não tinham cometido agressão; eles tinham praticamente se abstido das atrocidades; e nós fomos infelizes ao repreendê-los pela violação dos direitos dos povos da Alsácia-Lorena, população em grande parte germânica, desde nossas primeiras expedições no Vietnam. Mas nós tínhamos mágoa por eles nos terem vencido, como se tivessem violado um direito divino, eterno, imprescritível da França à vitória.

Em nossos ódios atuais, para os quais há, desgraçadamente, tantas causas legítimas demais, esse sentimento singular tem também sua parcela. Ele foi igualmente uma das motivações de certos colaboradores de primeira hora; se a França estivesse no campo da derrota, pensavam eles, só podia ser porque havia equívoco, erro, um mal-entendido; seu lugar natural é no campo da vitória; o procedimento mais fácil, o menos penoso, o menos doloroso, para operar a retificação indispensável, é mudar de campo. Esse estado de espírito dominava certos meios de Vichy em julho de 1940.

Mas, sobretudo, o que impediu o patriotismo francês de desaparecer ao longo da Terceira República, depois de ter perdido quase toda a sua substância viva, é que não havia outra coisa. Os franceses não tinham outra coisa, além da França, a que serem fiéis; e quando eles a abandonaram por um momento, em junho de 1940, viu-se o quanto pode ser horrendo e lamentável o espetáculo de um povo que não é ligado a nada por nenhuma fidelidade. Por isso, mais tarde, eles se agarraram de novo exclusivamente à França. Mas se o povo francês reencontrar o que se chama hoje pelo nome de soberania, a mesma dificuldade de antes de 1940 reaparecerá; é que a realidade designada pela palavra França será antes de tudo um Estado.

O Estado é uma coisa fria que não pode ser amada; mas ele mata e abole tudo o que poderia sê-lo; assim, se é forçado a amá-lo, porque só há ele. Tal é o suplício moral de nossos contemporâneos.

Essa é talvez a verdadeira causa desse fenômeno do chefe que surgiu por toda parte hoje e surpreende tanta gente. Atualmente, em todos os países, em todas as causas, há um homem para quem vão as fidelidades a título pessoal. A necessidade de beijar o frio metálico do Estado tornou as pessoas, por contraste, esfomeadas de amar qualquer coisa que seja feita de carne e de sangue. Esse fenômeno não está próximo de chegar ao fim, e, tão desastrosas que tenham sido até agora suas consequências, ele ainda pode nos reservar surpresas muito penosas; pois a arte, bem conhecida em Hollywood, de fabricar vedetes com todo e qualquer material humano permite a qualquer um se oferecer à adoração das massas.

Salvo erro, a noção de Estado como objeto de fidelidade apareceu, pela primeira vez na França e na Europa, com Richelieu. Antes dele, podia-se falar, em um tom de apego religioso, do bem público, do país, do rei, do senhor. Ele, pela primeira vez, adotou como princípio que qualquer um a exercer uma função pública deve inteiramente sua fidelidade, no exercício dessa função, não ao público, não ao rei, mas ao Estado e a nada mais. Seria difícil definir o Estado de uma maneira rigorosa. Mas não é possível, infelizmente, duvidar de que essa palavra designa uma realidade.

Richelieu, que tinha a clareza de inteligência tão frequente nessa época, definiu em termos luminosos essa diferença entre moral e política em torno da qual, desde então, semeou-se tanta confusão. Ele disse, por alto: É preciso preservar-se de aplicar as mesmas regras tanto para a salvação do Estado como para a da alma; pois a salvação das almas se opera no outro mundo, e a dos Estados, ao invés, só se opera neste aqui.

Isso é cruelmente verdadeiro. Um cristão deveria poder tirar disso apenas uma conclusão: a de que enquanto se deve à salvação da alma, isto é a Deus, uma fidelidade total, absoluta, incondicionada, a causa da salvação do Estado é daquelas às quais se deve uma fidelidade limitada e condicional.

Mas, ainda que Richelieu tenha acreditado ser cristão, e sem dúvida sinceramente, sua conclusão era totalmente diversa. Ela era que o homem responsável pela salvação do Estado, e seus subordinados, devem empregar para esse fim todos os meios eficazes, sem nenhuma exceção, e sacrificando, se necessário, a si mesmos, o soberano, o povo, os países estrangeiros, e toda espécie de obrigação.

É, com muito mais grandeza, a doutrina de Maurras: "Política primeiro". Mas Maurras, de maneira muito lógica, é ateu. Esse cardeal, ao estabelecer como absoluto uma coisa cuja realidade reside aqui embaixo, cometia o crime da idolatria. Aliás o metal, a pedra e a madeira não são realmente perigosos. O objeto do verdadeiro crime de idolatria é sempre algo análogo ao Estado. É esse crime que o diabo propôs a Cristo, lhe oferecendo os reinos deste mundo. Cristo recusou. Richelieu aceitou. Ele teve a sua recompensa. Mas ele sempre acreditou agir apenas por devotamento, e em um sentido isso era verdadeiro.

Seu devotamento ao Estado desenraizou a França. Sua política era matar sistematicamente toda vida espontânea no país para impedir que o que quer que fosse pudesse se opor ao Estado. Se sua ação nesse sentido parece ter tido limites, é que ele estava começando e era hábil o suficiente para proceder gradualmente. Basta ler as dedicatórias de Corneille para sentir a que grau de servilismo vil ele soubera rebaixar os homens cultos. Desde então, para preservar nossas glórias nacionais da vergonha, imaginou-se dizer que era simplesmente a linguagem polida da época. Mas é uma mentira. Para se convencer disso, é só ler os escritos de Théophile de Viau. Apenas, Théophile morreu prematuramente das consequências de um encarceramento arbitrário, enquanto Corneille viveu até muito velho.

A literatura não interessa senão como sinal, mas ela é um sinal que não engana. A linguagem servil de Corneille mostra que Richelieu queria assujeitar os homens cultos em si mesmos. Não à sua pessoa, pois em sua abnegação de si mesmo ele era provavelmente sincero, mas ao Estado representado por ele. Sua concepção de Estado já era totalitária. Ele a aplicou o quanto podia, submetendo o país, com toda a capacidade que lhe permitiam os meios de seu tempo, a um regime policial.

Ele destruiu assim uma grande parte da vida moral do país. Se a França se submeteu a esse sufocamento, é que os nobres a tinham desolado tanto com guerras civis absurdas e atrozes em sua crueldade, que ela aceitou a paz civil a esse preço.

Após a explosão da Fronda, que, em seu início, em muitos pontos, anunciava 1789, Luís XIV se instalou no poder muito mais num espírito de ditador do que de soberano legítimo. É o que expressa sua frase: "O Estado sou eu". Esse não é um pensamento de rei. Montesquieu explicou isso muito bem, de forma velada. Mas ele não podia ainda perceber em sua época que houve duas etapas no declínio da monarquia francesa. A monarquia depois de Carlos V degenerou em despotismo pessoal. Mas, a partir de Richelieu, ela foi substituída por uma máquina de Estado com tendências totalitárias, que, como diz Marx, não somente subsistiu em meio a todas as mudanças, mas foi aperfeiçoada e ampliada por cada mudança de regime.

Durante a Fronda e sob Mazarino, a França, apesar do tormento público, respirou moralmente. Luís XIV a encontrou plena de gênios brilhantes que reconheceu e encorajou. Mas, ao mesmo tempo, ele continuou, com um grau de intensidade muito mais elevado, a política de Richelieu. Ele reduz a França, assim, em muito pouco tempo, a um estado de deserto moral, sem falar de uma atroz miséria material.

Ao se ler Saint-Simon, não a título de curiosidade literária e histórica, mas como um documento sobre a vida que seres humanos realmente viveram, se é tomado de horror e desgosto diante de uma tal intensidade de tédio mortal, uma baixeza tão generalizada da alma, do coração e da inteligência. La Bruyère, as cartas de Liselotte, todos os documentos da época, lidos no mesmo espírito, dão a mesma impressão. Até mesmo remontando-se um pouco mais no tempo, seria correto pensar, por exemplo, que Molière não escreveu *O Misantropo* para se divertir.

O regime de Luís XIV já era realmente totalitário. O terror, as denúncias devastavam o país. A idolatria do Estado, representado pelo soberano, era organizada com um despudor que era um desafio a todas as consciências cristãs. A arte da propaganda já era muito bem conhecida, como o mostra a confissão ingênua do chefe de polícia a Liselotte, concernente à ordem de não deixar publicar nenhum livro, sobre nenhum assunto, que não contivesse o elogio exagerado do rei.

Sob esse regime, o desenraizamento das províncias francesas, a destruição da vida local, atingiu um grau muito mais elevado. O século XVIII foi uma calmaria. A operação pela qual a Revolução substituiu o rei pela soberania nacional só tinha um inconveniente, é que a soberania nacional não existia. Como para o jumento de Roland, esse era o seu único defeito. Não existia, de fato, nenhum procedimento conhecido para suscitar qualquer coisa real que correspondesse a essas palavras. A partir de então restava apenas o Estado, em benefício de quem voltava-se naturalmente o fervor pela unidade – "unidade ou a morte" – que surgiu em torno da crença na soberania nacional. Donde novas destruições no domínio da vida local. Com a ajuda da guerra – a guerra impulsiona desde o começo toda essa história – o Estado, sob a Convenção e o Império, se tornou cada vez mais totalitário.

Luís XIV tinha degradado a Igreja francesa, associando-a ao culto de sua pessoa e lhe impondo a obediência até mesmo em matéria de religião. Esse servilismo da Igreja diante do soberano contou muito para o anticlericalismo do século seguinte.

Mas quando a Igreja cometeu o erro irreparável de associar seu destino ao das instituições monárquicas, ela apartou-se da vida pública. Nada podia servir melhor às aspirações totalitárias do Estado. O resultado disso só podia ser o sistema laico, prelúdio à adoração declarada do Estado como tal, em voga hoje.

Os cristãos não têm defesa contra o espírito laico. Pois, ou eles se doam inteiramente à ação política, uma ação de partido, para recolocar o poder temporal nas mãos de um clero, ou de pessoas do entorno do clero; ou eles se resignam a serem eles mesmos irreligiosos em toda a parte profana de sua própria vida, o que é geralmente o caso hoje, em um grau bem mais elevado do que os interessados têm consciência. Nos dois casos, é abandonada a função própria da religião, que consiste em impregnar de luz toda a vida profana, pública e privada, sem nunca a dominar de maneira alguma.

Durante o século XIX, as ferrovias fizeram pavorosas devastações no sentido do desenraizamento. George Sand via ainda no Berry costumes talvez com muitos milhares de anos de antiguidade, de que até mesmo a lembrança teria desaparecido sem as notas que ela tomou.

A perda do passado, coletiva ou individual, é a grande tragédia humana, e nós jogamos fora o nosso como uma criança despedaça uma rosa. É antes de tudo para evitar essa perda que os povos resistem desesperadamente à conquista.

Mas o fenômeno totalitário do Estado é constituído por uma conquista que os poderes públicos executam sobre o povo do qual se encarregam, sem poder lhes evitar as desgraças que acompanham toda conquista, a fim de ter um instrumento melhor para a conquista exterior. É assim que se passaram as coisas outrora na França e mais recentemente na Alemanha, sem contar a Rússia.

Mas o desenvolvimento do Estado esgota o país. O Estado come a substância moral do país, vive dela, engorda, até que o alimento venha a se esgotar, o que o reduz à languidez pela fome. A França chegou a esse ponto. Na Alemanha, ao contrário, a centralização estatal é bem recente, de modo que o Estado tem ali toda a agressividade dada por uma superabundância de alimento de alta qualidade energética. Quanto à Rússia, a vida popular tem ali um tal grau de intensidade que se pode perguntar, no fim das contas, se não será o povo a comer o Estado, ou melhor, a absorvê-lo de novo.

A Terceira República, na França, era uma coisa bem singular; um de seus traços mais singulares é que toda a sua estrutura, fora o jogo da vida parlamentar em si, provinha do Império. O gosto dos franceses pela lógica abstrata os torna muito suscetíveis a serem enganados pelas etiquetas. Os ingleses têm um reino com conteúdo republicano; nós tínhamos uma República com conteúdo imperial. Mais ainda, o próprio Império é ligado, para além da Revolução, por laços sem descontinuidade, à monarquia; não a antiga monarquia francesa, mas a monarquia totalitária, policial, do século XVIII.

O personagem de Fouché é um símbolo dessa continuidade. O aparelho de repressão do Estado francês levou, atravessando todas as mudanças, uma vida sem perturbação nem interrupção, com uma capacidade de ação sempre crescente.

Por isso, o Estado na França tinha permanecido como o objeto dos rancores, dos ódios, da repulsão, excitados outrora por uma realeza tornada em tirania. Nós vivemos este paradoxo, de uma estranheza tal que não se podia nem mesmo tomar consciência dele: uma democracia em que todas as instituições públicas, assim como tudo o que se relaciona com elas, eram abertamente odiadas e desprezadas por toda a população.

Nenhum francês tinha o mínimo escrúpulo em roubar ou fraudar o Estado em matéria de imposto alfandegário, impostos em geral, subvenções, ou em qualquer outra matéria. É preciso excetuar certos meios de funcionários; eles, contudo, faziam parte da máquina pública. Se os burgueses iam muito mais longe do que o resto do país nas operações desse gênero, é unicamente porque eles tinham muito mais ocasiões. A polícia é, na França, o objeto de um desprezo tão profundo que para muitos dos franceses esse sentimento faz parte da estrutura moral eterna do homem honesto. Guignol é folclore autêntico, que remonta ao antigo regime e não envelheceu. O adjetivo policial constitui em francês uma das injúrias mais sangrentas, da qual seria curioso saber se há equivalentes em outras línguas. Ora, a polícia não é outra coisa senão o órgão de ação dos poderes públicos. Os sentimentos do povo francês com relação a esse órgão restaram os mesmos que no tempo em que os camponeses eram obrigados, como o constata Rousseau, a esconder que tinham um pouco de presunto.

Da mesma forma, todo o jogo das instituições políticas era um objeto de repulsão, de derrisão e de desprezo. A própria palavra política estava carregada de um significado intensamente pejorativo, inacreditável em uma democracia. "É um político", "tudo isso é política"; essas frases expressavam condenações sem recurso. Aos olhos de uma parte dos franceses, até mesmo a profissão de parlamentar – pois era uma profissão – tinha algo de infame. Alguns franceses sentiam orgulho de se abster de todo contato com o que nomeavam "a política", exceto no dia das eleições, ou inclusive nesse dia; outros viam seu deputado como uma espécie de serviçal, um ser criado e posto no mundo para servir a seu interesse particular. O único sentimento que temperou o desprezo pelos assuntos públicos era o espírito de partido, naqueles, ao menos, que essa doença tinha contaminado.

Seria procurar em vão um aspecto da vida pública que tenha suscitado nos franceses o mais leve sentimento de lealdade, de gratidão ou de afeto. Nos áureos tempos do entusiasmo laico, houvera o ensino; mas há muito tempo o ensino não é, aos olhos dos pais como dos filhos, senão uma máquina de fornecer diplomas, isto é, uma boa situação. Quanto às leis sociais, nunca o povo francês, na medida em que delas se satisfazia, as viu como outra coisa além de concessões arrancadas à má vontade dos poderes públicos por uma pressão violenta.

Nenhum outro interesse ocupava o lugar daquilo que faltava aos assuntos públicos. Cada um dos sucessivos regimes destruindo em um ritmo mais rápido a vida local e regional, esta tinha enfim desaparecido. A França era como estes doentes cujos membros já estão frios, em que somente o coração ainda palpita. Quase em lugar nenhum havia pulsação de vida, exceto em Paris; desde a periferia que circundava a cidade, a morte moral começava a pesar.

Nessa época superficialmente sossegada antes da guerra, o tédio das pequenas cidades do interior francês constituía talvez uma crueldade tão real quanto atrocidades mais visíveis. Seres humanos condenados a passar estes anos únicos, insubstituíveis, entre o berço e a tumba, em um tédio morno, não é tão atroz quanto a fome ou os massacres? É Richelieu que começou a lançar essa bruma de tédio sobre a França, e desde então ela não cessou de tornar-se cada vez mais irrespirável. No momento da guerra, isso tinha atingido o grau da asfixia.

Se o Estado matou moralmente tudo o que era, falando em termos de território, menor do que ele, ele também transformou as fronteiras territoriais em muros de prisão para encarcerar os pensamentos. Desde que se olha para a história de um pouco mais de perto, e fora dos manuais, chega-se à estupefação ao ver-se o quanto certas épocas quase desprovidas de meios materiais de comunicação superavam a nossa pela riqueza, a variedade, a fecundidade, a intensidade de vida nas trocas de pensamentos através dos mais vastos territórios. É o caso da Idade Média, da Antiguidade pré-romana, do período imediatamente anterior aos tempos históricos. Em nossos dias, com a TSF, a aviação, o desenvolvimento de transportes de todo tipo, a produção gráfica, a imprensa, o fenômeno moderno da nação encerra em pequenos compartimentos separados até mesmo uma coisa tão naturalmente universal como a ciência. As fronteiras, claro, não são mais intransitáveis; mas, assim como para o viajante é preciso passar por uma infinidade de formalidades tediosas e penosas, todo contato com um pensamento estrangeiro, em qualquer área, demanda um esforço mental para atravessar a fronteira. É um esforço considerável, e muitas pessoas não consentem fornecê--lo. Mesmo para aqueles que o fornecem, o fato de que um esforço tão grande é indispensável impede que laços orgânicos possam ser atados para além das fronteiras.

É verdade que existem Igrejas e partidos internacionais. Mas, quanto às Igrejas, elas apresentam o escândalo intolerável de padres e fiéis pedindo a Deus ao mesmo tempo, com os mesmos ritos, as mesmas palavras, e, é preciso supor, um grau igual de fé e pureza de coração, a vitória militar para um ou outro de dois campos inimigos. Esse escândalo vem de longe; mas, em nosso século, a vida religiosa está subordinada à da nação mais do que jamais esteve. Quanto aos partidos, ou eles só são internacionais por ficção, ou o internacionalismo tem a forma da subordinação total a uma certa nação.

Enfim, o Estado suprimiu igualmente todos os laços que podiam, fora da vida pública, dar uma orientação à fidelidade. Na mesma medida em que a Revolução Francesa, ao suprimir as corporações, favoreceu o progresso técnico, moralmente ela fez mal, ou ao menos consagrou, terminou, um mal já parcialmente realizado. Não seria possível repetir demais que hoje, quando se emprega essa palavra, em qualquer meio que seja, aquilo do que se trata não tem nada em comum com as corporações.

Uma vez que as corporações desapareceram, o trabalho se tornou, na vida individual dos homens, um meio tendo por fim correspondente o dinheiro. Há em algum lugar, nos textos constitutivos da Sociedade das Nações, uma frase afirmando que o trabalho doravante não seria mais uma mercadoria. Era uma piada de extremo mau gosto. Nós vivemos em um século em que muitas pessoas honestas, que pensam estar muito distantes do que Lévy-

-Brühl nomeava de mentalidade pré-lógica, acreditaram na eficácia mágica da fala muito mais do que qualquer selvagem das profundezas da Austrália. Quando se retira de circulação comercial um produto indispensável, prevê-se para ele um outro modo de distribuição. Nada assim foi previsto para o trabalho que, claro, permaneceu uma mercadoria.

Desde então, a consciência profissional é simplesmente uma modalidade da produção comercial. Em uma sociedade fundada nas trocas, o maior peso de reprovação social recai sobre o roubo e a picaretagem, e notadamente a picaretagem do comerciante que vende uma mercadoria estragada garantindo que está boa. Da mesma forma, quando se vende o próprio trabalho, a probidade exige que se forneça uma mercadoria de uma qualidade que corresponda ao preço. Mas probidade não é fidelidade. Uma enorme distância separa essas duas virtudes.

Há um forte elemento de fidelidade na camaradagem operária que foi desde muito tempo a motivação dominante da vida sindical. Mas vários obstáculos impediram essa fidelidade de se constituir em um suporte sólido da vida moral. Por um lado, o mercantilismo da vida social se estendeu também ao movimento operário, colocando as questões de grana em primeiro plano; ora, quanto mais as preocupações com dinheiro dominam, mais o espírito de fidelidade desaparece. Por outro lado, na medida em que o movimento operário é revolucionário, ele escapa desse inconveniente, mas contrai as fraquezas inerentes a toda rebelião.

Richelieu, que fez certas observações tão prodigiosamente lúcidas, diz ter reconhecido por experiência que, em pé de igualdade em tudo o mais, os rebeldes têm sempre metade da força dos defensores do poder oficial. Mesmo que se pense apoiar uma boa causa, o sentimento de estar em rebelião enfraquece. Sem um mecanismo psicológico desse gênero, não poderia haver nenhuma estabilidade nas sociedades humanas. Esse mecanismo explica a dominância do partido comunista. Os operários revolucionários ficam felizes demais por terem em sua retaguarda um Estado – um Estado que dá à sua ação este caráter oficial, esta legitimidade, esta realidade, que só o Estado confere, e que ao mesmo tempo está situado longe demais deles, geograficamente, para poder desiludi-los. Da mesma maneira que os Enciclopedistas, que sentiam um profundo mal-estar por estarem em conflito com seu próprio soberano, tinham sede dos favores dos soberanos da Prússia ou da Rússia. Pode-se também compreender por essa analogia que militantes operários mais ou menos revolucionários que tinham resistido ao prestígio da Rússia não tenham podido impedir-se de sucumbir ao da Alemanha.

Fora os que se doaram inteiramente ao partido comunista, os operários não podem encontrar na fidelidade para com sua classe um objeto preciso o bastante, delimitado com nitidez o bastante, para receber disso a estabilidade interior. Poucas noções são tão indeterminadas quanto a de classe social. Marx, que fez repousar nela todo o seu sistema, nunca procurou defini-la, nem mesmo simplesmente estudá-la. A única informação que se pode tirar de suas obras no que concerne às classes sociais é que são coisas que lutam. Isso não é suficiente. Também não é uma dessas noções que, sem poderem ser definidas em palavras, são claras para o pensamento. É ainda mais difícil concebê-la ou senti-la sem definição do que defini-la.

A fidelidade implicada por uma afiliação religiosa conta igualmente bem pouco, ainda que seja tão singular na vida moderna. Apesar das diferenças evidentes e consideráveis, um efeito num sentido análogo é produzido pelo sistema inglês de Igreja nacional e pelo sistema francês da separação das Igrejas e do Estado. Somente, o segundo parece mais destruidor.

A religião foi proclamada um assunto privado. Segundo os hábitos culturais atuais, isso não quer dizer que ela reside no segredo da alma, nesse lugar profundamente escondido onde mesmo a consciência de cada um não penetra. Isso quer dizer que ela é questão de escolha, de opinião, de gosto, quase de fantasia, algo como a escolha de um partido político ou mesmo como a escolha de uma gravata; ou ainda que ela é assunto de família, de educação, de meio social. Tendo se tornado uma coisa privada, ela perde o caráter obrigatório reservado às coisas públicas, e por isso não é mais candidata inconteste à fidelidade.

Uma boa quantidade de falas reveladoras mostra que é assim. Quantas vezes, por exemplo, não se ouve repetir este lugar comum: "Católicos, protestantes, judeus ou livres pensadores, nós somos todos franceses", exatamente como se se tratasse de pequenas frações territoriais do país, como se poderia dizer: "marselheses, lionenses ou parisienses, nós somos todos franceses". Em textos que emanam do papa, pode-se ler: "Não somente do ponto de vista cristão, como também mais geralmente do ponto de vista humano..."; como se o ponto de vista cristão, que ou não tem sentido nenhum, ou pretende envelopar todas as coisas neste mundo e no outro, tivesse um grau de generalidade menor do que o ponto de vista humano.

Não se pode conceber uma confissão de falência mais terrível. Eis como se pagam os *"anathema sit"*. No fim das contas, a religião, degradada à condição de assunto privado, se reduz à escolha de um lugar para passar uma hora ou duas, no domingo de manhã.

O que há de cômico nisso, é que a religião, isto é a relação do ser humano com Deus, não é vista hoje como uma coisa sagrada demais para que intervenha qualquer autoridade exterior, mas é posta em meio às coisas que o Estado deixa para a fantasia de cada um, como tendo pouca importância para os assuntos públicos. Ao menos assim foi num passado recente. Esse é o significado atual da palavra "tolerância".

Assim, não há nada, além do Estado, a que a fidelidade possa prender-se. É por isso que, até 1940, ela não havia sido recusada. Pois o ser humano sente que uma vida humana sem fidelidade tem algo de abominável. Em meio à degradação de todas as palavras do vocabulário francês que têm relação com noções morais, as palavras traidor e traição não perderam em nada sua força. O ser humano sente também que nasceu para o sacrifício; e nada mais restava na imaginação pública, nenhuma outra forma de sacrifício além do sacrifício militar, isto é, oferecido ao Estado.

Tratava-se unicamente do Estado. A ilusão da Nação, no sentido em que os homens de 1789, de 1792, empregavam essa palavra, que fazia então brotar lágrimas de alegria, era então um passado completamente abolido. A própria palavra nação tinha mudado de sentido. No nosso século, ela não designa mais o povo soberano, mas o conjunto das populações que reconhecem a autoridade de um mesmo Estado; é a arquitetura formada por um

Estado e o país dominado por ele. Quando se fala de soberania da nação, hoje, isso quer dizer unicamente soberania do Estado. Um diálogo entre um de nossos contemporâneos e um homem de 1792 levaria a mal-entendidos bem cômicos. Ora, não somente o Estado em questão não é o povo soberano, como ele é idêntico ao mesmo Estado desumano, brutal, burocrático, policial, legado por Richelieu a Luís XIV, por Luís XIV à Convenção, pela Convenção ao Império, pelo Império à Terceira República. Além do mais, ele é instintivamente conhecido e odiado como tal.

Assim, assistiu-se a essa coisa estranha, um Estado, objeto de ódio, de repulsa, de derrisão, de desprezo e de medo, que, sob o nome de pátria, reclamou a fidelidade absoluta, o dom total, o sacrifício supremo, e os obteve, de 1914 a 1918, a um ponto que superou qualquer expectativa. Ele posava como um absoluto aqui embaixo, isto é, como um objeto de idolatria; e ele foi aceito e servido como tal, honrado por uma quantidade assustadora de sacrifícios humanos. Uma idolatria sem amor, o que é mais monstruoso e mais triste?

Quando alguém vai na devoção muito mais longe do que seu coração o incita, produz-se inevitavelmente em seguida uma reação violenta, uma espécie de revulsão nos sentimentos. Isso se nota com frequência nas famílias, quando um doente precisa de cuidados que superam a afeição que ele inspira. Ele é objeto de um rancor recalcado porque inconfessável, mas sempre presente como um veneno secreto.

A mesma coisa se produziu entre os franceses e a França, após 1918. Eles lhe tinham dado demais. Eles lhe tinham dado mais do que tinham em seu coração para ela.

Toda a corrente de ideias antipatrióticas, pacifistas, internacionalistas posteriores a 1918 se reclamou dos mortos da guerra e dos soldados veteranos; e quanto a eles, a corrente realmente emanava em larga medida de seus meios sociais. Havia também, é verdade, associações de veteranos intensamente patrióticas. Mas a expressão de seu patriotismo soava vazia e desprovida por completo de força persuasiva. Ela se parecia com a linguagem de pessoas que, tendo sofrido muito, sentem continuamente a necessidade de lembrar-se de que não sofreram por nada. Pois sofrimentos muito grandes no que toca às impulsões do coração podem levar a uma ou a outra atitude; ou rejeitar violentamente aquilo ao que se doou demais, ou apegar-se com uma espécie de desespero.

Nada fez mais mal ao patriotismo que a evocação, repetida até o fastio, do papel desempenhado pela polícia na retaguarda dos campos de batalha. Nada podia ferir mais os franceses, forçando-os a constatar, por detrás da pátria, a presença desse Estado policial, objeto tradicional de seu ódio. Ao mesmo tempo, excertos da imprensa extravagante de antes de 1918, relidos logo depois com sangue frio e com nojo, relacionados com esse papel da polícia, lhes dava a impressão de terem sido enrolados. Não há nada que um francês seja menos capaz de perdoar. As palavras que expressavam o sentimento patriótico, em si mesmas, tinham sido desacreditadas, ele passava, em certo sentido, para a categoria dos sentimentos inconfessáveis. Houve um tempo, que não está distante, em que a expressão de um sentimento patriótico nos meios operários, ao menos em alguns deles, teria tido o efeito de um desrespeito às convenções.

Testemunhos em concordância afirmam que os mais corajosos, em 1940, foram os veteranos da outra guerra. Só se deve concluir disso que suas reações após 1918 tiveram uma influência mais profunda na alma dos filhos que os cercavam do que em sua própria. É um fenômeno muito frequente e fácil de compreender. Os que tinham dezoito anos em 1914 tiveram seu caráter formado no curso dos anos anteriores.

Foi dito que a escola do início do século tinha forjado uma juventude para a vitória, e que a posterior a 1918 fabricou uma geração de vencidos. Há nisso, certamente, muita verdade. Mas os professores de escola posterior a 1918 eram os veteranos. Muitas das crianças na idade de dez anos entre 1920 e 1930 tiveram professores que tinham feito a guerra.

Se a França sofreu o efeito dessa reação mais do que outros países, isso se deve a um desenraizamento muito mais agudo, correspondente à centralização estatal bem mais antiga e mais intensa, ao efeito desmoralizante da vitória, e à licença concedida a todas as propagandas.

Houve também ruptura de equilíbrio, e compensação por ruptura no sentido inverso, em torno da noção de pátria, no domínio do puro pensamento. Devido ao fato de que o Estado tinha permanecido, em meio a um vazio total, a única coisa qualificada para demandar ao homem a fidelidade e o sacrifício, a noção de pátria pairava como um absoluto no pensamento. A pátria estava além do bem e do mal. É o que expressa o provérbio inglês "*right or wrong, my country*". Mas frequentemente vai-se mais longe. Não se admite que a pátria possa errar.

Ainda que os homens de todos os meios sejam tão pouco inclinados ao esforço do exame crítico, um absurdo escancarado, mesmo se não o reconhecem, os coloca em um estado de mal-estar que enfraquece a alma. Não há, no fundo, nada de mais misturado à vida humana comum e cotidiana do que a filosofia, mas uma filosofia implícita.

Fazer da pátria um absoluto que o mal não pode macular é um absurdo escancarado. A pátria é um outro nome da nação; e a nação é um conjunto de territórios e de populações reunidas por eventos históricos em que o acaso tem uma parte grande, até onde a inteligência humana pode julgar, e em que se misturam sempre o bem e o mal. A nação é um fato, e um fato não é um absoluto. Ela é um fato em meio a outros análogos. Há mais de uma nação no planeta terra. A nossa é, certamente, única. Mas todas as outras, consideradas em si mesmas e com amor, são únicas no mesmo grau.

Era moda antes de 1940 falar da "França eterna". Essas palavras são uma espécie de blasfêmia. É forçoso dizer o mesmo de páginas tão tocantes, escritas por grandes escritores católicos franceses sobre a vocação da França, a salvação eterna da França, e outros temas semelhantes. Richelieu via com mais justeza quando dizia que a salvação dos Estados só se opera aqui embaixo. A França é uma coisa temporal, terrestre. Salvo erro, nunca foi dito que Cristo tenha morrido para salvar nações. A ideia de uma nação convocada por Deus enquanto nação só pertence à antiga Lei.

A Antiguidade dita pagã nunca teria cometido uma confusão tão grosseira. Os romanos acreditavam-se eleitos, mas unicamente para uma dominação terrestre. O outro mundo não lhes interessava. Em lugar algum aparece que qualquer cidade, qualquer povo, tenha acreditado ser eleito para um destino sobrenatural. Os Mistérios, que constituíam de certo modo o método oficial da salvação, como hoje as Igrejas, eram instituições locais, mas se reconhecia que eles eram equivalentes entre si. Platão descreve como o homem socorrido pela graça sai da caverna deste mundo; mas ele não diz que uma cidade possa sair dele. Ao contrário, ele representa a coletividade como algo animalesco que impede a salvação comum.

Acusa-se com frequência a Antiguidade de somente ter sabido reconhecer os valores coletivos. Na realidade, esse erro não foi cometido senão pelos romanos, que eram ateus, e pelos hebreus; e por estes, apenas até o exílio em Babilônia. Mas se nós nos equivocamos ao atribuir esse erro à Antiguidade pré-cristã, também nos equivocamos ao deixar de reconhecer que o cometemos continuamente, corrompidos que somos pela dupla tradição romana e hebraica, que prevalece com excessiva frequência em nós sobrepondo-se à inspiração cristã pura.

Os cristãos hoje estão incomodados por reconhecerem que, se se atribui à palavra "pátria" o sentido mais forte possível, um sentido completo, um cristão tem apenas uma pátria que está situada fora deste mundo. Pois ele só tem um pai, que habita fora deste mundo. "Constituam tesouros no céu... pois onde está o tesouro de um homem, ali também estará o seu coração". É, portanto, proibido ter o coração na Terra.

Os cristãos hoje não gostam de se questionar sobre os direitos respectivos, a seu coração, de Deus e de seu país. Os bispos alemães terminaram um de seus protestos mais corajosos dizendo que se recusavam a jamais ter de escolher entre Deus e a Alemanha. E por que se recusam? Podem sempre acontecer circunstâncias implicando uma escolha a ser feita entre Deus e qualquer coisa terrestre, e a escolha nunca deve ser duvidosa. Mas os bispos franceses teriam empregado a mesma linguagem. A popularidade de Joana d'Arc no curso do último quartel de século não era algo completamente são; era um recurso cômodo para esquecer que há uma diferença entre a França e Deus. Contudo, essa covardia interior diante do prestígio da ideia de pátria não tornou o patriotismo mais enérgico. A estátua de Joana d'Arc se encontrava posicionada de maneira a atrair os olhares, em todas as igrejas do país, durante esses dias atrozes em que os franceses abandonaram a França.

"Se alguém vem em minha direção e não odeia seu pai e sua mãe e sua mulher e seus filhos e seus irmãos e suas irmãs, além de sua própria alma, ele não pode ser meu discípulo". Se é prescrito odiar tudo isso, em um certo sentido da palavra odiar, é certamente proibido amar seu país, em um certo sentido da palavra amar. Pois o objeto próprio do amor é o bem, e "Somente Deus é bom".

São evidências, mas, por algum sortilégio, elas são completamente desconhecidas em nosso século. De outro modo teria sido impossível para um homem como o Padre de Foucauld, que tinha escolhido ser pela caridade o testemunho de Cristo em meio a populações não cristãs, acreditar ter ao mesmo tempo o direito de fornecer informações ao 2º *Bureau*[11] sobre essas mesmas populações.

---

11. A expressão *Deuxième bureau* ("segundo escritório") designa os serviços de informação do Exército francês [N.T.].

Seria são para nós meditar as terríveis palavras do diabo a Cristo, mostrando todos os reinos deste mundo e dizendo sobre eles: "Todo o poder me foi confiado". Nenhum deles se excetua.

O que não chocou os cristãos chocou os operários. Uma tradição ainda bastante recente para não estar totalmente morta faz do amor pela justiça a inspiração central do movimento operário francês. Na primeira metade do século XIX, era um amor candente, que tomava o partido dos oprimidos do mundo inteiro.

Enquanto a pátria era o povo constituído em nação soberana, nenhum problema se colocava quanto à sua relação com a justiça. Pois se admitia – de modo totalmente arbitrário, e por uma interpretação muito superficial do *Contrato Social* – que uma nação soberana não comete injustiça para com seus membros nem seus vizinhos; se supunha que as causas que produzem a injustiça eram todas ligadas à ausência de soberania da nação.

Mas desde que, por detrás da pátria, há o velho Estado, a justiça está distante. Na expressão do patriotismo moderno, não se fala muito de justiça, e sobretudo nada do que é dito pode permitir pensar as relações entre a pátria e a justiça. Não se ousa afirmar que haja equivalência entre as duas noções; não se ousaria, notadamente, afirmá-lo para os operários que, através da opressão social, sentem o frio metálico do Estado, e se dão conta confusamente de que o mesmo frio deve existir nas relações internacionais. Quando se fala muito da pátria, fala-se pouco da justiça; e o sentimento da justiça é tão poderoso entre os operários, mesmo os materialistas, pelo fato de que têm sempre a impressão de estarem privados dela, que uma forma de educação moral em que a justiça quase não figura não pode influenciá-los. Quando eles morrem pela França, precisam sempre sentir que morreram também por algo de muito maior, que participam da luta universal contra a injustiça. Para eles, segundo uma frase que se tornou célebre, a pátria não basta.

O mesmo acontece em toda parte onde brilha uma chama, uma faísca, ainda que imperceptível, de vida espiritual verdadeira. Para esse fogo, a pátria não basta. E para aqueles que vivem onde ele está ausente, o patriotismo, em suas supremas exigências, é elevado demais; ele não pode, então, constituir-se em estimulante forte o bastante senão sob a forma do mais cego fanatismo nacional.

É verdade que os homens são capazes de dividir sua alma em compartimentos, em cada um dos quais uma ideia tem uma espécie de vida sem relação com as outras. Eles não gostam nem do esforço crítico nem do esforço de síntese, e não impõem tais esforços a si mesmos sem violência.

Mas com o medo, a angústia, quando a carne recua diante da morte, diante do sofrimento grande demais, diante do excesso de perigo, aparece na alma de todos os homens, mesmo os totalmente incultos, um fabricador de raciocínios que elabora provas para estabelecer que é legítimo e bom esquivar-se dessa morte, desse sofrimento, desse perigo. Essas provas podem, segundo o caso, ser boas ou ruins. De qualquer maneira, em tal momento, a consternação da carne e do sangue imprime nelas uma intensidade de força persuasiva que nenhum orador jamais obteve.

Há pessoas para quem as coisas não se dão assim. Ou sua natureza as poupa do medo, ou sua carne, seu sangue e suas entranhas são insensíveis à presença da morte ou da dor; ou ainda há um tal grau de unidade em sua alma que esse fabricador de raciocínios não tem a possibilidade de trabalhar. Em outros ele trabalha ainda, faz sentir sua persuasão, mas ela é desdenhada. Isso supõe, seja um grau já elevado de unidade interior, seja estímulos exteriores potentes.

A observação genial de Hitler sobre a propaganda, a saber que a força bruta não pode vencer ideias se ela está sozinha, mas que o consegue com facilidade ao associar-se a algumas ideias da mais baixa qualidade, essa observação fornece também a chave da vida interior. Os tumultos da carne, mesmo os mais violentos, não podem vencer um pensamento na alma, se eles estão sozinhos. Mas sua vitória é fácil se eles comunicam sua potência persuasiva a um outro pensamento, ainda que ruim. É esse ponto que é importante. Nenhum pensamento tem uma qualidade medíocre demais para cumprir essa função de aliado da carne. Mas a carne precisa do pensamento como aliado.

É por isso que, ao passo que em tempos ordinários as pessoas, mesmo cultas, vivem, sem nenhuma dificuldade, com as mais enormes contradições interiores, nos momentos de crise suprema, a mínima falha no sistema interior adquire a mesma importância do que se o filósofo mais lúcido estivesse em algum canto, maliciosamente pronto para tirar proveito dela; e isso se dá da mesma forma para todo ser humano, mesmo o mais ignorante.

Nos momentos supremos, que não são necessariamente os de maior perigo, mas aqueles em que o homem se encontra, diante do tumulto das entranhas, do sangue e da carne, sozinho e sem estímulos exteriores, os homens cuja vida procede inteiramente de uma mesma ideia são os únicos que resistem. É por isso que os sistemas totalitários formam homens preparados para tudo.

A pátria só pode ser essa ideia única em um regime do gênero hitlerista. Isso poderia ser provado facilmente, até os detalhes, mas é inútil, tamanha a evidência. Se a pátria não é essa ideia, e se, no entanto, ela ocupa um lugar, então ou já há incoerência interior, e uma fraqueza escondida na alma, ou é preciso haver alguma outra ideia, dominando todo o resto, e relativamente à qual a pátria ocupe um lugar claramente reconhecido, lugar limitado e subordinado.

Não era o caso em nossa Terceira República. Não era o caso em nenhum grupo social. O que se encontrava por toda parte, era a incoerência moral. Também entre 1914 e 1918 o fabricador interior de raciocínios esteve ativo. A maioria resistiu com um endurecimento supremo, por essa reação que leva amiúde os homens a se lançarem cegamente, por medo da desonra, para o lado oposto ao que o medo compele. Mas a alma, quando se expõe à dor e ao perigo sob o efeito apenas desse impulso, se gasta muito rápido. Esses raciocínios nutridos de angústia, que não puderam influenciar a maneira de agir, mordem ainda mais as profundezas da alma, e sua influência se exerce depois. É o que aconteceu após 1918. E os que não tinham dado nada e por isso tinham vergonha aproveitaram prontamente o contágio. Essa atmosfera envolvia as crianças a quem um pouco mais tarde seria pedido que morressem.

Quão longe foi a desagregação interior nos franceses, pode-se constatar ao se pensar que hoje ainda a ideia da colaboração com o inimigo não perdeu todo o seu prestígio. Por outro lado, se se procura no espetáculo da resistência um consolo, se se pensa que os resistentes não têm nenhuma dificuldade em encontrar sua inspiração simultaneamente no patriotismo e em uma multitude de outras motivações, é preciso ao mesmo tempo se lembrar e relembrar que a França enquanto nação se encontra neste momento do lado da justiça, da felicidade geral e das coisas desse gênero, isto é, na categoria das belas coisas que não existem. A vitória aliada a retirará dessa categoria, a restabelecerá no domínio dos fatos; muitas dificuldades que pareciam afastadas reaparecerão. Em um sentido, a desgraça simplifica tudo. O fato de que a França entrou na via da resistência mais lentamente, mais tarde do que a maioria dos países ocupados mostra que seria um equívoco não ter inquietações quanto ao futuro.

Pode-se ver claramente até onde ia a incoerência moral de nosso regime ao se pensar na escola. A moral faz parte de seu programa, e mesmo os professores que não gostavam de fazer dela um objeto de ensino dogmático a ensinavam inevitavelmente de uma maneira difusa. A noção central dessa moral, é a justiça e as obrigações que ela impõe ao próximo.

Mas quando se trata de história, a moral não intervém mais. Nunca se trata das obrigações da França no exterior. Por vezes ela é nomeada como justa e generosa, como se isso fosse um acréscimo, a pena no chapéu, um coroamento de sua glória. Mais precisamente, as conquistas que ela fez e perdeu podem ser objeto de uma leve dúvida, como as de Napoleão; nunca as que ela conservou. O passado é apenas a história do crescimento da França, e se admite que esse crescimento é sempre um bem sob todos os pontos de vista. Nunca se põe a pergunta se, crescendo, ela não destruiu. Examinar se não lhe aconteceu, talvez, de destruir coisas de valor pareceria a mais pavorosa blasfêmia. Bernanos diz que as pessoas da Ação Francesa veem a França como um menino a quem só se pede que cresça, que ganhe peso. Mas não há apenas eles. Esse é o pensamento geral que, sem nunca ser expresso, está sempre implícito na maneira como se considera o passado do país. E a comparação com um menino é ainda honrosa demais. Os seres aos quais só se pede que ganhem peso são os coelhos, os porcos, os frangos. Platão emprega a palavra precisa ao comparar a coletividade a um animal. E aqueles que seu prestígio cega, isto é, todos os homens, fora os predestinados, "chamam de justas e belas as coisas necessárias, sendo incapazes de discernir e ensinar que distância há entre a essência do necessário e a do bem".

Faz-se de tudo para que as crianças sintam, e elas o sentem naturalmente, aliás, que as coisas relativas à pátria, à nação, ao crescimento da nação, têm um grau de importância que as separa das outras. E é precisamente sobre essas coisas que a justiça, os cuidados devidos ao outro, as obrigações rigorosas que estabelecem limites para as ambições e os apetites, toda essa moral a qual, com esforço, tenta-se submeter a vida dos meninos, nunca é evocada.

O que concluir disso, senão que ela conta como uma coisa de importância menor, que, como a religião, a profissão, a escolha de um médico ou de um fornecedor, ela tem seu lugar no domínio inferior da vida privada?

Mas se a moral propriamente dita é assim rebaixada, ela não é substituída por um sistema diferente. Pois o prestígio superior da nação está ligado à evocação da guerra. Ele não fornece motivações para o tempo de paz, exceto em um regime que constitui uma preparação permanente para a guerra, como o regime nazista. Excetuado tal regime, seria perigoso lembrar demais que essa pátria que demanda a seus filhos sua vida tem como outra faceta o Estado, com seus impostos, suas alfândegas, sua polícia. Abdica-se disso cuidadosamente; e assim não vem à ideia de ninguém que possa ser uma falta de patriotismo odiar a polícia e cometer fraudes em matéria de imposto e alfândega. Um país como a Inglaterra é em certa medida uma exceção, por causa de uma tradição milenar de liberdade garantida pelos poderes públicos. Assim, a dualidade da moral, em tempos de paz, enfraquece o poder da moral eterna sem colocar nada em seu lugar.

Essa dualidade se faz presente de uma maneira permanente, sempre, por toda parte, e não somente na escola. Pois acontece quase diariamente em tempos normais com todo francês, quando lê jornal, quando discute em família ou no bar, de pensar pela França, em nome da França. Desde esse instante, e até que ele retorne a seu personagem privado, ele perde até mesmo a lembrança das virtudes que admite, de uma maneira mais ou menos vaga e abstrata, para si mesmo. Quando se trata de si mesmo, e até mesmo da família, é mais ou menos admitido que não se deve gabar-se demais, que se deve desconfiar dos próprios julgamentos quando se é ao mesmo tempo juiz e parte interessada, que se deve considerar se os outros não têm ao menos parcialmente razão contra si mesmo, que não se deve exibir-se, que não se deve pensar unicamente em si mesmo; enfim, que se deve colocar limites no egoísmo e no orgulho. Mas em matéria de egoísmo nacional, de orgulho nacional, não somente há uma licença ilimitada, mas o mais alto grau possível é imposto por algo que se parece com uma obrigação. Os cuidados com o outro, o reconhecimento dos próprios erros, a modéstia, a limitação voluntária dos desejos, se tornam crimes, sacrilégios, nesse domínio. Entre várias formulações sublimes que o *Livro dos Mortos* egípcio põe na boca do justo após a morte, a mais tocante é talvez esta aqui: "Eu nunca me fiz de surdo diante de palavras justas e verdadeiras". Mas no plano internacional, cada um considera um dever sagrado se fazer de surdo a palavras justas e verdadeiras, se elas são contrárias ao interesse da França. Ou ainda, admite-se que palavras contrárias ao interesse da França nunca podem ser justas e verdadeiras? Seria exatamente a mesma coisa.

Há vícios de gosto que o aprendizado dos bons modos, na falta da moral, impede que sejam cometidos na vida privada, e que parecem absolutamente naturais no plano nacional. Mesmo as mais odiosas senhoras dedicadas à caridade hesitariam em reunir seus protegidos para lhes expor em um discurso a grandeza das benesses concedidas e o reconhecimento devido em troca. Mas um governante francês da Indochina não hesita, em nome da França, em falar de tal maneira, mesmo imediatamente após os atos de repressão mais atrozes ou as epidemias de fome mais escandalosas; e ele espera, ele impõe respostas que ecoem seu discurso.

É um costume herdado dos romanos. Eles nunca cometiam crueldades, eles nunca concediam favores, sem gabarem-se nos dois casos de sua generosidade e clemência. Nunca se era recebido para pedir-lhes o que fosse, mesmo um simples alívio da mais horrível opressão, sem começar pelos mesmos elogios. Eles desonraram, assim, a súplica, que era honrosa antes deles, impondo-lhe a mentira e a bajulação. Na *Ilíada*, nunca um troiano ajoelhado diante de um grego e implorando por sua vida põe a mais leve nuance de bajulação em sua fala.

Nosso patriotismo vem diretamente dos romanos. É por isso que os francesinhos são encorajados a procurar sua inspiração em Corneille. É uma virtude pagã, se as duas palavras forem compatíveis. A palavra pagão, quando aplicada a Roma, tem realmente, e com legitimidade, o significado carregado de horror que lhe davam os primeiros polemistas cristãos. Era realmente um povo ateu e idólatra; não idólatra de estátuas feitas de pedra ou bronze, mas idólatra de si mesmo. É essa idolatria de si que ele nos legou sob o nome de patriotismo.

Também, a dualidade na moral é um escândalo bem mais chamativo se, ao invés de na moral laica, pensa-se na virtude cristã cuja moral laica é aliás simplesmente uma edição para o grande público, uma solução diluída. A virtude cristã tem como centro, como essência, como sabor específico a humildade, o movimento livremente consentido para baixo. É por aí que os santos se parecem com Cristo: "Ele, subsistindo na condição de Deus, não se apegou à sua igualdade com Deus. Mas esvaziou-se a si mesmo" [Fl 2,4]. E, ainda que fosse o próprio Filho, o que Ele sofreu ensinou-lhe a obediência [cf. Hb 5,8-9].

Mas quando um francês pensa na França, o orgulho é para ele um dever, segundo a concepção atual; a humildade seria uma traição. Essa traição é talvez a que se critica mais amargamente no governo de Vichy. Isso está certo, pois sua humildade é de má fé, é a do escravo que bajula e mente para evitar os golpes. Mas nesse domínio uma humildade que fosse de boa-fé é desconhecida entre nós. Nós nem concebemos sua possibilidade. Para conseguir apenas conceber sua possibilidade, já seria preciso um esforço inventivo.

Em uma alma cristã, a presença da virtude pagã do patriotismo é um dissolvente. Ela passou de Roma para as nossas mãos sem ter sido batizada. Coisa estranha, os bárbaros, ou aqueles nomeados assim, foram batizados quase sem dificuldade durante as invasões; mas a herança da Roma antiga nunca o foi, sem dúvida porque não podia sê-lo, e ainda que o Império romano tenha feito do cristianismo uma religião de Estado.

Seria difícil, aliás, imaginar uma injúria mais cruel. Quanto aos bárbaros, não é surpreendente que os godos tenham entrado tão facilmente no cristianismo, se, como acreditavam os contemporâneos, eles tinham o sangue destes getas, os mais justos dentre os trácios, que Heródoto nomeava de os imortalizadores por causa da intensidade de sua fé na vida eterna. A herança dos bárbaros se misturou com o espírito cristão para formar este produto único, inimitável, perfeitamente homogêneo, que se nomeou de cavalaria medieval. Mas entre o espírito de Roma e o de Cristo nunca houve fusão. Se a fusão tivesse sido possível, o Apocalipse teria mentido ao representar Roma como a mulher sentada sobre a besta, a mulher plena dos nomes da blasfêmia.

O Renascimento foi uma ressurreição primeiro do espírito grego, depois do espírito romano. É nessa segunda etapa somente que ela agiu como um dissolvente do cristianismo. É no curso dessa segunda etapa que nasceu a forma moderna da nacionalidade, a forma moderna do patriotismo. Corneille teve razão em dedicar seu *Horácio* a Richelieu, e em fazê-lo em termos cuja baixeza é o espelho do orgulho quase delirante que inspira essa tragédia. Essa baixeza e esse orgulho são inseparáveis; isso se nota bem na Alemanha de hoje. O próprio Corneille é um excelente exemplo dessa espécie de asfixia pela qual é tomada a virtude cristã em contato com o espírito romano. Seu *Polieucto* nos pareceria cômico se não estivéssemos cegados pelo hábito. Polieucto, na pena do escritor, é um homem que de repente compreendeu que há um território muito mais glorioso a ser conquistado do que os reinos terrestres, e uma técnica particular para conseguir isso; tão logo ele se incumbe do dever de partir para essa conquista, sem nenhuma consideração pelo que quer que seja, e no mesmo estado de espírito com que antes fazia a guerra a serviço do imperador. Alexandre chorava, diz-se, por não ter para conquistar mais do que todo o globo terrestre. Corneille acreditava, aparentemente, que Cristo tinha descido à Terra para preencher essa lacuna.

Se o patriotismo age de modo invisível como um dissolvente para a virtude, seja cristã, seja laica, em tempos de paz, o contrário se produz em tempos de guerra; e é perfeitamente natural. Quando há dualidade moral, é sempre a virtude exigida pelas circunstâncias que é prejudicada. A tendência à facilidade dá naturalmente a vantagem à espécie de virtude que na realidade não deveria ser exercida; à moralidade de guerra em tempos de paz, à moralidade de paz em tempos de guerra.

Em tempos de paz, a justiça e a verdade, por causa da divisória vedada que as separa do patriotismo, são degradadas à condição das virtudes puramente privadas, tais como, por exemplo, a polidez; mas quando a pátria pede o sacrifício supremo, essa mesma separação priva o patriotismo da legitimidade total que, unicamente, pode provocar o esforço total.

Quando se desenvolveu o hábito de considerar como um bem absoluto e claro, sem nenhuma sombra, esse crescimento no curso do qual a França devorou e digeriu tantos territórios, como uma propaganda inspirada exatamente no mesmo pensamento, e apenas colocando o nome da Europa no lugar do nome da França, não se infiltrará em um canto da alma? O patriotismo atual consiste em uma equação entre o bem absoluto e uma coletividade que corresponde a um espaço territorial, a saber a França; qualquer um que mude em seu pensamento o termo territorial da equação, e coloque no lugar um termo menor, como a Bretanha, ou maior, como a Europa, é visto como um traidor. Por que isso? É totalmente arbitrário. O hábito nos impede de nos darmos conta do quanto isso é arbitrário. Mas no momento supremo, essa arbitrariedade abre espaço para o fabricador interior de sofismas.

Os colaboradores atuais[12] têm, com relação à Europa nova que forjaria uma vitória alemã, a atitude que se demanda aos provençais, aos bretões, aos alsacianos, aos franco-condeses de terem quanto ao passado, com relação à conquista de seus territórios pelo rei da França. Por que a diferença das épocas mudaria o bem e o mal? Ouvia-se dizer correntemente entre 1918 e 1919, pelas pessoas honestas que esperavam a paz: "Em outros tempos havia a guerra entre províncias, depois elas se uniram, formando nações. Da mesma maneira as nações vão se unir em cada continente, depois no mun-

---

12. Escrito em 1943.

do inteiro, e será o fim de toda guerra". Era um lugar comum muito difundido; ele procedia desse raciocínio por extrapolação que teve tanta potência no século XIX e ainda no século XX. As pessoas honestas que falavam assim conheciam a história da França em termos gerais, mas não refletiam, no momento em que falavam, sobre o fato de que a unidade nacional tinha se realizado quase exclusivamente pelas conquistas mais brutais. Mas se eles se lembraram disso em 1939, se lembraram também de que essas conquistas pareciam um bem para eles. Não é surpreendente que uma parte ao menos de sua alma se tenha posto a pensar: "Pelo progresso, pela realização da História, é preciso talvez passar por isso"? Eles puderam dizer-se: "A França teve a vitória de 1918; ela não pôde realizar a unidade da Europa; agora a Alemanha tenta realizá-la; não a incomodemos". As crueldades do sistema alemão, é verdade, deveriam tê-los contido. Mas eles podiam, seja não ter ouvido falar delas, seja supor que eram inventadas por uma propaganda mentirosa, seja julgá-las pouco importantes, como sendo infligidas a populações inferiores. É mais difícil ignorar as crueldades dos alemães para com os judeus ou os tchecos do que as dos franceses para com os vietnamitas?

Péguy considerava felizes os que morreram em uma guerra justa. Disso deve se seguir que aqueles que os matam injustamente são infelizes. Se os soldados franceses de 1914 morreram em uma guerra justa, então certamente também é o caso, ao menos no mesmo grau, para Vercingetorix. Se se pensa assim, quais sentimentos pode-se ter pelo homem que o manteve durante seis anos acorrentado em um calabouço completamente escuro, depois o expôs em espetáculo aos romanos, depois fê-

-lo degolar? Mas Péguy era um fervoroso admirador do Império romano. Se se admira o Império romano, por que ressentir-se da Alemanha que tenta reconstitui-lo, em um território mais vasto, com métodos quase idênticos? Essa contradição não impediu Péguy de morrer em 1914. Mas foi ela, ainda que não formulada, não reconhecida, que impediu muitos jovens em 1940 de irem ao combate no mesmo estado de espírito que Péguy.

Ou a conquista é sempre um mal; ou ela é sempre um bem; ou ela é ora um bem, ora um mal. No último caso, é preciso um critério para a discriminação. Estabelecer como critério que a conquista é um bem quando ela aumenta a nação da qual se é membro pelo acaso do nascimento, um mal quando ela a diminui, isso é tão contrário à razão que é somente aceitável para pessoas que, por decisão própria e de uma vez por todas, expulsaram a razão, como é o caso na Alemanha. Mas a Alemanha pode fazê-lo porque ela vive de uma tradição romântica. A França não pode, pois o apego à razão faz parte de seu patrimônio nacional. Uma parte dos franceses pode se dizer hostil ao cristianismo; mas tanto antes como após 1789, todos os movimentos do pensamento que tiveram lugar na França se reclamaram da razão. A França não pode afastar a razão em nome da pátria.

É por isso que a França sente um mal-estar em seu patriotismo, e ainda que ela própria, no século XVIII, tenha inventado o patriotismo moderno. Não se deve acreditar que aquilo que se nomeou de vocação universal da França torne a conciliação entre o patriotismo e os valores universais mais fácil para os franceses do que para outros. É o contrário que é verdade. A dificuldade é maior para os franceses, porque eles não podem conseguir completamente nem suprimir o segundo termo da contradição, nem separar os dois termos por uma divisória vedada. Eles encontram a contradição no interior de seu patriotismo. Mas, por conta disso, eles são, por assim dizer, obrigados a inventar um patriotismo novo. Se eles o fizerem, cumprirão o que foi até um certo ponto, no passado, a função da França, a saber, pensar naquilo que o mundo precisa. O mundo precisa neste momento de um patriotismo novo. E é agora que esse esforço de invenção deve ser realizado, enquanto o patriotismo é algo que faz derramar o sangue. Não se deve esperar que ele volte a ser uma coisa da qual se fala nos salões, nas Academias e nos cafés.

É fácil dizer como Lamartine: "Minha pátria está por toda parte onde a França irradia [...] A verdade é meu país". Infelizmente, isso só teria sentido se França e verdade fossem palavras equivalentes. Aconteceu, acontece, acontecerá de a França mentir e ser injusta; pois a França não é Deus, está longe disso. Somente Cristo pôde dizer: "Eu sou a verdade". Isso não é permitido a nada mais sobre a Terra, nem homens, nem coletividades, mas bem menos ainda às coletividades. Pois é possível que um homem chegue a um grau de santidade tal que não seja mais ele, mas Cristo que vive nele. Ao passo que não há nação santa.

Houve uma nação antigamente que se acreditou santa, e isso lhe fez muito mal; e sobre esse assunto é muito estranho pensar que os fariseus eram os resistentes, nessa nação, e os publicanos os colaboradores, e se lembrar de quais eram as relações de Cristo com uns e outros.

Isso parece obrigar a pensar que nossa resistência seria uma posição espiritualmente perigosa, mesmo espiritualmente ruim, se dentre as motivações que a animam não soubermos restringir a motivação patriótica em limites adequados. É exatamente esse perigo que expressam, na linguagem extremamente vulgar de nossa época, os que, sinceramente ou não, dizem temer que esse movimento não se torne fascista; pois o fascismo está sempre ligado a uma certa variedade do sentimento patriótico.

A vocação universal da França não pode, a menos que se minta, ser evocada com um orgulho sem mistura. Pela mentira, ela é traída com as próprias palavras pelas quais a evocamos; pela lembrança da verdade, a vergonha deve sempre se misturar com o orgulho, pois houve algo de incômodo em todos os exemplos históricos que se pode fornecer. No século XIII, a França foi um lar para toda a cristandade. Mas é também no início desse século que ela destrói para sempre, ao sul do Rio Loire, uma civilização nascente que já brilhava intensamente; e é no curso dessa operação militar, ligada a ela, que foi estabelecida pela primeira vez a Inquisição. Essa é uma mácula que conta. No século XIII o gótico substituiu o românico e, em teologia, as construções retiradas de Aristóteles substituíram a inspiração platônica; então pode-se duvidar que a influência francesa nesse século tenha correspondido a um progresso. No século XVIII, a França irradiou de novo sobre a Europa. Mas o prestígio militar ligado a essa difusão foi obtido por métodos inconfessáveis, ao menos se se ama a justiça; de resto, na mesma medida em que a concepção clássica francesa produziu obras maravilhosas em língua francesa, ela exerceu uma influência destruidora no estrangeiro. Em 1789, a França se tornou a esperança dos povos. Mas três anos mais tarde ela partiu para a guerra, e desde as primeiras vitórias substituiu as expedições de libertação pelas expedições de conquista. Sem a Inglaterra, a Rússia e a Espanha, ela teria imposto à Europa uma unidade talvez pouco menos sufocante do que a que é hoje prometida pela Alemanha. Na segunda parte do século passado, quando se percebeu que a Europa não é o mundo, e que há vários continentes neste planeta, a França foi tomada por aspirações a um papel universal. Mas ela não conseguiu fabricar um Império colonial copiado dos ingleses, e no coração de um certo número de homens de cor, seu nome é agora ligado a sentimentos intoleráveis ao pensamento.

Assim a contradição inerente ao patriotismo francês se encontra também ao longo da história da França. Não se deve concluir com isso que a França, tendo vivido por tanto tempo com essa contradição, pode continuar. Primeiramente, se uma contradição é reconhecida, é vergonhoso suportá-la. Depois, na realidade, a França quase morreu de uma crise do patriotismo francês. Tudo leva a crer que ela estaria morta se o patriotismo inglês não tivesse felizmente uma qualidade mais sólida. Mas não se pode transportá-lo para a França. É o nosso que deve ser refeito. Ele ainda pode ser refeito. Ele dá novamente sinais de vitalidade porque os soldados alemães são, em nosso país, agentes de propaganda incomparáveis para o patriotismo francês; mas eles não estarão lá para sempre.

Há nisso uma responsabilidade terrível. Pois trata-se do que se chama de refazer uma alma para o país; e há nisso uma tentação tão forte de refazê-la a golpes de mentiras ou verdades parciais que é preciso mais do que heroísmo para se apegar à verdade.

A crise do patriotismo foi duplicada. Servindo-se do vocabulário político, pode-se dizer que houve uma crise à esquerda e uma crise à direita.

À direita, na juventude burguesa, o corte entre o patriotismo e a moral, aliado a outras causas, tinha desacreditado completamente qualquer moralidade; mas o prestígio do patriotismo era pouco maior. O espírito expresso pelas palavras: "Política primeiro" havia se estendido muito mais longe do que a própria influência de Maurras. Ora, essas palavras expressam um absurdo, pois a política não é mais do que uma técnica, um compêndio de procedimentos. É como se fosse dito: "mecânica primeiro". A questão que se coloca imediatamente é: Política com vistas a quê? Richelieu responderia: Pela grandeza do Estado. E por que por esse objetivo e não por um outro? A essa questão não há nenhuma resposta.

É a questão que não deve ser colocada. A política dita realista, transmitida por Richelieu a Maurras, não sem ter sido danificada no caminho, só tem sentido se essa questão não é colocada. Há uma condição simples para que ela não o seja. Quando o mendigo dizia a Talleyrand: "Senhor, ainda é preciso que eu viva", Talleyrand respondia: "Eu não vejo essa necessidade". Mas o próprio mendigo via muito bem tal necessidade. Da mesma forma Luís XIV via muito bem a necessidade de que o Estado fosse servido com um devotamento total, porque o Estado era ele. Richelieu pensava somente ser dele o primeiro servidor; no entanto, em um sentido, ele possuía o Estado e, por essa razão, se identificava com ele. A concepção política de Richelieu só tem sentido para os que, a título individual ou coletivo, se sentem ou os senhores de seu país ou capazes de vir a sê-lo.

A juventude burguesa francesa não podia mais, desde 1924, ter o sentimento de que a França era seu domínio. Os operários faziam barulho demais. De outra parte ela sofria deste esgotamento misterioso que se abateu sobre a França após 1918, e cujas causas são sem dúvida em grande parte físicas. Que seja preciso incriminar o alcoolismo, o estado nervoso dos pais quando puseram no mundo e criaram essa juventude, ou outra coisa, a juventude francesa dá há muito tempo sinais certeiros de cansaço. A juventude alemã, mesmo em 1932, quando os poderes públicos não se dedicavam a ela, era de uma vitalidade incomparavelmente maior, apesar das privações muito duras e muito longas que tinha sofrido.

Esse cansaço impedia que a juventude burguesa da França se sentisse em estado de se tornar a senhora do país. Desde logo, à questão "Política com vistas a quê?" a resposta que se impunha era: "com vistas a ser instalados por outros no poder deste país". Por outros, isto é, pelo estrangeiro. Nada no sistema moral desses jovens podia impedir esse desejo. O choque de 1936 o fez penetrar neles com uma profundidade irreparável. Não se lhes tinha feito nenhum mal; mas eles tinham sentido medo; eles tinham sido humilhados, e, crime imperdoável a seus olhos, humilhados por quem consideravam inferiores. Em 1937, a imprensa italiana citava um artigo, publicado em uma revista francesa de estudantes, em que uma jovem francesa desejava que Mussolini encontrasse, em meio a suas numerosas preocupações, o tempo de vir colocar ordem na França.

Tão pouco simpáticos que sejam esses meios, tão criminosa que tenha sido sua atitude logo depois, trata-se de seres humanos, e de seres humanos infelizes. O problema quanto a eles se coloca nestes termos: Como reconciliá-los com a França sem entregá-la em suas mãos?

À esquerda, isto é sobretudo entre os operários e os intelectuais que tendem para seu lado, há duas correntes totalmente distintas, ainda que por vezes, mas não sempre, as duas correntes coexistam no mesmo ser. Uma é a corrente oriunda da tradição operária francesa, que remonta visivelmente ao século XVIII, quando tantos operários liam Jean-Jacques, mas que talvez remonte subterraneamente até os primeiros movimentos de libertação das comunas. Aqueles que essa única corrente atrai se dedicam inteiramente ao pensamento da justiça. Infelizmente, hoje, o caso é bastante raro entre os operários e extremamente raro entre os intelectuais.

Há pessoas dessa espécie em todos os meios ditos de esquerda, cristãos, sindicalistas, anarquistas, socialistas; e notadamente entre os operários comunistas, pois a propaganda comunista fala muito da justiça. Nisso ela segue os ensinamentos de Lênin e de Marx, por mais estranho que isso possa parecer para aqueles que não penetraram nos interstícios da doutrina.

Esses homens são, todos, profundamente internacionalistas em tempos de paz, porque sabem que a justiça não tem nacionalidade. Com frequência, eles o são durante uma guerra enquanto não há derrota. Mas o esmagamento da pátria faz tão logo surgir no mais profundo de seu coração um patriotismo perfeitamente sólido e puro. Esses se reconciliarão de uma maneira permanente com a pátria se lhes for proposta a concepção de uma pátria subordinada à justiça.

A outra corrente é uma réplica da atitude burguesa. O marxismo, oferecendo aos operários a certeza pretensamente científica de que serão em breve os senhores soberanos do globo terrestre, suscitou um imperialismo operário muito semelhante aos imperialismos internacionais. A Rússia trouxe uma aparência de verificação experimental, e além do mais conta-se com que ela se encarregue da parte mais difícil da ação que deve resultar na derrubada do poder.

Para seres moralmente exilados e imigrados, em contato sobretudo com o lado repressivo do Estado, que por uma tradição secular estão nos confins das categorias sociais que constituem a presa da polícia, e são tratados como tais todas as vezes em que o Estado tende à reação, há nessa corrente uma tentação irresistível. Um Estado soberano, grande, poderoso, comandando um território muito mais vasto do que seu país, lhes diz: "Eu pertenço a vocês, eu sou um bem de vocês, sua propriedade. Eu só existo para ajudar vocês, e em um dia próximo eu farei de vocês os senhores absolutos em seus próprios países".

De sua parte, rechaçar essa amizade seria quase tão fácil quanto rechaçar água quando não se bebeu há dois dias. Alguns, que realizaram um grande esforço sobre si mesmos para conseguir isso, se esgotaram tanto nesse esforço que sucumbiram sem combate às primeiras pressões da Alemanha. Muitos outros só resistem em aparência, e na realidade se mantêm simplesmente à distância, por medo dos riscos trazidos pela ação na qual a adesão engaja. Esses, numerosos ou não, nunca constituem uma força.

A União Soviética, fora da Rússia, é realmente a pátria dos operários. Para sentir isso, bastava ver os olhos dos operários franceses quando viam, em torno das bancas de jornal, as manchetes anunciando as primeiras grandes derrotas russas. Não era o pensamento das repercussões dessas derrotas sobre as relações franco-alemãs que botava em desespero seus olhos, pois as derrotas inglesas jamais lhes tocaram assim. Eles se sentiam ameaçados de perder mais do que a França. Eles estavam um pouco no estado de espírito em que teriam estado os primeiros cristãos se lhes tivessem trazido provas materiais estabelecendo que a ressurreição de Cristo era uma ficção. De uma maneira geral, há sem dúvida uma semelhança bastante grande entre o estado de espírito dos primeiros cristãos e o de muitos operários comunistas. Eles também esperam uma catástrofe próxima, terrestre, estabelecendo de um golpe só para sempre aqui embaixo o bem absoluto e ao mesmo tempo sua própria glória. O martírio era mais fácil para os primeiros cristãos do que para os dos séculos seguintes, e infinitamente mais fácil do que para os próximos a Cristo, para quem, no momento supremo, ele tinha sido impossível. Da mesma forma, hoje o sacrifício é mais fácil para um comunista do que para um cristão.

A União Soviética sendo um Estado, o patriotismo voltado para ela encerra as mesmas contradições de todos os outros. Mas não resulta disso o mesmo enfraquecimento. Pelo contrário. A presença de uma contradição, quando ela é sentida, mesmo de maneira surda, rói o sentimento; quando ela não é sentida de modo algum, o sentimento se torna mais intenso, porque beneficia simultaneamente motivações incompatíveis. Assim a União Soviética tem todo o prestígio de um Estado, e da fria brutalidade que impregna a política de um Estado, sobretudo totalitário; e simultaneamente ela tem todo o prestígio da justiça. Se a contradição não é sentida, é por um lado por causa da distância, por outro porque ela promete aos que a amam todo o poder. Uma tal esperança não diminui a necessidade da justiça, mas a torna cega. Como cada um se crê suficientemente capaz de justiça, cada um crê também que um sistema em que teria poder seria justo o bastante. É a tentação a que o diabo submete Cristo. Os homens sucumbem a ela continuamente.

Ainda que esses operários, animados pelo imperialismo operário, sejam muito diferentes dos jovens burgueses fascistas, e constituam uma variedade humana mais bela, quanto a eles se coloca um problema análogo. Como fazê-los amar suficientemente seu país sem entregá-lo a eles? Pois não se pode entregá-lo a eles, nem mesmo lhes conceder uma posição privilegiada; seria uma injustiça gritante com relação ao resto da população, e notadamente aos camponeses.

A atitude atual desses operários para com a Alemanha não deve cegar quanto à gravidade da situação. Ocorre que a Alemanha é a inimiga da União Soviética. Antes que ela o fosse, já havia agitação entre eles; mas é uma necessidade vital para o partido comunista sempre alimentar a agitação. E essa agitação era "contra o fascismo alemão e o imperialismo inglês". Quanto à França, não se tratava dela. De outra parte, durante um ano decisivo, do verão de 1939 ao verão de 1940, a influência comunista na França se exerceu inteiramente contra o país. Não será fácil obter que esses operários voltem seu coração para o seu país.

No resto da população, a crise do patriotismo não foi tão aguda; ela não chegou até o repúdio, em favor de outra coisa; houve apenas uma espécie de extinção. Entre os camponeses, isso se devia sem dúvida ao fato de que tinham o sentimento de não contar para o país, senão como bucha de canhão para interesses estrangeiros aos seus; entre os pequenos burgueses, isso devia se dever sobretudo ao tédio.

A todas as causas particulares de desafeição se acrescentou uma muito geral que é como o reverso da idolatria. O Estado tinha cessado de ser, sob o nome de nação ou de pátria, um bem infinito, no sentido de um bem que deve ser servido com devotamento. Em contrapartida, ele tinha se tornado aos olhos de todos um bem ilimitado a ser consumido. O absoluto ligado à idolatria permaneceu atrelado a ele, uma vez a idolatria apagada, e tomou essa forma nova. O Estado pareceu ser uma cornucópia de abundância inesgotável que distribuía os tesouros proporcionalmente às pressões que sofria. Assim ele era sempre culpado por não conceder ainda mais. Parecia que ele recusava tudo o que não fornecia. Quando pedia, era uma exigência que parecia paradoxal. Quando impunha, era uma coerção intolerável. A atitude das pessoas diante do Estado era a dos filhos não diante dos pais, mas dos adultos que não amavam nem temiam; eles pediam sem cessar e não queriam obedecer.

Como passar de repente dessa atitude ao devotamento sem limites exigido pela guerra? Mas mesmo durante a guerra os franceses acreditaram que o Estado tinha a vitória em algum canto de seus cofres, ao lado dos outros tesouros que não queria ter o trabalho de tirar de lá. Fez-se de tudo para encorajar essa opinião, como dá a ver o slogan: "Nós venceremos porque somos os mais fortes".

A vitória vai liberar um país onde todos terão se dedicado quase exclusivamente a desobedecer, por motivos baixos ou elevados. Escutou-se a rádio de Londres, leram-se e distribuíram-se papéis proibidos, viajou-se de modo fraudulento, escondeu-se trigo, trabalhou-se da pior maneira possível, fez-se mercado negro, enalteceu-se tudo isso entre os amigos e a família. Como se fará com que as pessoas compreendam que acabou, que doravante é preciso obedecer?

Terá se passado anos a sonhar com a saciedade. São devaneios de mendigos, no sentido de que só se pensa em receber boas coisas sem nenhuma contrapartida. Na realidade, os poderes públicos assegurarão a distribuição; como evitar então que essa atitude de mendigo insolente, que já antes da guerra era a dos cidadãos diante do Estado, não se torne infinitamente mais acentuada? E se ela toma como objeto um país estrangeiro, por exemplo a América, o perigo é ainda mais grave.

Um segundo sonho muito difundido é o de matar. Matar em nome dos mais belos motivos, porém baixamente e sem riscos. Seja que o Estado sucumba ao contágio desse terrorismo difuso, como se deve temer, seja que ele tente limitá-lo, nos dois casos o aspecto repressivo e policial do Estado, que por tradição é tão odiado e desprezado na França, estará no primeiro plano.

O governo que surgirá na França após a libertação do território estará diante de um perigo triplo causado por esse gosto do sangue, esse complexo de mendicidade, essa incapacidade de obedecer.

Remédio, só há um. Dar aos franceses algo para amar. E lhes dar primeiro a França para amar. Conceber a realidade correspondente ao nome de França de tal maneira que tal como ela é, em sua verdade, ela possa ser amada com toda a alma.

O centro da contradição inerente ao patriotismo, é que a pátria é uma coisa limitada cuja exigência é ilimitada. No momento do perigo extremo, ela demanda tudo. Por que se concederia tudo a uma coisa limitada? Por outro lado, não estar resolvido a lhe doar tudo em caso de necessidade, é abandoná-la totalmente, pois sua conservação não pode ser assegurada por um preço menor. Assim, parece que sempre se está aquém ou além daquilo que se lhe deve, e se se vai além, por reação retorna-se mais tarde ainda mais aquém.

A contradição é apenas aparente. Ou mais exatamente ela é real, mas vista em sua verdade ela se reduz a uma destas contradições fundamentais da situação humana, que é preciso reconhecer, aceitar, e utilizar como impulso para ascender acima do que é humano. Jamais neste universo há igualdade de dimensões entre uma obrigação e seu objeto. A obrigação é um infinito, o objeto não o é. Essa contradição pesa sobre a vida cotidiana de todos os homens, sem exceção, inclusive os que seriam totalmente incapazes de formulá-la, mesmo que de modo confuso. Todos os procedimentos que os homens acreditaram encontrar para escapar disso são mentirosos.

Um deles consiste em apenas reconhecer obrigações para com o que não é deste mundo. Uma variante desse procedimento constitui a falsa mística, a falsa contemplação. Uma outra é a prática das boas obras realizadas com um certo espírito, "pelo amor de Deus", como se diz, os infelizes socorridos não sendo mais do que a matéria da ação, uma ocasião anônima de dar testemunho da benevolência de Deus. Nos dois casos há mentira, pois "aquele que não ama o irmão, que ele vê, como amaria Deus, que ele não vê"? É somente através das coisas e dos seres daqui debaixo que o amor humano pode penetrar até o que habita por detrás.

Um outro procedimento consiste em admitir que há aqui embaixo um ou vários objetos encerrando esta perfeição, este absoluto, este infinito que são essencialmente ligados à obrigação enquanto tal. É a mentira da idolatria.

O terceiro procedimento consiste em negar toda obrigação. Não se pode provar por uma demonstração da espécie geométrica que isso é um erro, pois a obrigação é de uma ordem de certeza bem superior àquela onde habitam as provas. Na realidade, essa negação é impossível. Ela constitui um suicídio espiritual. E o ser humano é feito de tal forma que nele a morte espiritual se faz acompanhar de doenças psicológicas em si mesmas mortais. Na realidade, o instinto de conservação impede que a alma faça mais do que se aproximar de um tal estado; e mesmo assim ela é tomada por um tédio que a transforma em deserto. Quase sempre, ou melhor, quase certamente sempre, quem nega toda obrigação mente para os outros e para si mesmo; na realidade ele reconhece a obrigação. Não há ser humano que não tenha às vezes julgamentos sobre o bem e o mal, nem que seja para repreender um outro.

É preciso aceitar a situação que nos é feita e que nos submete a obrigações absolutas para com coisas relativas, limitadas e imperfeitas. Para discriminar quais são essas coisas e como podem ser compostas suas exigências para nós, é preciso somente ver claramente em que consiste sua relação com o bem.

Para a pátria, as noções de enraizamento, de meio vital, bastam para esse fim. Elas não precisam ser estabelecidas por provas, pois há alguns anos elas são verificadas experimentalmente. Como há meios de cultura para certos animais microscópicos, terrenos indispensáveis para certas plantas, da mesma forma há uma certa parte da alma em cada um e certas maneiras de pensar e agir circulando entre as pessoas que só podem existir no meio nacional e desaparecem quando um país é destruído.

Hoje, todos os franceses sabem o que lhes falta desde que a França se afundou. Eles sabem como sabem o que falta quando não se come. Eles sabem que uma parte de sua alma cola tanto na França que quando a França lhes é tomada ela permanece colada, como a pele a um objeto candente, e é assim arrancada. Existe então uma coisa a qual está colada uma parte da alma de cada francês, a mesma para todos, única, real ainda que impalpável, e real à maneira das coisas que se pode tocar. Sendo assim, o que ameaça a França de destruição – e em certas circunstâncias uma invasão é uma ameaça de destruição – equivale à ameaça de uma mutilação física de todos os franceses, e de seus filhos e netos, e de seus descendentes a perder de vista. Pois há populações que jamais se curaram de uma vez terem sido conquistadas.

Isso basta para que a obrigação para com a pátria se imponha como uma evidência. Ela coexiste com outras; ela não compele a doar tudo sempre; ela compele a doar tudo às vezes. Da mesma forma um mineiro deve às vezes doar, quando há acidente na mina e camaradas em perigo de morte. Isso é admitido, reconhecido. A obrigação para com a pátria é tão evidente quanto, assim que a pátria é experimentada concretamente como uma realidade. Ela o é hoje. A realidade da França se tornou sensível para todos os franceses pela ausência.

Jamais se ousou negar a obrigação para com a pátria senão pela negação da realidade da pátria. O pacifismo extremo segundo a doutrina de Gandhi não é uma negação dessa obrigação, mas um método particular para realizá-la. Esse método nunca foi aplicado, que se saiba; notadamente ele não o foi por Gandhi, que é realista demais. Se ele tivesse sido aplicado na França, os franceses não teriam oposto nenhuma arma ao invasor; mas eles nunca teriam consentido fazer algo, em nenhum domínio, que pudesse ajudar o exército ocupante, eles teriam feito tudo para atrapalhá-lo, e teriam persistido indefinidamente, inflexivelmente nessa atitude. Está claro que eles teriam perecido em um número bem maior e bem mais dolorosamente. É a imitação da paixão de Cristo levada à escala nacional.

Se uma nação em seu conjunto estivesse próxima o bastante da perfeição para que se pudesse lhe propor imitar a paixão de Cristo, certamente valeria a pena fazê-lo. Ela desapareceria, mas esse desaparecimento valeria infinitamente mais do que a sobrevivência mais gloriosa. Mas não é assim. Muito provavelmente, quase certamente, não pode ser assim. É somente a alma, no mais secreto de sua solidão, a quem pode ser dado se orientar para uma tal perfeição.

Contudo, se há homens que tenham como vocação testemunhar em favor dessa perfeição impossível, os poderes públicos são obrigados a autorizá-los, bem mais, a lhes fornecer os meios. A Inglaterra reconhece a objeção de consciência.

Mas isso não é o bastante. Para esses, seria preciso se dar ao trabalho de inventar algo que, sem ser uma participação nem direta nem indireta nas operações estratégicas, seja uma presença na guerra propriamente dita, e uma presença muito mais penosa e mais perigosa do que a dos próprios soldados.

Esse seria o único remédio para os inconvenientes da propaganda pacifista. Pois isso permitiria, sem injustiça, desonrar os que, fazendo profissão de pacifismo integral ou quase integral, se recusariam a um testemunho dessa natureza. O pacifismo só é suscetível de fazer mal pela confusão entre duas repugnâncias, a repugnância a matar e a repugnância a morrer. A primeira é honrosa, mas muito fraca; a segunda, quase inconfessável, mas muito forte; sua mistura forma uma motivação de grande energia, que não é inibida pela vergonha, e em que a segunda repugnância é a única ativa. Os pacifistas franceses dos últimos anos repugnam a morte, de modo algum matar, e sem isso eles não teriam corrido tão precipitadamente, em julho de 1940, para a colaboração com a Alemanha. O pequeno número que se encontrava nesses meios por conta de uma verdadeira repugnância ao assassinato foi tristemente tolo.

Separando essas duas repugnâncias, suprime-se todo o perigo. A influência da repugnância a matar não é perigosa; primeiramente, ela é boa, pois procede do bem; depois ela é fraca, e não há infelizmente nenhuma chance de que cesse de sê-lo. Quanto aos que são fracos diante do medo da morte, convém que sejam objeto de compaixão, pois todo ser humano, se não é fanático, é ao menos em alguns momentos suscetível a essa fraqueza; mas se eles fazem de sua fraqueza uma opinião a propagar, eles se tornam criminosos, e então é necessário e fácil desonrá-los.

Definindo a pátria como um certo meio vital, evitam-se as contradições e mentiras que roem o patriotismo. Ele é um certo meio vital; mas há outros. Ele foi produzido por um emaranhado de causas em que se misturaram o bem e o mal, o justo e o injusto, e por conta disso ele não é o melhor possível. Talvez ele tenha se constituído à custa de uma outra combinação mais rica em fluidos vitais, e no caso em que seria assim os lamentos seriam legítimos; mas os eventos passados já se realizaram; esse meio existe, e tal como é deve ser preservado como um tesouro por causa do bem que contém.

As populações conquistadas por soldados do rei da França sofreram um mal em muitos casos. Mas tantos laços orgânicos cresceram no curso dos séculos que um remédio cirúrgico só faria acrescentar a esse mal um novo mal. Só se pode reparar o passado parcialmente, e apenas por uma via local e regional autorizada, encorajada sem reservas pelos poderes públicos no quadro da nação francesa. De outra parte, o desaparecimento da nação francesa, longe de reparar minimamente o mal da conquista passada, a renova com uma gravidade consideravelmente maior; se populações sofreram, há alguns séculos, uma perda de vitalidade por conta dos exércitos franceses, elas serão moralmente mortas por uma nova ferida infligida pelos exércitos alemães. Somente nesse sentido é verdadeiro o lugar comum segundo o qual não há incompatibilidade entre o amor da pequena pátria e o da grande. Pois dessa maneira um homem de Toulouse pode lamentar apaixonadamente que sua cidade tenha no passado se tornado francesa; que tantas maravilhosas igrejas de estilo românico tenham sido destruídas para dar lugar a um medíocre gótico de importação; que a Inquisição tenha estancado o crescimento espiritual; e pode mais apaixonadamente ainda prometer a si mesmo nunca aceitar que essa mesma cidade se torne alemã.

O mesmo vale para o exterior. Se a pátria é considerada como um meio vital, ela só precisa esquivar-se das influências exteriores na medida necessária para permanecer assim, e não de maneira absoluta. O Estado cessa de ser, por direito divino, o senhor absoluto dos territórios de que é encarregado; uma autoridade razoável e limitada sobre esses territórios, emanando de organismos internacionais e tendo como objeto problemas essenciais cujos dados são internacionais, cessaria de aparecer como um crime de lesa-majestade. Seria possível também estabelecerem-se meios para a circulação dos pensamentos, mais vastos do que a França e a englobando, ou ligando certos territórios franceses a territórios não franceses. Não seria natural, por exemplo, que em um certo domínio a Bretanha, o país de Gales, a Cornualha, a Irlanda se sintam partes de um mesmo meio?

Mas de novo, quanto mais se é apegado a esses meios não nacionais, mais se quer conservar a liberdade nacional, pois tais relações para além das fronteiras não têm lugar para as populações submetidas. É assim que as trocas de cultura entre países mediterrâneos foram incomparavelmente mais intensas e mais vivas antes do que depois da conquista romana, enquanto todos esses países, reduzidos ao desgraçado estado de província, caíram em uma soturna uniformidade. Só há troca se cada um conserva seu gênio próprio, e isso não é possível sem liberdade.

De uma maneira geral, se se reconhece a existência de um grande número de meios portadores de vida, a pátria constituindo apenas um deles, no entanto, quando ela está em perigo de desaparecer, todas as obrigações implicadas pela fidelidade a todos esses meios se unem na obrigação única de socorrer a pátria. Pois os membros de uma população subjugada a um Estado estrangeiro são privados de uma só vez de todos esses meios, e não somente do meio nacional. Assim, quando uma nação se encontra nesse grau de perigo, a obrigação militar se torna a única expressão de todas as fidelidades daqui debaixo. Isso é verdade até mesmo para os objetores de consciência, se se derem ao trabalho de encontrar para eles um equivalente ao ato de guerra.

Uma vez que se reconheça isso, deveria resultar certas modificações na maneira de considerar a guerra, em caso de perigo para a nação. Primeiramente, a distinção entre militares e civis, que a pressão dos fatos já quase apagou, deve ser inteiramente abolida. Em grande parte, ela tinha provocado a reação após 1918. Cada indivíduo na população deve ao país a totalidade de suas forças, de seus recursos, e sua própria vida, até que o perigo seja afastado. É desejável que os sofrimentos e os perigos sejam repartidos entre todas as categorias da população, jovens e velhos, homens e mulheres, com boas ou má condições, em toda a medida das possibilidades técnicas, e mesmo um pouco além. Enfim a honra é tão ligada à realização dessa obrigação, e a coação exterior é tão contrária à honra, que deveria se conceder a autorização aos que desejassem se esquivar dessa obrigação; a eles seria infligida a perda da nacionalidade, além da expulsão com interdição de jamais retornar ao país, ou de humilhações permanentes como marca pública de que não têm nenhuma honra.

É chocante que a falta para com a honra seja punida da mesma maneira que o roubo ou o assassinato. Os que não querem defender sua pátria devem perder, não a vida nem a liberdade, mas pura e simplesmente a pátria.

Se o estado do país é tal que essa seja uma punição insignificante, então o código militar também se encontra privado de eficácia. Nós não podemos ignorar isso.

Se a obrigação militar encerra em certos momentos todas as fidelidades terrestres, paralelamente o Estado tem o dever, a todo momento, de preservar todo meio, dentro ou fora do território, de onde uma parte pequena ou grande da população recolha vida para a alma.

O dever mais evidente do Estado é zelar de modo eficaz a todo momento pela segurança do território nacional. A segurança não significa ausência de perigo, pois neste mundo o perigo está sempre presente, mas uma chance razoável de se livrar de um problema em caso de crise. Porém isso é apenas o dever mais elementar do Estado. Se ele só faz isso, não faz nada, pois se só faz isso não pode nem mesmo ser bem-sucedido nisso.

Ele tem o dever de fazer da pátria, no grau mais elevado possível, uma realidade. Ela não era uma realidade para muitos franceses em 1939. Ela voltou a sê-lo pela privação. É preciso que ela permaneça em posse, e para isso é preciso que seja realmente, efetivamente, fornecedora de vida, que seja realmente um terreno de enraizamento. É preciso também que seja um quadro favorável para a participação e o apego fiel a qualquer espécie de meio diferente dela mesma.

Hoje, ao mesmo tempo em que os franceses reencontraram o sentimento de que a França é uma realidade, eles se tornaram muito mais conscientes do que antes das diferenças locais. A separação da França em pedaços, a censura da correspondência que restringe as trocas de pensamento a um pequeno território, contribui com alguma coisa, e, coisa paradoxal, a mistura forçada da população também contribuiu muito para isso. Hoje se tem de uma maneira muito mais contínua e mais aguda do que antes o sentimento de que se é bretão, loreno, provençal, parisiense. Há nesse sentimento uma nuance de hostilidade que é preciso tentar apagar; aliás, é urgente também apagar a xenofobia. Mas esse sentimento em si mesmo não deve ser desencorajado, pelo contrário. Seria desastroso declará-lo contrário ao patriotismo. Na adversidade, no tormento, na solidão, no desenraizamento em que se encontram os franceses, todas as fidelidades, todos os apegos devem ser conservados como tesouros raros demais e infinitamente preciosos, devem ser regados como plantas doentes.

Pouco importa que o governo de Vichy tenha promovido uma doutrina regionalista. Longe de tomar em todas as coisas a posição contrária a suas palavras de ordem, nós devemos conservar muitos dos pensamentos lançados pela propaganda da Revolução Nacional, mas torná-los verdadeiros.

Da mesma forma, os franceses em seu próprio isolamento adquiriram o sentimento de que a França é pequena, que, encerrada no interior, ela sufoca, e que é preciso mais. A ideia de Europa, de unidade europeia, fez muito pelo sucesso da propaganda colaboracionista em seus primeiros tempos. Esse sentimento também, não se poderia encorajá-lo demais, alimentá-lo. Seria desastroso opô-lo à pátria.

Enfim, não se poderia encorajar demais a existência de meios de ideias que não se constituam como engrenagens da vida pública; pois é apenas sob essa condição que eles não se tornam cadáveres. É o caso dos sindicatos, quando não se encarregam de responsabilidades cotidianas na organização econômica. É o caso dos meios cristãos, protestantes ou católicos, e mais particularmente de organizações como a JOC; mas um Estado que sucumbiria um pouco que fosse a veleidades clericais as mataria com um golpe certeiro. É o caso de coletividades que surgiram após a derrota, umas oficialmente, como os *Chantiers de Jeunesse,* os *Compagnons,* outras clandestinamente, a saber os grupos de resistência. Aquelas têm um pouco de vida apesar de seu caráter oficial, pelo concurso excepcional das circunstâncias; mas se tal caráter fosse conservado elas morreriam. Estas nasceram da luta contra o Estado, e se se sucumbisse à tentação de lhes dar uma existência oficial na vida pública, isso as arrasaria moralmente em um grau terrível.

De outra parte, se meios dessa espécie ficarem afastados da vida pública, eles cessam de existir. É preciso então que eles não façam parte e tampouco estejam afastados. Um procedimento visando a esse efeito poderia ser, por exemplo, que o Estado designe frequentemente homens escolhidos nesses meios para missões especiais, a título temporário. Mas seria preciso, por um lado, que o próprio Estado faça a escolha das pessoas, por outro lado que todos os seus camaradas encontrem nisso um motivo de orgulho. Um tal método poderia passar ao estado de instituição.

Ainda seria preciso, enquanto se tenta impedir os ódios, encorajar as diferenças. Nunca o borbulhar de ideias poderá fazer mal a um país como o nosso. É a inércia mental que é mortal para ele.

O dever que incumbe ao Estado de assegurar ao povo algo que seja realmente uma pátria não poderia ser uma condição para a obrigação militar que incumbe à população em caso de perigo nacional. Pois se o Estado falta com a sua obrigação, se a pátria perece, no entanto, enquanto a independência nacional subsiste, há esperança de ressurreição; ao se olhar de perto, constata-se no passado de todos os países, em datas por vezes próximas, rebaixamentos e ascensões muito surpreendentes. Mas se o país é subjugado por exércitos estrangeiros, não há mais nada a esperar, salvo em caso de libertação rápida. Somente a esperança, mesmo quando não houvesse mais nada, vale a pena de ser preservada pela morte.

Assim, ainda que a pátria seja um fato e como tal submetida a condições exteriores, ao acaso, a obrigação de socorrê-la em caso de perigo mortal não é por isso menos incondicional. Mas é evidente que, na realidade, a população será tanto mais ardente quanto maior for a sensibilização pela realidade da pátria.

A noção de pátria assim definida é incompatível com a concepção atual da história do país, com a concepção atual da grandeza nacional, e acima de tudo com a maneira como se fala atualmente do Império.

A França tem um Império, e em consequência, independentemente da posição de princípio adotada, decorrem disso problemas reais que são muito complexos e muito diferentes segundo as localidades. Mas não se deve misturar tudo. Coloca-se primeiro uma questão de princípio; e até mesmo algo ainda menos preciso, uma questão de sentimento. No conjunto, um francês está em posição de ficar feliz com que a França tenha um Império, e pensar nele, falar dele com alegria, com orgulho, e com o tom de um proprietário legítimo?

Sim, se esse francês é patriota à maneira de Richelieu, de Luís XIV ou de Maurras. Não, se a inspiração cristã, se o pensamento de 1789 estão indissoluvelmente misturados à própria substância de seu patriotismo. Qualquer outra nação tinha, a rigor, o direito de talhar para si um Império, mas não a França; pela mesma razão que fez da soberania temporal do papa um escândalo aos olhos da cristandade. Quando se assume, como fez a França em 1789, a função de pensar pelo universo, de definir para ele a justiça, não se pode tornar-se proprietário de carne humana. Mesmo se é verdadeiro que, em nossa ausência, outros teriam se apoderado destes desgraçados e os teriam tratado ainda pior, esse não era um motivo legítimo; no fim das contas, o mal total teria sido menor. Os motivos desse gênero são na maioria das vezes ruins. Um padre não se torna dono de um bordel pensando que um cafetão trataria estas mulheres pior. A França não podia faltar com o respeito perante si mesma por compaixão. E, aliás, ela não o fez. Ninguém ousaria defender seriamente que ela foi conquistar essas populações para impedir que outras nações as maltratassem. Ainda mais porque, em uma larga medida, foi ela mesma, no século XIX, que tomou a iniciativa de relançar a moda das aventuras coloniais.

Dentre os que ela submeteu, alguns sentem muito vividamente o quanto é escandaloso que seja ela que tenha feito isso; seu rancor contra nós se agrava por uma espécie de amargor terrivelmente doloroso e por um tipo de estupefação.

É possível que hoje a França tenha que escolher entre o apego a seu Império e a necessidade de ter de novo uma alma. De maneira mais geral, ela deve escolher entre uma alma e a concepção romana, corneliana da grandeza.

Se ela escolher mal, se nós mesmos a levarmos a escolher mal, o que é provável demais, ela não terá nem um nem outro, mas somente a mais abominável desgraça, que ela sofrerá com espanto sem que ninguém possa discernir a causa. E todos os que estarão em condições de falar, de empunhar a pluma, terão eternamente a responsabilidade de um crime.

Bernanos compreendeu e disse que o hitlerismo é a Roma pagã que retorna. Mas ele se esqueceu, nós nos esquecemos da porção que teve sua influência em nossa história, em nossa cultura, e hoje ainda em nossos pensamentos? Se nós assumimos, por horror a uma certa forma do mal, a determinação terrível de fazer a guerra, com todas as atrocidades que ela implica, podemos nos desculpar se fazemos uma guerra menos impiedosa a essa mesma forma do mal em nossa própria alma? Se a grandeza da espécie corneliana nos seduz pelo prestígio do heroísmo, a Alemanha pode perfeitamente nos seduzir também, pois os soldados alemães são certamente "heróis". Na confusão atual dos pensamentos e dos sentimentos em torno da ideia de pátria, nós temos alguma garantia de que o sacrifício de um soldado francês na África é mais puro para a inspiração do que o de um soldado alemão na Rússia? Atualmente nós não temos. Se nós não sentimos que terrível responsabilidade resulta disso, não podemos ser inocentes em meio a essa deflagração de crimes pelo mundo.

Se há um ponto sobre o qual seja preciso desprezar tudo e tudo enfrentar por amor à verdade, é esse. Nós estamos todos reunidos em nome da pátria. O que somos, que desprezo não mereceremos, se no pensamento da pátria se encontra misturado o mínimo traço de mentira?

Mas se os sentimentos do gênero corneliano não animam o nosso patriotismo, pode-se perguntar que motivação os substituirá.

Há uma, não menos enérgica, absolutamente pura, e respondendo completamente às circunstâncias atuais. É a compaixão pela pátria. Há um fiador glorioso. Joana d'Arc dizia que ela tinha piedade do reino da França.

Mas pode-se alegar uma autoridade infinitamente mais alta. No Evangelho, não se pode encontrar sinal de que Cristo tenha experimentado com relação a Jerusalém e a Judeia nada que se pareça com o amor, senão somente com o amor contido na compaixão. Ele nunca testemunhou por seu país nenhum apego de outra espécie. Mas a compaixão, ele a expressou mais de uma vez. Ele chorou por sua cidade, prevendo, como era fácil de fazê-lo naquela época, a destruição que se abateria logo sobre ela. Ele falou com ela como com uma pessoa. "Jerusalém, Jerusalém, quantas vezes eu quis…". Mesmo carregando sua cruz, ele testemunhou ainda sua piedade por ela.

Que não se pense que a compaixão pela pátria não encerra energia guerreira. Ela animou os cartagineses para um dos feitos mais prodigiosos da história. Vencidos e reduzidos a pouca coisa por Scipião, o Africano, eles sofreram em seguida durante cinquenta anos um processo de desmoralização diante do qual a capitulação da França face a Munique é pouca coisa. Eles foram expostos sem nenhum recurso a todas as injúrias dos númidas, e, tendo renunciado por tratado à liberdade de fazer a guerra, imploravam em vão a Roma a permissão de se defender. Quando enfim o fizeram sem autorização, seu exército foi exterminado. Foi preciso então implorar o perdão dos romanos. Eles consentiram entregar trezentos filhos nobres e todas as suas armas. Depois seus delegados receberam a ordem de evacuar inteira e definitivamente a cidade a fim de que fosse arrasada. Eles rebentaram-se em gritos de indignação, depois em lágrimas. "Eles chamavam sua pátria por seu nome, e, falando com ela como com uma pessoa, lhe diziam as coisas mais dilacerantes". Depois eles suplicaram aos romanos, que se quisessem lhes fazer mal, que poupassem esta cidade, estas pedras, estes monumentos, estes templos, a quem em nada se podia repreender, e que exterminassem em vez deles a população inteira; eles disseram que essa decisão seria menos vergonhosa para os romanos e muito preferível para o povo de Cartago. Os romanos permaneceram inflexíveis, a cidade se sublevou, ainda que sem recursos, e Scipião, o Africano, encabeçando um exército numeroso, levou três anos inteiros para apoderar-se dela e destruí-la.

Esse sentimento de ternura pungente por uma coisa bela, preciosa, frágil e perecível, é muito mais caloroso do que o de grandeza nacional. A energia que o carrega é perfeitamente pura. Ela é muito intensa. Um homem não se torna facilmente capaz de heroísmo para proteger seus filhos, ou seus velhos pais, aos quais não se associa, contudo, nenhum prestígio de grandeza? Um amor perfeitamente puro pela pátria tem uma afinidade com os sentimentos que inspiram, em um homem, seus filhos jovens, seus velhos pais, uma mulher amada. O pensamento da fraqueza pode inflamar o amor como o pensamento da força, mas é uma chama incomumente pura. A compaixão pela fragilidade está sempre ligada ao amor pela verdadeira beleza, porque nós sentimos vividamente que as coisas verdadeiramente belas deveriam ter uma existência eterna assegurada e não a têm.

Pode-se amar a França pela glória que parece lhe assegurar uma existência estendida ao longe no tempo e no espaço. Ou então pode-se amá-la como uma coisa que, sendo terrestre, pode ser destruída, e cujo preço é ainda mais sensível.

São dois amores distintos; talvez, provavelmente, incompatíveis, por mais que a linguagem os confunda. Aqueles cujo coração é feito para sentir o segundo podem, pela força do hábito, empregar a linguagem que convém apenas ao primeiro.

Só o segundo é legítimo para um cristão, pois só ele tem a cor da humildade cristã. Só ele pertence à espécie de amor que pode receber o nome de caridade. Que não se creia que esse amor possa ter como objeto somente um país desgraçado.

A ventura é um objeto para a compaixão da mesma forma que a desgraça, porque ela é terrestre, isto é, incompleta, frágil e passageira. De resto, há infelizmente sempre na vida de um país um certo grau de desgraça.

Que não se creia tampouco que um tal amor correria o risco de ignorar ou negligenciar o que há de grandeza autêntica e pura no passado, no presente e nas aspirações da França. Muito pelo contrário. A compaixão é ainda mais terna, ainda mais pungente, na medida em que se discerne um bem a mais no ser que toma como objeto, e ela dispõe a discernir o bem. Quando um cristão se representa Cristo na cruz, a compaixão nele não é diminuída pelo pensamento da perfeição, nem inversamente. Mas por outro lado, um tal amor pode ter os olhos abertos para as injustiças, as crueldades, os erros, as mentiras, os crimes, as vergonhas, contidos no passado, no presente e nos apetites de um país, sem dissimulação nem reticência, e sem se diminuir por isso; ele se torna somente mais doloroso. Para a compaixão, o crime em si mesmo é uma razão, não para afastar-se, mas para aproximar-se, para partilhar, não a culpa, mas a vergonha. Os crimes dos homens não diminuíram a compaixão de Cristo. Assim a compaixão tem os olhos abertos para o bem e o mal e encontra em um e no outro razões para amar. É o único amor aqui embaixo que seja verdadeiro e justo.

É neste momento o único amor que convenha aos franceses. Se os eventos que viemos de atravessar não bastam para nos advertir de que temos que mudar nossa maneira de amar a pátria, que lição pode nos instruir? O que mais pode haver para despertar a atenção além de um golpe de porrete na cabeça?

A compaixão pela pátria é o único sentimento que não soa mal neste momento, que convenha ao estado em que se encontram as almas e a carne dos franceses, que tenha ao mesmo tempo a humildade e a dignidade, tanto uma como a outra, convenientes na desgraça; e também a simplicidade que a desgraça exige acima de tudo. Evocar neste momento a grandeza histórica da França, suas glórias passadas e futuras, o brilho de que sua existência se cercou, isso não é possível sem uma espécie de enrijecimento interior que dá ao tom algo de forçado. Nada que se pareça com orgulho pode convir aos desgraçados.

Para os franceses que sofrem, tal evocação entra na categoria das compensações. A procura pelas compensações na desgraça é um mal. Se essa evocação se repete com frequência demais, se ela é fornecida como única fonte de consolo, ela pode fazer um mal ilimitado. Os franceses estão esfomeados de grandeza. Mas aos desgraçados não é a grandeza romana que é necessária; ou isso lhes parece derrisão, ou envenena suas almas, como foi o caso na Alemanha.

A compaixão pela França não é uma compensação, mas uma espiritualização dos sofrimentos padecidos; ela pode transfigurar até mesmo os sofrimentos mais carnais, o frio, a fome. Aquele que tem frio e fome, e que é tentado a ter piedade de si mesmo, pode, em vez disso, através de sua própria carne contraída, dirigir sua piedade para a França; o frio e a fome em si mesmos fazem então entrar o amor da França pela carne até o fundo da alma. E essa compaixão pode sem obstáculos ultrapassar as fronteiras, se estender a todos os países desgraçados, a todos os países sem exceção; pois todas as populações humanas estão submetidas às misérias de nossa condição. Enquanto o orgulho da grandeza nacional é por natureza exclusivo, não transponível, a compaixão é universal por natureza; ela é somente mais virtual pelas coisas mais distantes e estrangeiras, mais real, mais carnal, mais carregada de sangue, de lágrimas e de energia eficaz pelas coisas próximas.

O orgulho nacional está longe da vida cotidiana. Na França, ele não pode encontrar expressão senão na resistência; mas muitos, ou não têm a oportunidade de tomar efetivamente parte na resistência, ou não consagram todo o seu tempo a ela. A compaixão pela França é uma motivação ao menos tão enérgica quanto para a ação da resistência; mas, além disso, ela pode encontrar uma expressão cotidiana, ininterrupta, em toda espécie de ocasião, mesmo as mais ordinárias, acentuando a fraternidade nas relações entre franceses. A fraternidade germina facilmente na compaixão por uma desgraça que, infligindo a cada um sua parte de sofrimento, coloca em perigo algo bem mais precioso do que o bem-estar de cada um. O orgulho nacional, seja na prosperidade, seja na desgraça, é incapaz de suscitar uma fraternidade real, calorosa. Ela não existia para os romanos. Eles ignoravam os sentimentos realmente ternos.

Um patriotismo inspirado pela compaixão dá à parte mais pobre do povo um lugar moral privilegiado. A grandeza nacional não é um estimulante entre as camadas sociais de baixo, senão nos momentos em que cada um pode esperar, ao mesmo tempo que a glória do país, uma parte pessoal nessa glória tão ampla quanto se possa desejar. Esse foi o caso no início do reino de Napoleão. Qualquer moleque da França, nascido em qualquer periferia, tinha o direito de guardar em seu coração qualquer sonho de futuro; nenhuma ambição, mesmo as maiores, era absurda. Sabia-se que nem todas as ambições seriam realizadas, mas cada uma em particular tinha chances de sê-lo, e muitas podiam sê-lo parcialmente. Um documento singular da época afirma que a popularidade de Napoleão se devia menos ao devotamento dos franceses por sua pessoa do que às possibilidades de avanço, às chances de fazer carreira que ele lhes oferecia. É exatamente o sentimento que aparece em *O vermelho e o negro*. Os românticos eram filhos que se entediavam porque não havia mais diante deles a perspectiva de uma ascensão social ilimitada. Eles procuraram a glória literária como produto de substituição.

Mas esse estimulante só existe em momentos de perturbação. Nunca se pode dizer que ele se endereça ao povo enquanto tal; todo homem do povo que o sofre sonha em sair do povo, em sair do anonimato que define a condição popular. Essa ambição, quando é amplamente difundida, é o efeito de um estado social perturbado e a causa de perturbações agravadas; pois a estabilidade social é para ela um obstáculo. Ainda que seja um estímulo, não se pode dizer que seja algo são nem para a alma nem para o país. É possível que esse estimulante tenha um lugar considerável no movimento atual de resistência; pois quanto ao futuro pessoal, qualquer um, se souber provar-se em meio ao perigo, pode esperar qualquer coisa no estado de revolução latente em que se encontra o país. Mas se assim for, é um perigo terrível para o período de reconstrução, e é urgente encontrar um outro estímulo.

Em um período de estabilidade social, em que, salvo exceção, os que se encontram no anonimato permanecem mais ou menos ali, de onde não pensam nem mesmo em sair, o povo não pode se sentir em casa em um patriotismo fundado no orgulho e no brilho da glória. Isso é tão estrangeiro para ele quanto os salões de Versalhes, que são uma expressão disso. A glória é o contrário do anonimato. Se às glórias militares acrescentarem-se as glórias literárias, científicas e outras ainda, ele continuaria se sentindo estrangeiro. Saber que alguns desses franceses cobertos de glória saíram do povo não lhe traz, em período estável, nenhum consolo; pois se eles saíram do povo, deixaram de pertencer a ele.

Pelo contrário, se a pátria lhe é apresentada como uma coisa bela e preciosa, mas por um lado imperfeita, por outro muito frágil, exposta à desgraça, que necessita ser querida e protegida, ele se sentirá com razão mais próxima dela do que as outras classes sociais. Pois o povo tem o monopólio de um conhecimento, o mais importante de todos talvez, o da realidade da desgraça; e por aí mesmo ele sente bem mais vividamente o quanto são preciosas as coisas que merecem escapar dela, o quanto cada um é obrigado a gostar delas, a protegê-las. O melodrama reflete esse estado da sensibilidade popular. Porque é uma forma literária tão ruim, é uma questão que valeria a pena de ser estudada. Mas longe de ser um gênero falso, ele está muito próximo, em um sentido, da realidade.

Se uma tal relação se estabelecesse entre o povo e a pátria, ele não sentiria mais seus próprios sofrimentos como crimes da pátria contra ele, mas como males sofridos pela pátria nele. A diferença é imensa. Em um outro sentido, ela é tênue, e bastaria pouca coisa para transpô-la. Mas pouca coisa que venha de um outro mundo. Isso supõe uma dissociação entre a pátria e o Estado. Isso será possível se a grandeza do gênero corneliano for abolida. Mas isso implicaria a anarquia se, em compensação, o Estado não encontrar um meio de adquirir por si mesmo um aumento de consideração.

Para tanto, ele deve certamente deixar de retornar às antigas modalidades da vida parlamentar e da luta dos partidos. Porém, o mais importante talvez seja a refundação total da polícia. As circunstâncias seriam favoráveis. A polícia inglesa seria interessante de se estudar. De qualquer forma, a libertação do território levaria, é preciso esperá-lo, à liquidação do pessoal da polícia, afora os que agiram pessoalmente contra o inimigo. É preciso colocar no lugar homens que tenham consideração pública, e, como hoje infelizmente o dinheiro e os diplomas são a fonte principal disso, é preciso exigir até mesmo dos soldados e cabos um grau de instrução bastante elevado, mais alto, diplomas muito sérios, e retribuir com largueza. Até mesmo, se a moda das Grandes Escolas continuar na França – o que talvez não seja desejável –, seria preciso uma para a polícia, recrutada por concurso. São métodos grosseiros, mas algo desse gênero é indispensável. Além do mais, o que é ainda muito mais importante, não são mais necessárias categorias sociais como prostitutas ou os condenados pela justiça, que tenham uma existência oficial como gado abandonado ao bel prazer da polícia e lhe fornecendo simultaneamente vítimas e cúmplices; pois uma dupla contaminação se faz então inevitável, o contato desonra os dois lados. É preciso abolir em direito ambas as categorias.

É preciso também que o crime de improbidade para com o Estado cometido por seus representantes seja efetivamente punido mais severamente do que o roubo à mão armada.

O Estado em sua função administrativa deve aparecer como o intendente dos bens da pátria; um intendente mais ou menos bom, e de quem é preciso de maneira razoável esperar que seja, de maneira geral, ruim ao invés de bom, porque sua tarefa é difícil e realizada em condições moralmente desfavoráveis.

A obediência não é menos obrigatória, não por causa de um direito de comandar que o Estado teria, mas porque ela é indispensável à conservação e ao repouso da pátria. É preciso obedecer ao Estado, qualquer que seja, mais ou menos como filhos afetuosos que os pais, ao viajarem, confiam a uma governanta medíocre, a quem obedecem, no entanto, por amor pelos pais. Se o Estado não é medíocre, melhor assim; é preciso aliás que a pressão da opinião pública sempre se exerça como estímulo para levá-lo a sair da mediocridade; mas, sendo medíocre ou não, a obrigação de obedecer é idêntica.

Ela certamente não é ilimitada, mas não pode ter outro limite além da revolta da consciência. Nenhum critério pode ser fornecido a esse limite; é até mesmo impossível fixar-se um para uso próprio de uma vez por todas; quando se sente que não se pode mais obedecer, se desobedece. Mas, em todo caso, uma condição necessária, ainda que insuficiente, para poder desobedecer sem crime é ser levado por uma obrigação tão imperiosa que force a desprezar todos os riscos sem exceção. Se se está inclinado a desobedecer, ser impedido pelo excesso de perigo é imperdoável, segundo o caso, ou por ter pensado em desobedecer, ou por não o ter feito. De resto, todas as vezes em que não se é rigorosamente obrigado a desobedecer, se está rigorosamente obrigado a obedecer. Um país não pode ter a liberdade se não se reconhece que a desobediência às autoridades públicas, todas as vezes em que não procede de um sentimento imperioso de dever, desonra mais do que o roubo. Isto é, que a ordem pública deve ser considerada mais sagrada do que a propriedade privada. Os poderes públicos podem difundir essa maneira de ver pelo ensino e por medidas apropriadas a serem inventadas.

Mas só a compaixão pela pátria, a preocupação ansiosa e terna com evitar-lhe a desgraça, pode dar à paz, e notadamente à paz civil, o que a guerra civil ou estrangeira tem infelizmente por si mesma; algo exaltante, tocante, poético, sagrado. Só essa compaixão pode nos fazer reencontrar o sentimento, há muito tempo perdido, aliás experimentado tão raramente no curso da história, que Teófilo expressava no belo verso: "A santa majestade das leis".

O momento em que Teófilo escrevia esse verso é talvez o último momento em que esse sentimento tenha sido profundamente sentido na França. Em seguida veio Richelieu, depois a Fronda, depois Luís XIV, depois o resto. Montesquieu tentou em vão fazê-lo penetrar novamente no público por meio de um livro. Os homens de 1789 se reclamavam dele, mas não o tinham no fundo do coração, sem o que o país não teria resvalado tão facilmente na guerra ao mesmo tempo civil e estrangeira.

Desde então, até mesmo nossa linguagem se tornou imprópria para expressá-lo. Está ali, no entanto, o sentimento que se tenta evocar, ou sua réplica mais pálida, quando se fala de legitimidade. Mas nomear um sentimento não é um procedimento suficiente para suscitá-lo. Essa é uma verdade fundamental e de que nos esquecemos demais.

Por que mentir a si mesmo? Em 1939, antes da guerra, sob o regime dos decretos-lei, já não havia mais legitimidade republicana. Ela tinha partido como a juventude de Villon "que sua partida me ocultou"[13], sem barulho, sem avisar que partia, e sem que ninguém tenha feito um gesto, dito uma palavra para impedi-la. Quanto ao sentimento de legitimidade, ele estava totalmente morto. Que reapareça agora nos pensamentos dos

---

13. No original, "que son partement m'a celé" [N.T.].

exilados, que ocupe um certo lugar, ao lado de outros sentimentos na realidade incompatíveis com ele, nos sonhos de cura de um povo doente, como isso seria eficaz, imediatamente após anos de desobediência sistemática?

De outra parte, a Constituição de 1875 não pode mais ser um fundamento legítimo após ter caído em 1940 na indiferença ou mesmo no desprezo geral, após ter sido abandonada pelo povo da França. Pois o povo da França a abandonou. Nem os grupos de resistência, nem os franceses de Londres nada puderam fazer. Se uma sobra de remorso foi expressa, não foi por uma porção do povo, mas por parlamentares, em quem a profissão mantinha vivo um interesse pelas instituições republicanas, interesse morto para todos além deles. Mais uma vez, pouco importa que muito tempo depois ele tenha reaparecido um pouco. Atualmente a fome comunica à III^a República toda a poesia de uma época em que havia pão. É uma poesia fugidia. Aliás, ao mesmo tempo o desgosto sentido por vários anos e que atingiu seu grau extremo em 1940 persiste. (A III República foi aliás condenada em um texto emanado oficialmente de Londres; desde então dificilmente ela poderá ser tomada como um fundamento de legitimidade.)

É, no entanto, certo que, na medida em que as coisas de Vichy desaparecerão, na medida em que instituições revolucionárias, talvez comunistas, não surgirem, haverá um retorno das estruturas da III República. Mas isso simplesmente porque haverá um vazio e que será preciso algo. Isso é necessidade, não legitimidade. No povo, isso corresponde não à fidelidade, mas a uma abatida resignação. Já a data de 1789 desperta um eco de uma outra profundidade; mas a ela corresponde apenas uma inspiração, não instituições.

Dado que na realidade houve ruptura de continuidade em nossa história recente, a legitimidade não pode mais ter um caráter histórico; ela deve proceder da fonte eterna de toda legitimidade. É preciso que os homens que se propuserem ao país para governá-lo reconheçam publicamente certas obrigações inscritas no fundo das almas; é preciso que o povo tenha confiança em sua palavra e capacidade e receba o meio de testemunhá-lo; e é preciso que o povo sinta que ao aceitá-los ele se engaja a obedecê-los.

A obediência do povo aos poderes públicos, sendo uma necessidade da pátria, é por conta disso uma obrigação sagrada, e que confere aos poderes públicos em si mesmos, porque eles são o objeto dela, o mesmo caráter sagrado. Isso não é a idolatria pelo Estado ligada ao patriotismo no estilo romano. É o oposto. O Estado é sagrado, não à maneira de um ídolo, mas como os objetos do culto, ou as pedras de um altar, ou a água do batizado, ou qualquer outra coisa semelhante. Todo mundo sabe que é somente matéria. Mas pedaços de matéria são vistos como objetos sagrados porque servem a um objeto sagrado. É a espécie de majestade que convém ao Estado.

Se não se sabe insuflar no povo da França uma inspiração semelhante, ele terá apenas a escolha entre a desordem e a idolatria. A idolatria pode tomar a forma comunista. É o que aconteceria, provavelmente. Ela pode também tomar a forma nacional. Seria verossímil então que ela tomasse como objeto a dupla, tão característica de nossa época, constituída por um homem aclamado como chefe e a máquina de aço do Estado. Ora, por um lado a publicidade pode fabricar chefes, por outro, se as circunstâncias levam um homem de verdadeiro valor a uma tal função, ele se torna rapidamente prisioneiro de seu papel de ídolo. Dito de outro modo, em linguagem moderna, a ausência de uma inspiração pura não deixaria ao povo francês outras possibilidades além da desordem, do comunismo ou do fascismo.

Há pessoas, por exemplo na América, que se perguntam se os franceses de Londres não se inclinariam para o fascismo. É colocar muito mal a questão. As intenções em si mesmas têm pouca importância, excetuado quando elas vão diretamente para o mal, pois para o mal há sempre recursos à mão. Mas as boas intenções só contam se unidas aos recursos correspondentes. São Pedro não tinha de modo algum a intenção de renegar Cristo; mas ele o fez porque não tinha em si mesmo a graça que lhe teria permitido abster-se disso. E até mesmo a energia, o tom categórico que ele tinha usado para afirmar a intenção contrária tinham contribuído para privá-lo dessa graça. É um exemplo que vale ser pensado em todas as provações que a vida propõe.

O problema é saber se os franceses de Londres detêm os meios necessários para impedir o povo da França de resvalar no fascismo, e impedi-lo ao mesmo tempo de cair, seja no comunismo, seja na desordem. Fascismo, comunismo e desordem sendo apenas as expressões quase indistintas, equivalentes, de um mal único, trata-se de saber se têm um remédio para esse mal.

Se eles não o têm, sua razão de ser, que é a manutenção da França na guerra, se encontra inteiramente esgotada pela vitória, que deve nesse caso mergulhá-los novamente na multidão de seus compatriotas. Se eles o têm, devem já ter começado a aplicá-lo, em uma larga quantidade, e de maneira eficaz, desde antes da vitória.

Pois um tal tratamento não pode começar em meio às desordens nervosas que acompanharão, em cada indivíduo e nas multidões, a libertação do país. Ele pode ainda menos começar uma vez os nervos apaziguados, se todavia o apaziguamento se der um dia; seria tarde demais, não seria mais possível nem mesmo falar-se de tratamento.

O importante não é, portanto, que afirmem diante do estrangeiro seu direito a governar a França; da mesma forma que para um médico o importante não é afirmar seu direito a cuidar de um doente. O essencial é ter estabelecido um diagnóstico, concebido uma terapêutica, escolhido remédios, verificado que estão à disposição do doente. Quando um médico sabe fazer tudo isso, não sem risco de erro, mas com chances razoáveis de ter avaliado bem, então, se se quiser impedi-lo de exercer sua função e colocar em seu lugar um charlatão, ele tem o dever de se opor com todas as suas forças. Mas se, em um lugar sem remédios, vários ignorantes fizerem alvoroço em torno de um doente cujo estado demanda os cuidados mais precisos, mais esclarecidos, que importa nas mãos de qual dentre eles o doente se encontra para morrer ou para ser salvo somente pelo acaso? Sem dúvida, é melhor de qualquer maneira que ele esteja nas mãos daqueles que o amam. Mas os que o amam não lhe infligirão o sofrimento de uma batalha deflagrada à beira de sua cabeceira, a menos que se saibam em possessão de um método suscetível de salvá-lo.

3

O enraizamento

O problema de um método para insuflar uma inspiração em um povo é totalmente novo. Platão faz alusão a ele na *Política* e em outros textos; sem dúvida havia ensinamentos sobre isso no saber secreto da Antiguidade pré-romana, que desapareceu inteiramente. Talvez se falasse ainda desse problema e de outros semelhantes nos meios dos Templários e dos primeiros franco-maçons. Montesquieu, salvo erro, o ignorou. Rousseau, que era um espírito potente, reconheceu sua existência muito claramente, porém não foi mais longe. Os homens de 1789 não parecem ter suspeitado disso. Em 1793, sem se dar ao trabalho de colocá-lo, menos ainda de estudá-lo, improvisaram-se soluções apressadas: festas do Ser supremo, festas da Deusa Razão. Elas foram ridículas e odiosas. No século XIX, o nível das inteligências tinha descido bem abaixo do domínio em que se colocam tais questões.

Em nossos dias, estudou-se e penetrou-se o problema da propaganda. Hitler especialmente trouxe sobre esse ponto uma contribuição durável ao patrimônio do pensamento humano. Mas é um problema em tudo diverso. A propaganda não visa a suscitar uma inspiração; ela fecha, condena todos os orifícios por onde uma inspiração poderia passar; ela incha a alma inteira com fanatismo. Seus procedimentos não podem convir ao objeto contrário. Não se trata tampouco de adotar procedimentos opostos; a relação de causalidade não é tão simples.

Não é preciso pensar tampouco que a inspiração de um povo é um mistério reservado a Deus somente, e que por isso escapa a qualquer método. O grau supremo e perfeito da contemplação mística é coisa infinitamente mais misteriosa ainda, e, contudo, São João da Cruz escreveu, sobre a maneira de chegar lá, tratados que, pela precisão científica, superam em muito tudo o que escreveram os psicólogos ou pedagogos de nossa época. Se ele acreditou dever fazê-lo, ele tinha sem dúvida razão, pois era competente; a beleza de sua obra é uma marca suficientemente evidente de autenticidade. Na verdade, desde uma antiguidade indeterminada, bem anterior ao cristianismo, até à segunda metade do Renascimento, sempre foi universalmente reconhecido que há um método nas coisas espirituais e em tudo o que tem relação com o bem da alma. O controle cada vez mais metódico que os homens exercem sobre a matéria desde o século XVI os fez crer, por contraste, que as coisas da alma são ou arbitrárias, ou entregues a uma magia, à eficácia imediata das intenções e das palavras.

Não é assim. Tudo na criação está submetido ao método, inclusive os pontos de intersecção entre este mundo e o outro. É o que indica a palavra *Logos*, que quer dizer ainda mais relação do que palavra dita. Somente, o método é diferente quando o domínio é diferente. No curso da ascensão, ele aumenta em rigor e em precisão. Seria bem estranho que a ordem das coisas materiais refletisse mais sabedoria divina do que a ordem das coisas da alma. O contrário é verdadeiro.

É inconveniente para nós que esse problema, sobre o qual, salvo erro, não há nada que possa nos guiar, seja precisamente o problema que nós temos hoje de resolver com toda a urgência, sob pena nem tanto de desaparecer do que de jamais ter existido.

Além disso, se Platão por exemplo tivesse formulado uma solução geral, não nos bastaria estudá-la para nos safarmos dessa; pois estamos diante de uma situação com relação à qual a história nos socorre muito pouco. Ela não nos fala de nenhum país que tenha estado em uma situação assemelhando-se mesmo de longe àquela em que a França será suscetível de se encontrar em caso de derrota alemã. Aliás, nós ignoramos até mesmo o que será essa situação. Nós sabemos somente que ela será sem precedente. Assim, mesmo que soubéssemos como se insufla uma inspiração em um país, não saberíamos ainda como proceder para a França.

Por outro lado, porque se trata de um problema prático, o conhecimento de uma solução geral não é indispensável para esse caso particular. Quando uma máquina para; um operário, um supervisor ou um engenheiro podem depreender um procedimento para recolocá-la em marcha, sem ter um conhecimento geral sobre conserto de máquinas. A primeira coisa que se faz em casos como esse é olhar a máquina. Contudo, para olhá-la com utilidade, é preciso ter em mente a noção das relações mecânicas.

Da mesma maneira, olhando no dia a dia a situação cambiante da França, é preciso ter em mente a noção de ação pública como modo de educação do país.

Não basta ter percebido essa noção, ter prestado atenção nela, tê-la compreendido, é preciso instalá-la permanentemente na alma, de maneira que ela esteja presente mesmo quando a atenção se volta para outra coisa.

É preciso um esforço bem maior por se tratar, entre nós, de um pensamento completamente novo. Desde o Renascimento, a atividade pública nunca foi concebida sob esse aspecto, mas somente como meio para estabelecer uma forma de poder vista como desejável sob tal ou tal ponto de vista.

A educação – que tenha como objeto crianças ou adultos, indivíduos ou um povo, ou ainda si mesmo – consiste em suscitar motivações. Indicar o que é vantajoso, o que é obrigatório, o que é bom, incumbe ao ensino. A educação se ocupa das motivações para a execução efetiva. Pois nunca ação alguma se executa na ausência de motivações capazes de fornecer para ela a soma indispensável de energia.

Querer conduzir criaturas humanas – o outro ou si mesmo – para o bem indicando somente a direção, sem ter o cuidado de assegurar a presença das motivações correspondentes, é como se se quisesse, apoiando-se no acelerador, fazer avançar um carro sem gasolina.

Ou ainda é como se se quisesse queimar uma lâmpada a óleo sem ter colocado óleo. Esse erro foi denunciado em um texto bastante célebre, bastante lido, relido e citado há vinte séculos. Contudo ele continua sendo cometido.

Pode-se com bastante facilidade classificar os meios de educação englobados pela ação pública.

Primeiramente o medo e a esperança, provocados pelas ameaças e promessas.

A sugestão.

A expressão, seja oficial, seja aprovada por uma autoridade oficial, de uma parte dos pensamentos que, desde antes de terem sido expressos, se encontravam realmente no coração das multidões, ou no coração de certos elementos ativos da nação.

O exemplo.

As modalidades da ação em si e organizações forjadas por ela.

O primeiro meio é o mais grosseiro, e é sempre empregado. O segundo é empregado por todos hoje; é aquele cujo manejo foi estudado genialmente por Hitler.

Os três outros são ignorados.

É preciso tentar concebê-las relativamente às três formas sucessivas que nossa ação pública é suscetível de ter; a forma atual; o ato da tomada de poder no momento da libertação do território; o exercício do poder a título provisório no curso dos meses seguintes.

Atualmente nós dispomos somente de dois veículos, a rádio e o movimento clandestino. Para as massas francesas, praticamente só a rádio conta.

O terceiro dos cinco procedimentos enumerados não deve de modo algum ser confundido com o segundo. A sugestão é, como viu Hitler, uma dominação. Ela constitui uma coação. A repetição por um lado, por outro a força de que o grupo de onde ela emana dispõe ou propõe-se a conquistar, lhe dão uma grande porção de sua eficácia.

A eficácia do terceiro procedimento é de uma espécie totalmente diversa. Ele tem seu fundamento na estrutura escondida da natureza humana.

Acontece de um pensamento, por vezes formulado internamente, por vezes não formulado, trabalhar a alma na surdina e, no entanto, agir debilmente sobre ela.

Se se tem a intenção de formular esse pensamento fora de si mesmo, por um outro e por meio de alguém a cujas palavras se preste atenção, ele recebe uma força centuplicada e pode às vezes produzir uma transformação interior.

Acontece também de se precisar, dando-se conta disto ou não, ouvir certas palavras, que, se são efetivamente pronunciadas e vêm de um lugar de onde se espera naturalmente algo bom, injetam consolo, energia e algo como um alimento.

Essas duas funções da palavra são cumpridas, na vida privada, por amigos ou guias naturais; aliás, na realidade, muito raramente.

Mas há circunstâncias em que o drama público se impõe tanto, na vida pessoal de cada um, em detrimento das situações particulares, que muitos pensamentos surdos e necessidades surdas dessa espécie revelam-se ser quase as mesmas para todos os seres humanos que compõem um povo.

Isso fornece a possibilidade de uma ação que, tendo como objeto um povo inteiro, resta em sua essência uma ação, não coletiva, mas pessoal. Assim, longe de sufocar os recursos profundos situados no segredo de cada alma, o que faz inevitavelmente, pela natureza das coisas, toda ação coletiva, independentemente da elevação dos objetivos perseguidos, essa espécie de ação os desperta, os excita e os faz crescer.

Mas quem pode exercer tal ação?

Nas circunstâncias habituais, não existe talvez nenhum lugar de onde ela possa ser exercida. Obstáculos muito fortes impedem que ela possa sê-lo, mais do que parcialmente e em um grau atenuado, por um governo. Outros obstáculos trazem um impedimento semelhante ao seu exercício a partir de um lugar diferente do Estado.

Mas, sob esse ponto de vista, as circunstâncias em que se encontra atualmente a França são maravilhosamente, providencialmente favoráveis.

Sob muitos outros pontos de vista foi desastroso que a França não tenha tido em Londres, como em outros países, um governo regular. Mas sob esse ponto de vista em especial isso é excepcionalmente venturoso; e da mesma forma é venturoso sob esse ponto de vista que a questão da África do Norte não tenha desembocado na transformação do Comitê Nacional em governo regular.

O ódio ao Estado, que existe de maneira latente, surda e muito profunda na França desde Carlos VI, impede que palavras emanando diretamente de um governo possam ser acolhidas por cada francês como a voz de um amigo.

Por outro lado, em uma ação dessa espécie, as palavras devem ter um caráter oficial para serem verdadeiramente eficazes.

Os chefes da França combatente constituem algo de análogo a um governo na medida exata em que isso é indispensável para que suas palavras tenham um caráter oficial.

O movimento guarda o bastante de sua natureza original, a de uma revolta jorrada do fundo de algumas almas fiéis e completamente isoladas, para que as palavras que emanam possam ter ao ouvido de cada francês o sotaque próximo, íntimo, caloroso, terno de uma voz amiga.

E acima de todo o resto, o general De Gaulle, cercado daqueles que o seguiram, é um símbolo. O símbolo da fidelidade da França a si mesma, concentrada por um momento quase unicamente nele; e sobretudo o símbolo de tudo o que no ser humano recusa a baixa adoração da força.

Tudo o que é dito em seu nome tem, na França, a autoridade ligada a um símbolo. Por isso, qualquer um que fale em seu nome pode como lhe aprouver e conforme o que parecer preferível neste ou naquele momento colher a inspiração no nível dos sentimentos e dos pensamentos que fermentam, na realidade, no espírito dos franceses, ou em um nível mais elevado, e nesse caso tão elevado quanto se queira; nada impede, em alguns dias, colhê-la na região situada acima do céu. Na mesma medida em que isso seria inconveniente para palavras emanando de um governo, maculado pela necessidade de todas as baixezas ligadas ao exercício de um poder, isso é conveniente para palavras emanando de um símbolo que representa o que aos olhos de cada um é o mais elevado.

Um governo que emprega palavras, pensamentos elevados demais para ele, longe de receber disso um brilho qualquer, as desacredita e ridiculariza. É o que aconteceu com os princípios de 1789 e com a fórmula "Liberdade, Igualdade, Fraternidade" no curso da III República. É o que aconteceu com as palavras, com frequência em si mesmas de um nível muito elevado, promovidas pela pretensa Revolução Nacional. Nesse segundo caso, é verdade, a vergonha da traição trouxe o descrédito com uma rapidez fulminante. Mas quase certamente o descrédito teria aparecido mesmo que de outra forma, ainda que com muito menos rapidez.

O movimento francês de Londres tem atualmente, por pouco tempo talvez, este privilégio extraordinário de, sendo em uma larga medida simbólico, lhe ser permitido fazer irradiar as inspirações mais elevadas sem descrédito para elas nem inconveniência de sua parte.

Assim, da própria irrealidade pela qual é atingido desde a origem – por causa do isolamento primitivo daqueles que o lançaram –, ele pode tirar, se souber fazer uso disso, uma plenitude bem maior de realidade.

"A eficácia se torna perfeita na fraqueza", disse São Paulo.

Foi uma cegueira singular que causou, em uma situação plena de possibilidades tão maravilhosas, o desejo de descer à situação banal, vulgar, de um governo de emigrados. É providencial que esse desejo não tenha sido satisfeito.

Com relação ao estrangeiro, aliás, as vantagens da situação são análogas.

Desde 1789, a França tem entre as nações uma posição única. É algo recente; 1789 não está longe. Do fim do século XIV, época das repressões ferozes realizadas nas cidades flamengas e francesas por Carlos VI ainda criança, até 1789, a França quase não tinha representado aos olhos do estrangeiro, do ponto de vista político, nada além da tirania do absolutismo e a servilidade dos súditos. Quando Du Bellay escrevia: "França, mãe das artes, das armas e das leis", a última palavra era excessiva; como Montesquieu mostrou muito bem, como Retz antes dele tinha explicado com uma lucidez genial, não havia de modo algum leis na França desde a morte de Carlos VI. De 1715 até 1789, a França se pôs na escola da Inglaterra com um fervor pleno de humildade. Os ingleses pareciam então ser os únicos dignos do nome de cidadãos em meio a populações de escravos. Mas após 1792, quando a França, depois de ter balançado o coração de todos os oprimidos, se encontrou engajada em uma guerra em que tinha a Inglaterra como inimiga, todo o prestígio das ideias de justiça e de liberdade se concentrou nela. O resultado para o povo francês no curso do século seguinte é uma espécie de exaltação que os outros povos não conheceram, mas cujo brilho receberam.

A Revolução Francesa correspondeu, infelizmente aliás, a um desgarramento tão violento do passado em todo o continente europeu que uma tradição que remonta a 1789 é na prática o equivalente a uma tradição antiga.

A guerra de 1870 mostrou o que era a França aos olhos do mundo. Nessa guerra, os franceses eram os agressores, apesar da espertreza do despacho de Ems; até mesmo essa espertreza é a prova de que a agressão veio do lado francês. Os alemães, desunidos entre si, ainda estremecendo com a lembrança de Napoleão, esperavam ser invadidos. Eles se surpreenderam muito ao entrar na França como numa manteiga. Mas se surpreenderam mais ainda ao se tornarem um objeto de horror aos olhos da Europa, enquanto sua única culpa era a de ter se defendido vitoriosamente. Mas a vencida era a França; e, apesar de Napoleão, por causa de 1789, isso era o bastante para que os vencedores causassem horror.

Vê-se no diário íntimo do príncipe imperial Frederico que surpresa dolorosa causou aos melhores alemães essa reprovação para eles incompreensível.

Daí talvez data, para os alemães, o complexo de inferioridade, a mistura em aparência contraditória de uma consciência pesada e do sentimento de que se cometeu contra eles uma injustiça, e a reação de ferocidade. De todo modo, a partir desse momento, na consciência europeia, o prussiano substituiu o que até então parecia ser o tipo do alemão, isto é, o músico sonhador de olhos azuis, "gutmütig", que fuma cachimbo e bebe cerveja, totalmente inofensivo, que se acha ainda em Balzac. E a Alemanha não cessou de se tornar cada vez mais semelhante à sua nova imagem.

A França sofreu um prejuízo moral quase igual. Admira-se sua retomada após 1871. Mas não se vê seu preço. A França tinha se tornado realista. Ela tinha cessado de acreditar em si mesma. O massacre da Comuna, tão surpreendente pela quantidade e pela ferocidade, pôs de maneira permanente nos operários o sentimento de serem párias excluídos da nação, e nos burgueses, pelo efeito de uma consciência pesada, uma espécie de medo físico dos operários. Percebia-se isso ainda em junho de 1936; e o desabamento de junho de 1940 é, em um sentido, um efeito direto dessa guerra civil tão breve e tão sangrenta de maio de 1871 que persistiu na surdina durante quase três quartos de século. Desde então, a amizade entre a juventude das Escolas e o povo, amizade na qual todo o pensamento francês do século XIX tinha colhido uma espécie de alimento, se tornava uma simples lembrança. Por outro lado, a humilhação da derrota orientava o pensamento da juventude burguesa, por reação, para a concepção mais medíocre da grandeza nacional. Obcecada pela conquista que ela tinha sofrido e que a tinha diminuído, a França não mais se sentia capaz de uma vocação mais elevada do que a de conquistar.

Assim a França se tornou uma nação como as outras, em nada pensando senão em talhar no mundo sua parte de carne amarela e negra, e adquirir a hegemonia na Europa para si.

Depois de uma vida de tão intensa exaltação, a queda a um nível tão baixo não podia ocorrer sem um profundo mal-estar. O ponto extremo desse mal-estar foi junho de 1940.

É preciso dizê-lo, porque é verdade, após o desastre a primeira reação da França foi vomitar seu próprio passado, seu passado próximo. Não foi um efeito da propaganda de Vichy. Pelo contrário, foi a causa que primeiro ofereceu à Revolução Nacional uma aparência de sucesso. E foi uma reação legítima e sã. O único aspecto do desastre que pôde ser visto como um bem, era a possibilidade de vomitar um passado do qual tinha sido a culminância. Um passado em que a França não tinha feito outra coisa senão reclamar os privilégios de uma missão que havia renegado porque não acreditava mais nela.

No estrangeiro, a derrocada da França só causou emoção onde o espírito de 1789 tinha trazido alguma coisa.

O aniquilamento momentâneo da França enquanto nação pode lhe permitir tornar-se novamente em meio às nações aquilo que ela foi e que se esperava há muito tempo que voltasse a ser, uma inspiração. E para que a França reencontre uma grandeza no mundo – grandeza indispensável à própria saúde de sua vida interior – é preciso que ela se torne uma inspiração antes de ter voltado a ser, pela derrota dos inimigos, uma nação. Depois, isso seria provavelmente impossível por várias razões.

Nisso também, o movimento francês de Londres está na melhor situação com que se possa sonhar, se souber utilizá-la. Ele é exatamente tão oficial quanto necessário para falar em nome de um país. Não tendo sobre os franceses autoridade governamental, nem mesmo nominal, fictícia, tirando tudo do livre consentimento, ele tem algo de um poder espiritual. A fidelidade incorruptível nas horas mais sombrias, o sangue vertido todos os dias livremente em seu nome, lhe dão o direito de usar livremente as mais belas palavras da linguagem. Ele está situado exatamente como deve estar para fazer o mundo ouvir a linguagem da França. Uma linguagem que retira sua autoridade, não de um poder, que foi aniquilado pela derrota, nem de uma glória, que foi apagada pela vergonha, mas primeiro de uma elevação de pensamento que corresponda à medida da tragédia presente, e em seguida de uma tradição espiritual gravada no coração dos povos.

A dupla missão desse movimento é fácil de definir. Ajudar a França a encontrar no fundo de sua desgraça uma inspiração conforme a seu gênio e às necessidades atuais dos homens em aflição. Difundir essa inspiração, uma vez recuperada ou ao menos entrevista, pelo mundo.

Ao apegar-se a essa dupla missão, muitas coisas de uma ordem menos elevada serão concedidas por acréscimo. Apegando-se primeiramente a essas últimas coisas, essas mesmas nos serão recusadas.

Claro, não se trata de uma inspiração verbal. Toda inspiração real passa para os músculos e sai como ação; e hoje as ações dos franceses não podem fazer mais do que contribuir para expulsar o inimigo.

Contudo, não seria justo pensar que o movimento francês de Londres tenha como missão somente elevar ao mais alto grau de intensidade possível a energia dos franceses na luta contra o inimigo.

Sua missão é ajudar a França a recuperar uma inspiração autêntica, e que, por sua autenticidade em si mesma, se expanda naturalmente em dispêndio de esforço e de heroísmo pela libertação do país.

Não é a mesma coisa.

É porque é necessário realizar uma missão de uma ordem tão elevada que os meios grosseiros e eficazes das ameaças, das promessas e da sugestão não poderiam bastar.

Pelo contrário, o uso de palavras que respondam a pensamentos surdos e a necessidades surdas dos seres humanos que compõem o povo francês é um procedimento maravilhosamente bem adaptado à tarefa que se trata de realizar, sob a condição de ser posto em prática tal como se deve.

Para tanto, primeiramente é necessário na França um organismo receptor. Isto é, pessoas cuja primeira tarefa, a primeira preocupação, seja discernir esses pensamentos surdos, essas necessidades surdas, e comunicá-las a Londres.

O que é indispensável a essa tarefa é um interesse apaixonado pelos seres humanos, qualquer um deles, e por sua alma, uma capacidade de se colocar em seu lugar e prestar atenção nos sinais dos pensamentos não expressos, um certo sentido intuitivo da história em via de realização, e a faculdade de expressar por escrito nuances delicadas e relações complexas.

Dada a extensão e a complexidade da coisa a observar, deveria haver um grande número de tais observadores; mas, na realidade, isso é impossível. Ao menos é urgente utilizar assim qualquer um que seja utilizável assim, sem exceção.

Supondo-se que haja na França um órgão receptor, insuficiente – ele não pode deixar de sê-lo – mas real, a segunda operação, de longe a mais importante, se dá em Londres. É a da escolha. É a que é suscetível de moldar a alma do país.

O conhecimento das palavras suscetíveis de ecoar no coração dos franceses, como respostas a algo que já está em seu coração, esse conhecimento é unicamente um conhecimento factual. Ele não contém nenhuma indicação de um bem, e a política, como toda atividade humana, é uma atividade dirigida para um bem.

O estado do coração dos franceses não é outra coisa além de um fato. Em princípio ele não contém nem um bem nem um mal; na realidade, ele é composto de uma mistura de bem e de mal, segundo proporções que podem variar muito.

Essa é uma verdade evidente, mas que é bom repetir, porque a sentimentalidade naturalmente ligada ao exílio poderia quase levá-la ao esquecimento.

Dentre todas as palavras suscetíveis de despertar um eco no coração dos franceses, é preciso escolher aquelas cujo eco despertado seja benéfico; dizê-las e repeti-las; calar as outras, a fim de provocar a extinção do que é vantajoso fazer desaparecer.

Quais serão os critérios da escolha?

Pode-se conceber dois. Um, o bem, no sentido espiritual da palavra. O outro, a utilidade. Isto é, claro, a utilidade relativamente à guerra e aos interesses nacionais da França.

Sobre o primeiro critério, há primeiramente um postulado a examinar. É preciso pesá-lo com muita atenção, com muito vagar, em sua alma e consciência, depois adotá-lo ou rejeitá-lo de uma vez por todas.

Um cristão não pode senão adotá-lo.

É o postulado segundo o qual aquilo que é espiritualmente bom é bom sob todos os pontos de vista, sob todos os aspectos, em todos os tempos, em todo lugar, em todas as circunstâncias.

É o que expressa Cristo em palavras: "Não há árvore boa que dê fruto ruim, nem árvore doente que dê fruto bom; cada árvore se conhece pelo fruto a: não se colhem figos de espinheiros nem da urtiga-de-espinho se colhem uvas" (Lc 6,43-44).

Este é o sentido dessas palavras. Acima do domínio terrestre, carnal, onde se movem de ordinário nossos pensamentos, e que é por toda parte uma mistura inextricável do bem e do mal, encontra-se um outro, o domínio espiritual, onde o bem é apenas o bem e, mesmo no domínio inferior, só produz bem; onde o mal é apenas o mal e só produz mal.

É uma consequência direta da fé em Deus. O bem absoluto não é somente o melhor de todos os bens – seria então um bem relativo – mas o bem único, total, que encerra em si a um grau eminente todos os bens, inclusive os que os homens que se desviam dele procuram.

Todo bem puro nascido diretamente dele tem uma propriedade análoga.

Assim, entre a lista dos ecos suscetíveis de serem excitados de Londres no coração dos franceses, é preciso primeiro escolher tudo o que é puramente e autenticamente bom, sem nenhuma consideração quanto à oportunidade, sem nenhum outro exame além daquele da autenticidade; e é preciso devolver-lhes tudo isso, frequentemente, incansavelmente, pelo intermédio de palavras tão simples e nuas quanto possível.

Claro, tudo o que é somente mal, ódio, baixeza deve ser da mesma forma rejeitado, sem consideração quanto à oportunidade.

Restam as motivações medianas, que são inferiores ao bem espiritual sem serem em si mesmas necessariamente ruins, e para as quais a questão da oportunidade se coloca.

Para cada uma delas, é preciso examinar, completamente se possível, nos mínimos detalhes, todos os efeitos que são suscetíveis de produzir, sob tal, tal e tal ponto de vista, em tal, tal e tal conjunto possível de circunstâncias.

Na falta desse cuidado, pode-se por erro provocar o que não se quer ao invés do que se quer.

Por exemplo, os pacifistas, após 1918, acreditaram dever apelar ao gosto da segurança, do conforto, para serem ouvidos mais facilmente. Eles esperavam assim conquistar bastante influência para dirigir a política exterior do país. Eles contavam nesse caso dirigi-la de maneira a assegurar a paz.

Eles não se perguntaram quais efeitos teriam as motivações excitadas, encorajadas por eles, no caso em que a influência conquistada, sem deixar de ser grande, não seria o bastante para prover a direção da política estrangeira.

Se somente eles tivessem se colocado a questão, a resposta teria aparecido imediatamente, e claramente. Em um caso como esse, as motivações excitadas assim não podiam nem impedir nem retardar a guerra, mas somente fazê-la ganhar o campo mais agressivo, mais belicoso, e desonrar assim por muito tempo o próprio amor pela paz.

Diga-se de passagem, o próprio jogo das instituições democráticas, tal como nós o compreendemos, é um convite perpétuo a essa espécie de negligência criminosa e fatal.

Para evitar cometê-la, é preciso para cada motivação se dizer: esta motivação pode produzir efeitos em tal, tal e tal meio; e em que outro ainda? Ela pode produzir efeitos em tal, tal e tal domínio; e em que outro ainda? Tal, tal, tal situação pode ocorrer; que outra ainda? Em cada situação, quais efeitos a motivação seria suscetível de produzir em cada meio, em cada domínio, imediatamente, mais tarde, ainda mais tarde? Sob que pontos de vista cada um desses possíveis efeitos seria vantajoso, sob que pontos de vista prejudicial? Qual parece ser o grau de probabilidade de cada possibilidade?

É preciso considerar com atenção cada um desses pontos e todos esses pontos em conjunto; suspender em alguns momentos toda inclinação a uma escolha; depois decidir; e correr, como em toda decisão humana, o risco de errar.

A escolha feita, é preciso colocá-la à prova da aplicação e, claro, o aparelho de registro posto na França se esforçará em discernir progressivamente os resultados.

Mas a expressão é apenas um começo. A ação é uma ferramenta mais potente de modelagem das almas.

Ela tem uma dupla propriedade do ponto de vista das motivações. Primeiro, uma motivação só é realmente real na alma quando provocou uma ação executada pelo corpo.

Não basta encorajar tais, tais ou tais motivações presentes ou embrionárias no coração dos franceses, contando com que eles realizem por si mesmos suas próprias motivações sob a forma de ações. É preciso além disso, de Londres, ao máximo possível, o mais continuamente possível, com o máximo de detalhes possível, e por todos os meios apropriados, rádio ou outros, indicar ações.

Um soldado dizia um dia, contando sobre seu próprio comportamento durante uma campanha: "Eu obedeci a todas as ordens, mas sentia que teria sido impossível para mim, infinitamente superior à minha coragem, ir na direção de um perigo voluntariamente e sem ordens".

Essa observação encerra uma verdade muito profunda. Uma ordem é um estímulo de uma eficácia incrível. Ela encerra em si mesma, em certas circunstâncias, a energia indispensável para a ação que indica.

Diga-se de passagem, estudar em que consistem essas circunstâncias, o que as define, quais são suas variedades, fazer a lista completa delas, seria adquirir uma chave para a solução dos problemas mais essenciais e mais urgentes da guerra e da política.

A responsabilidade claramente reconhecida, impondo obrigações precisas e totalmente estritas, instiga ao perigo da mesma maneira que uma ordem. Ela só se apresenta uma vez engajada na ação e pelo efeito de tais ou tais circunstâncias particulares da ação. A aptidão para reconhecê-la é maior na medida em que a inteligência é mais clara; ela depende mais ainda da probidade intelectual, virtude infinitamente preciosa que impede que se minta a si mesmo para evitar o desconforto.

Os que podem se expor ao perigo sem a pressão de uma ordem ou de uma responsabilidade precisa são de três espécies. Há os que têm muita coragem natural, um temperamento em larga medida estrangeiro ao medo, uma imaginação pouco voltada para o pesadelo; esses vão para o perigo, frequentemente, com leveza, com um espírito aventureiro, sem despender muita atenção para escolher o perigo. Há aqueles para quem a coragem é difícil, mas que retiram a energia das motivações impuras. O desejo de uma condecoração, a vingança, o ódio, são exemplos desse gênero de motivação; há um número muito grande delas, muito diferentes conforme as personalidades e as circunstâncias. Há aqueles que obedecem a uma ordem direta e particular vinda de Deus.

Esse último caso é menos raro do que se crê; pois onde ele existe, é com frequência secreto, com frequência secreto até mesmo para o interessado; pois aqueles que se incluem nesse caso estão às vezes entre os que acreditam não crer em Deus. Contudo, ainda que menos raro do que se crê, ele não é, infelizmente, frequente.

Às duas outras categorias corresponde uma coragem que, ainda que frequentemente muito espetacular e reverenciada com o nome de heroísmo, é muito inferior em qualidade humana à do soldado que obedece às ordens de seus chefes.

O movimento francês de Londres tem precisamente o grau que convém de caráter oficial para que as diretivas enviadas por ele contenham o estímulo ligado a ordens, sem, contudo, conter a espécie de embriaguez lúcida e pura que acompanha o livre consentimento ao sacrifício.

Resulta disso, para ele, possibilidades e responsabilidades imensas.

Quanto mais ocorrerem na França ações realizadas por suas ordens, pessoas agindo sob suas ordens, mais a

França terá a chance de recuperar uma alma que lhe permita um retorno triunfante na guerra – triunfante não somente militarmente, mas também espiritualmente – e uma reconstrução da pátria na paz.

Além da quantidade, o problema da escolha das ações é capital.

Ele é capital sob vários pontos de vista, dos quais alguns têm um tal nível de elevação e de importância que é preciso considerar como desastrosa a compartimentação que coloca esse domínio inteiramente nas mãos de técnicos da conspiração.

De uma maneira totalmente geral, em toda espécie de domínio, é inevitável que o mal domine por toda parte onde a técnica seja quase inteiramente soberana.

Os técnicos tendem sempre a se fazer soberanos, porque sentem que conhecem seu trabalho; e isso é totalmente legítimo de sua parte. A responsabilidade pelo mal que, quando se chega a isso, é o efeito inevitável, incumbe exclusivamente aos que os deixaram fazer. Quando se deixa que eles façam, é sempre unicamente por não se ter sempre em mente a concepção clara e totalmente precisa das finalidades particulares às quais tal, tal e tal técnica deve ser subordinada.

A direção que Londres imprime na ação realizada na França deve responder a várias finalidades.

A mais evidente é a finalidade militar imediata, no que concerne às informações e às sabotagens.

Com relação a isso, os franceses de Londres podem ser apenas intermediários entre as necessidades da Inglaterra e a boa vontade dos franceses da França.

A importância extrema dessas coisas é evidente quando se constata que é cada vez mais claro do que as comunicações, muito mais do que as batalhas, decidirão a guerra. A dupla locomotiva-sabotagem é simétrica à dupla barco-submarino. A destruição das locomotivas equivale à dos submarinos. A relação entre essas duas espécies de destruição é como aquela entre a ofensiva e a defensiva.

A desorganização da produção não é menos essencial.

O volume, a quantidade de nossa influência sobre a ação conduzida na França, depende principalmente dos meios materiais postos à nossa disposição pelos ingleses. Nossa influência sobre a França, a que nós temos e mais ainda a que podemos adquirir, pode ser para os ingleses de um uso muito precioso. Há então necessidade mútua; mas a nossa é muito maior; ao menos no momento imediato, que com frequência excessiva é o único considerado.

Nessa situação, se não houver entre eles e nós relações não apenas boas, mas calorosas, realmente amigáveis e de certa forma íntimas, trata-se de algo intolerável e que deve cessar. Por toda parte onde relações humanas não são o que devem ser, há geralmente erros dos dois lados. Mas é sempre muito mais útil pensar em seus próprios erros, para dar um fim a eles, do que nos erros do outro. Além do mais, a necessidade é muito maior do nosso lado, ao menos a necessidade imediata. Depois, nós somos emigrados acolhidos por eles, e existe uma dívida de gratidão. Enfim, é notório que os ingleses não têm a aptidão para sair de si mesmos e se colocar no lugar do outro; suas melhores qualidades, sua função própria neste planeta, são quase incompatíveis com ela. Essa aptidão é na realidade, desgraçadamente, quase tão rara quanto do nosso lado; mas ela pertence pela natureza das coisas ao que se chama de vocação da França. Por todos esses motivos, cabe a nós fazer o esforço de levar as relações ao grau de calor conveniente; é preciso que de nossa parte um sincero desejo de compreensão, puro, é claro, de toda nuance de servilismo, penetre na posição reservada deles até a real capacidade de amizade que ela dissimula.

Os sentimentos pessoais desempenham nos grandes eventos do mundo um papel que nunca é discernido em toda a sua extensão. O fato de que há ou não há amizade entre dois homens, entre dois meios humanos, pode em certos casos ser decisivo para o destino do gênero humano.

Isso é totalmente compreensível. Uma verdade nunca aparece, senão no pensamento de um ser humano particular. Como ele a comunicará? Se ele tentar expô-la, não será ouvido; pois os outros, sem conhecer essa verdade, não a reconhecerão como tal; eles não saberão que o que ele está dizendo é verdade; eles não prestarão uma atenção suficiente para perceberem isso; pois não terão nenhum motivo para realizar esse esforço de atenção.

Mas a amizade, a admiração, a simpatia, ou qualquer outro sentimento benevolente os disporia naturalmente a um certo grau de atenção. Um ser humano que tem algo de novo a dizer – pois para os lugares comuns nenhuma atenção é necessária – só pode ser ouvido, primeiramente, por aqueles que o amam.

Assim, a circulação das verdades entre os homens depende inteiramente do estado dos sentimentos; e é assim para todas as espécies de verdade.

Nos exilados que não se esquecem de seu país – e os que o esquecem estão perdidos – o coração está tão irresistivelmente voltado para a pátria desgraçada que há poucos recursos afetivos para a amizade pelo país em que habita. Essa amizade não pode germinar realmente e crescer no coração se eles não se submeterem a uma espécie de violência. Mas essa violência é uma obrigação.

Os franceses que estão em Londres não têm uma obrigação mais imperiosa para com o povo francês, que vive com os olhos voltados para eles, senão fazer com que haja entre eles e a elite dos ingleses uma amizade real, viva, calorosa, íntima, eficaz.

Afora a utilidade estratégica, outras considerações ainda devem participar da escolha das ações. Elas têm mais importância ainda, mas vêm em segundo lugar, porque a utilidade estratégica é uma condição para que a ação seja real; onde ela está ausente, há agitação, não ação, e a virtude indireta da ação, que é seu principal trunfo, nesse mesmo lance se ausenta.

Essa virtude indireta, uma vez mais, é dupla.

A ação confere a plenitude da realidade às motivações que a produzem. A expressão dessas motivações, vista de fora, não lhes confere mais do que uma semirrealidade. A ação tem uma virtude em tudo diversa.

Muitos sentimentos podem coexistir no coração. A escolha dos necessários, depois de tê-los discernido no coração dos franceses, levado ao grau de existência que confere a expressão oficial, essa escolha já é limitada por necessidades materiais. Se por exemplo se fala a cada noite um quarto de hora aos franceses, se se é obrigado a repetir-se com frequência porque as interferências impedem de se ter certeza de ter sido ouvido, e que de toda maneira a repetição é uma necessidade pedagógica, não se pode dizer mais do que um número limitado de coisas.

Desde o momento em que se passa para o domínio da ação, os limites são ainda mais estreitos. É preciso operar uma nova escolha, segundo critérios já esboçados.

A maneira como uma motivação se transforma em ato é uma coisa a ser estudada. Um mesmo ato pode ser produzido por tal motivação, ou tal outra, ou ainda tal outra; ou por uma mistura; pelo contrário, tal outra motivação pode não ser suscetível de produzi-lo.

Para levar as pessoas não somente a realizar tal ação, mas ainda a realizá-la pela impulsão de tal motivação, o melhor procedimento, talvez o único, parece consistir na associação estabelecida por meio da palavra. Isto é, todas as vezes em que uma ação é aconselhada pelo rádio, esse conselho deve estar acompanhado da expressão de uma ou de algumas motivações; todas as vezes em que o conselho é repetido, a motivação deve ser expressa novamente.

É verdade que as instruções precisas são comunicadas por uma via diferente do rádio. Mas elas todas deveriam ser duplicadas por encorajamentos transmitidos pelo rádio, tratando do mesmo objeto, designado na medida que a prudência permite, com menos precisão e mais expressão das motivações.

A ação tem uma segunda virtude no domínio das motivações. Ela não confere realidade somente a motivações que, anteriormente, existiam em um estado semifantasmático. Ela também faz surgir na alma motivações e sentimentos que antes não existiam de modo algum.

Isso se produz toda vez que, seja o embalo seja a força das circunstâncias, leva a ação para além da soma de energia contida na motivação que produziu a ação.

Esse mecanismo – cujo conhecimento é essencial tanto à conduta de sua própria vida como à ação sobre os homens – é suscetível de suscitar igualmente o mal ou o bem.

Por exemplo, acontece com frequência que um doente crônico, em uma família, cuidado com ternura pelo efeito de uma afeição sincera, acabe por fazer nascer nos seus uma hostilidade surda, inconfessa, porque foram obrigados a lhe dar mais energia do que sua afeição continha.

No povo, para quem tais obrigações, acrescidas aos cansaços habituais, são tão pesadas, resulta às vezes uma aparência de insensibilidade, ou mesmo de crueldade, incompreensível de fora. É por isso que, como observava um dia caridosamente *Gringoire*, os casos de crianças mártires se encontram mais em meio ao povo.

Os recursos desse mecanismo para produzir o bem são ilustrados por uma maravilhosa história budista.

Uma tradição budista diz que Buda fez voto de fazer subir ao céu, ao seu lado, qualquer um que dissesse seu nome com o desejo de ser salvo por ele. Sobre essa tradição repousa a prática nomeada: "a recitação no nome do Senhor". Ela consiste em repetir por um certo número de vezes algumas sílabas sânscritas, chinesas ou japonesas, que querem dizer: "Glória ao Senhor de Luz".

Um jovem monge budista estava inquieto pela salvação eterna de seu pai, velho avarento que só pensava em dinheiro. O prior do convento se fez trazer o velho e lhe prometeu um vintém por cada vez que praticasse a recitação do nome do Senhor; se ele viesse à noite dizer quantos vinténs lhe eram devidos, ele seria pago. O velho, arrebatado, consagrou a essa prática todos os momentos disponíveis. Ele vinha ao convento toda noite se fazer pagar. De repente ele não foi mais visto. Após uma semana, o prior mandou o jovem monge buscar notícias de seu pai. Soube-se assim que o velho estava agora absorvido pela recitação do nome do Senhor a ponto de não poder mais contar quantas vezes a praticava; isso o impedia de ir buscar seu dinheiro. O prior disse ao jovem monge que nada mais fizesse e que esperasse. Algum tempo depois, o velho chegou ao convento com olhos radiantes, e contou que tinha tido uma iluminação.

É a fenômenos desse gênero que o preceito de Cristo faz alusão: "Ajuntai riquezas no céu [...], pois onde estiver vosso tesouro, aí também estará o coração" (Mt 6,20-21).

Isso significa que há ações que têm a virtude de transportar da terra para o céu uma parte do amor que se encontra no coração de cada ser humano.

Um avarento não é um avarento quando começa a juntar. Ele é primeiro estimulado, sem dúvida, pelo pensamento dos júbilos que o dinheiro oferece. Mas os esforços e as privações que se impõem a cada dia produzem um ímpeto. Quando o sacrifício supera em muito a impulsão inicial, o tesouro, o objeto do sacrifício, se torna para ele um fim em si, e ele subordina a isso sua própria pessoa. A mania do colecionador repousa em um mecanismo análogo. Seria possível citar boa quantidade de outros exemplos.

Assim, quando os sacrifícios feitos por um objeto superam em muito a impulsão que os causou, o resultado, com relação a esse objeto, é ou um movimento de repulsão, ou um apego de uma espécie nova e mais intensa, estrangeira à impulsão primeira.

No segundo caso, há bem ou mal conforme a natureza do objeto.

Se no caso do doente há com frequência repulsão, é que esse gênero de esforço é privado de futuro; nada de exterior responde ao acúmulo interior do cansaço. O avarento, quanto a ele, vê crescer o seu tesouro.

Existem também, aliás, situações, combinações de personalidades, tais que um doente em uma família inspira pelo contrário um apego fanático. Estudando-se suficientemente tudo isso, seria possível sem dúvida discernir suas leis.

Mas mesmo um conhecimento sumário desses fenômenos pode nos fornecer regras práticas.

Para evitar o efeito de repulsão, é preciso prever o esgotamento possível das motivações; é preciso de quando em vez dar a autoridade da expressão oficial a motivações novas para as mesmas ações, motivações que respondam ao que terá podido germinar espontaneamente no segredo dos corações.

É preciso sobretudo cuidar para que o mecanismo de transferência que ata o avarento ao tesouro atue de maneira a produzir o bem e não o mal; evitar ou em todo caso reduzir ao mínimo necessário todo o mal que poderia ser assim suscitado.

É fácil compreender como.

O mecanismo em questão consiste nisto que uma ação, depois de ter sido conduzida com esforço por motivações exteriores a si mesma, se torna por si mesma objeto de apego. Resulta disso o bem ou o mal se a ação é em si mesma boa ou ruim.

Se se matam soldados alemães para servir a França e, ao fim de um certo tempo, assassinar seres humanos se torna uma predileção, está claro que é um mal.

Se se ajudam operários que fogem do envio para a Alemanha para servir a França, e ao fim de um certo tempo o socorro aos desgraçados se torna uma predileção, está claro que é um bem.

Todos os casos não são tão claros, mas todos podem ser examinados dessa maneira. Deixando-se de lado outros fatores, é preciso sempre escolher os modos de ação que contenham em si mesmos uma impulsão para o bem. Isso se faz necessário, com muita frequência, até mesmo quando não se pode deixar de lado outros fatores. Faz-se necessário não somente para o bem, o que bastaria, mas também, além disso, para a utilidade.

O mal é, com muito mais facilidade do que o bem, uma motivação ativa, mas uma vez que o bem puro se tornou uma motivação ativa em uma alma, ele é a fonte de uma impulsão inesgotável e invariável, o que nunca é o caso do mal.

Pode-se muito bem se tornar um agente duplo por patriotismo, para servir melhor seu país enganando o inimigo. Mas se os esforços realizados nessa atividade superam a energia da motivação patriótica, e se por isso toma-se gosto pela atividade em si mesma, chega quase inevitavelmente um momento em que não se sabe mais quem é servido e quem é enganado, em que momento se está preparado para servir ou enganar qualquer um.

Pelo contrário, se por patriotismo se é levado a ações que fazem germinar e crescer o amor por um bem superior à pátria, a alma adquire esta liga que faz os mártires e a pátria a aproveita.

A fé é mais realista do que a política realista. Quem não tem certeza disso não tem fé.

É preciso então examinar e pesar com extrema proximidade, considerando a cada vez o problema em detalhe, cada um dos modos de ação que constituem a resistência ilegal na França.

Para tanto, uma observação atenta no local, realizada unicamente desse ponto de vista, é indispensável.

Não está excluído tampouco que possa haver oportunidade de inventar formas de ação novas, levando-se em conta tanto essas considerações como objetivos imediatos.

(Por exemplo, urdir imediatamente uma vasta conspiração para a destruição dos documentos oficiais relativos ao controle dos indivíduos pelo Estado, destruição que pode ser operada por procedimentos muito variados, incêndios etc.; isso teria vantagens imediatas e futuras imensas.)

Um grau de realidade superior até mesmo à ação é constituído pela organização que coordena as ações; quando uma tal organização não foi fabricada artificialmente, mas cresceu como uma planta em meio às necessidades cotidianas, e ao mesmo tempo foi modelada por uma vigilância paciente a partir da visão clara de um bem, esse é talvez o grau de realidade mais alto possível.

Há organizações na França. Mas há também, o que é de um interesse infinitamente maior, embriões, germes, esboços de organizações em via de crescimento.

É preciso estudá-los, contemplá-los de perto, e usar a autoridade que reside em Londres como um instrumento para modelá-los discreta e pacientemente, como um escultor que adivinha a forma contida no bloco de mármore para dali extraí-la.

Essa modelagem deve ser guiada ao mesmo tempo por considerações imediatas e não imediatas.

Tudo o que foi dito anteriormente a propósito da palavra e da ação ainda se aplica aqui.

Uma organização que cristaliza e capta as palavras lançadas oficialmente, que traduz sua inspiração em palavras diferentes e próprias a ela, que as realize em ações coordenadas para as quais ela constitua uma garantia de eficácia sempre crescente, que seja um meio vivo, caloroso, cheio de intimidade, de fraternidade e de ternura – aqui está a terra vegetal onde os desgraçados dos franceses, desenraizados pelo desastre, podem viver e encontrar a salvação para a guerra e para a paz.

Isso deve ser feito agora. Depois da vitória, na liberação irresistível dos apetites individuais de bem-estar ou de poder, será absolutamente impossível começar alguma coisa.

Isso deve ser feito imediatamente. É indescritivelmente urgente. Perder o momento seria incorrer em uma responsabilidade quase equivalente, talvez, a um crime.

A única fonte de salvação e de grandeza para a França, é retomar contato com seu gênio no fundo de sua desgraça. Isso deve ser feito agora, imediatamente; enquanto a desgraça é ainda esmagadora; enquanto a França tem diante de si, no porvir, a possibilidade de tornar real o primeiro clarão de consciência de seu gênio reencontrado, expressando-o por meio de uma ação guerreira.

Depois da vitória, essa possibilidade terá passado, e a paz não apresentará uma equivalente. Pois é infinitamente mais difícil imaginar, conceber uma ação de paz que uma ação de guerra; para embrenhar-se em uma ação de paz, uma inspiração deve já ter um grau elevado de consciência, de luz, de realidade. Não será o caso da França, no momento da paz, salvo se o último período da guerra produzir esse efeito. É preciso que a guerra seja a professora que desenvolve e alimenta a inspiração; para tanto é preciso que uma inspiração profunda, autêntica, uma verdadeira luz, surja em plena guerra.

É preciso que a França esteja de novo plenamente presente na guerra, participe da vitória pagando o preço de seu sangue; mas isso não poderia bastar. Isso poderia ocorrer nas sombras, e o verdadeiro proveito seria então débil.

É preciso ademais que o alimento de sua energia guerreira não seja outra coisa senão seu gênio verdadeiro, reencontrado nas profundezas da desgraça, ainda que com um grau de consciência inevitavelmente fraco, num primeiro momento, depois de uma noite como essa.

A própria guerra pode então fazer dele uma chama.

A verdadeira missão do movimento francês de Londres é, em razão das circunstâncias políticas e militares, uma missão espiritual antes de ser uma missão política e militar.

Ela poderia ser definida como sendo a orientação da consciência na escala de um país.

O modo de ação política esboçado aqui exige que cada escolha seja precedida pela contemplação simultânea de várias considerações de espécie muito diferente. Isso implica um grau de atenção elevado, quase da mesma ordem do que é exigido pelo trabalho criador na arte e na ciência.

Mas por que a política, que decide o destino dos povos e tem por objeto a justiça, exigiria uma atenção menor do que a arte e a ciência, que têm por objeto o belo e o verdadeiro?

A política tem uma afinidade muito estreita com a arte; com artes como a poesia, a música, a arquitetura.

A composição simultânea em vários planos é a lei da criação artística e constitui sua dificuldade.

Um poeta, no arranjo das palavras e na escolha de cada palavra, deve levar em conta simultaneamente cinco ou seis planos de composição ao menos. As regras da versificação – número de sílabas e rimas – na forma do poema que ele adotou; a coordenação gramatical das palavras; sua coordenação lógica com relação ao desenvolvimento do pensamento; a sequência puramente musical dos sons contidos nas sílabas; o ritmo, por assim dizer, material constituído pelos cortes, as paradas, a duração de cada sílaba e de cada grupo de sílabas; a atmosfera que colocam em torno de cada palavra as possibilidades de sugestão que ela encerra, e a passagem de uma atmosfera a outra na medida em que as palavras se sucedem; o ritmo psicológico constituído pela duração das palavras correspondendo a tal atmosfera ou a tal movimento do pensamento; os efeitos da repetição e da novidade; sem dúvida outras coisas ainda; e uma intuição única de beleza dando uma unidade a tudo isso.

A inspiração é uma tensão das faculdades da alma que torna possível o grau de atenção indispensável à composição em planos múltiplos.

Aquele que não é capaz de uma tal atenção receberá um dia essa capacidade, ao se obstinar com humildade, perseverança e paciência, e se for levado por um desejo inalterável e violento.

Se ele não é a presa de um tal desejo, não é indispensável que faça versos.

A política, também ela, é uma arte governada pela composição em planos múltiplos. Qualquer um que se encontre na posse de responsabilidades políticas, se tem em si a fome e a sede da justiça, deve desejar receber essa faculdade de composição em planos múltiplos, e por isso deve infalivelmente recebê-la com o tempo.

Somente, hoje, o tempo urge. As necessidades são urgentes.

O método de ação política esboçado aqui supera as possibilidades da inteligência humana, ao menos na medida em que essas possibilidades são conhecidas. Mas isso é precisamente o que constitui seu valor. Não é possível se perguntar se é-se ou não capaz de aplicá-lo. A resposta será sempre não. É preciso concebê-lo de uma maneira perfeitamente clara; contemplá-lo por muito tempo e com frequência; embrenhá-lo para sempre no lugar da alma onde os pensamentos se enraízam; e que ele esteja presente em todas as decisões. Há talvez então uma probabilidade de que as decisões, ainda que imperfeitas, sejam boas.

Aquele que compõe versos com o desejo de alcançar a beleza dos de Racine nunca fará belos versos. Ainda menos se ele não tem nem essa esperança.

Para produzir versos em que resida alguma beleza, é preciso ter desejado igualar pelo arranjo das palavras a beleza pura e divina sobre a qual Platão diz que habita do outro lado do céu.

Uma das verdades fundamentais do cristianismo, é que um progresso para uma imperfeição menor não é produzido pelo desejo de uma imperfeição menor. Somente o desejo da perfeição tem a virtude de destruir na alma uma parte do mal que a macula. Daí o mandamento de Cristo: "Sede perfeitos como o vosso Pai celeste é perfeito" (Mt 5,46).

Na mesma medida em que a linguagem humana está longe da beleza divina, as faculdades sensíveis e intelectuais dos homens estão longe da verdade, as necessidades da vida social estão longe da justiça. Por isso, não é possível que a política não precise de esforços de invenção criadora tanto quanto a arte e a ciência.

É por isso que a quase totalidade das opiniões políticas e das discussões em que elas se opõem é tão estrangeira à política quanto o choque das opiniões estéticas nos bares de Montparnasse é estrangeiro à arte. O político em um caso como o artista no outro não podem encontrar nisso senão um certo estímulo, que deve ser tomado em uma dose fraca.

Quase nunca se considera a política como uma arte de espécie tão elevada. Mas é que se está acostumado há séculos a considerá-la somente, ou em todo caso principalmente, como a técnica da aquisição e da conservação do poder.

Ora, o poder não é uma finalidade. Por natureza, por essência, por definição, ele constitui exclusivamente um meio. Ele está para a política como um piano para a composição musical. Um compositor que precisa de um piano para a invenção das melodias estará enrascado se estiver em um povoado onde não haja piano. Mas se um piano lhe é oferecido, trata-se então de compor.

Desgraçados que somos, nós tínhamos confundido a fabricação de um piano com a composição de uma sonata.

Um método de educação não é grande coisa se não tem como inspiração a concepção de uma certa perfeição humana. Quando se trata da educação de um povo, essa concepção deve ser a de uma civilização. Não se deve procurar no passado, que só contém imperfeição. Bem menos ainda em nossos sonhos de futuro, que são por necessidade medíocres como nós mesmos, e por isso em muito inferiores ao passado. É preciso procurar a inspiração de uma tal educação, como o método em si mesmo, entre as verdades eternamente inscritas na natureza das coisas.

Aqui vão, sobre esse assunto, algumas indicações.

Quatro obstáculos sobretudo nos separam de uma forma de civilização suscetível de valer alguma coisa. Nossa concepção falsa da grandeza; a degradação do sentimento de justiça; nossa idolatria do dinheiro; e a ausência em nós de inspiração religiosa. É possível se expressar na primeira pessoa do plural sem nenhuma hesitação, pois é duvidoso que no instante presente um único ser humano em todo o globo terrestre escape dessa quádrupla tara, e mais duvidoso ainda que haja um único que seja na raça branca. Mas se houver alguns, como é preciso apesar de tudo esperar, eles estão escondidos.

Nossa concepção da grandeza é a tara mais grave e da qual somos menos conscientes. Ao menos enquanto uma tara nossa; em nossos inimigos ela nos choca, mas, apesar do aviso contido na palavra de Cristo sobre o cisco e a trave, nós não pensamos em reconhecê-la como nossa.

Nossa concepção da grandeza é a mesma que inspirou a vida inteira de Hitler. Quando a denunciamos sem o mínimo traço de retorno a nós mesmos, os anjos devem chorar ou rir, se houver anjos que se interessem por nossa propaganda.

Parece que tão logo a Tripolitana foi ocupada, interrompeu-se ali o ensino fascista da história. Isso é muito bom. Mas seria interessante saber no que, quanto à Antiguidade, o ensino fascista diferia daquele da República francesa. A diferença devia ser débil, pois a grande autoridade da França republicana em matéria de história antiga, o Professor Carcopino, ministrava em Roma conferências sobre a Roma antiga e a Gália que eram totalmente apropriadas para serem ministradas nesse lugar e eram muito bem acolhidas.

Hoje, os franceses de Londres têm algumas críticas a fazer ao Professor Carcopino, mas não sobre suas concepções históricas. Um outro historiador da Sorbonne dizia em janeiro de 1940 a alguém que tinha escrito algo bastante duro sobre os romanos: "Se a Itália se puser contra nós, você terá razão". Como critério de julgamento histórico, é insuficiente.

Os vencidos beneficiam-se com frequência de uma sentimentalidade às vezes até mesmo injusta, mas somente os vencidos provisórios. A desgraça é de um imenso prestígio quando o prestígio da força se junta a ela. A desgraça dos fracos nem mesmo é objeto de atenção; se, todavia, ela não for objeto de repulsa. Quando os cristãos adquiriram a convicção sólida de que Cristo, ainda que tendo sido crucificado, havia ressuscitado em seguida e deveria em breve retornar em glória para recompensar os seus e punir os outros, nenhum suplício os apavorou mais. Mas anteriormente, quando Cristo era somente um ser absolutamente puro, ele foi abandonado assim que a desgraça o tocou. Aqueles que mais o amavam não puderam encontrar no coração a força de correr riscos por ele. Os suplícios estão acima da coragem quando não há para enfrentá-los o estímulo de uma revanche. A revanche não precisa ser pessoal; um jesuíta martirizado na China é apoiado pela grandeza temporal da Igreja, ainda que não possa esperar dela nenhum socorro. Não há aqui embaixo outra força além da força. Isso poderia servir de axioma. Quanto à força que não é daqui debaixo, o contato com ela não pode ser comprado a um preço menor do que a passagem por uma espécie de morte.

Não há aqui embaixo outra força além da força, e é ela que comunica força aos sentimentos, inclusive à compaixão. Seria possível citar exemplos. Por que os pacifistas de após 1918 se enterneceram tão mais pela Alemanha do que pela Áustria? Por que a necessidade das licenças pagas pareceu a tantas pessoas um axioma de uma evidência geométrica em 1936 e não em 1935? Por que há tantas pessoas mais que se interessam pelos operários de fábrica do que pelos operários agrícolas? E assim continua.

Da mesma forma na história. Admira-se a resistência heroica dos vencidos quando a sequência dos tempos traz uma certa revanche; não de outra forma. Não se tem compaixão pelas coisas totalmente destruídas. Quem a concede a Jericó, Gaza, Tiro, Sidônia, a Cartago, Numância, à Sicília grega, ao Peru pré-colombiano?

Mas, será objetado, como chorar o desaparecimento de coisas das quais não se sabe, por assim dizer, nada? Não se sabe nada delas porque desapareceram. Os que as destruíram não acreditaram dever se tornar os conservadores de sua cultura.

De uma maneira geral, os erros mais graves, os que falseiam todo o pensamento, que são a perdição da alma, que a colocam fora do verdadeiro e do bem, são indiscerníveis. Pois eles são causados pelo fato de que certas coisas escapam à atenção. Se elas escapam à atenção, como prestar atenção nelas, ainda que se faça algum esforço? É por isso que, por essência, a verdade é um bem sobrenatural.

É assim para a história. Os vencidos escapam à atenção. Ela é a sede de um processo darwinista mais impiedoso do que aquele que governa a vida animal e vegetal. Os vencidos desaparecem. Eles são o nada.

Os romanos, diz-se, civilizaram a Gália. Ela não tinha arte antes da arte galoromana; não tinham pensamento antes de os gauleses terem tido o privilégio de ler os escritos filosóficos de Cícero; e assim continua.

Nós não sabemos, por assim dizer, nada sobre a Gália, mas as indicações quase nulas que temos provam o suficiente que tudo isso é mentira.

A arte gaulesa não corre o risco de ser objeto de memórias da parte de nossos arqueólogos, porque sua matéria era a madeira. Mas a cidade de Bruges era uma maravilha de beleza tão pura que os gauleses perderam sua última campanha por não terem coragem de destruí-la por si mesmos. Claro, César a destruiu, e massacrou no mesmo lance a totalidade dos quarenta mil seres humanos que se encontravam ali.

Sabe-se por César que os estudos dos druidas duravam vinte anos e consistiam em aprender de cor poemas concernentes à divindade e ao universo. A poesia gaulesa continha então em todo caso uma quantidade de poemas religiosos e metafísicos tal que constituía matéria para vinte anos de estudo. Ao lado da inacreditável riqueza sugerida por essa única indicação, a poesia latina, apesar de Lucrécio, é algo miserável.

Diógenes Laércio diz que uma tradição atribuía à sabedoria grega várias origens estrangeiras, dentre as quais os druidas da Gália. Outros textos indicam que o pensamento dos druidas se aparentava ao dos pitagóricos.

Assim, havia nesse povo um mar de poesia sagrada cuja inspiração pode ser representada somente pelas obras de Platão.

Tudo isso desapareceu quando os romanos exterminaram, por crime de patriotismo, a totalidade dos druidas.

É verdade que os romanos puseram fim aos sacrifícios humanos praticados, dizia-se, na Gália. Nós nada sabemos sobre o que eram, sobre a maneira e o espírito nos quais eram praticados, se era um modo de execução de criminosos ou um morticínio de inocentes e, nesse último caso, se era consentido ou não. O testemunho dos romanos é muito vago e não poderia ser aceito sem desconfiança. Mas o que sabemos com certeza é que os romanos instituíram na Gália e em todo lugar o morticínio de milhares de inocentes, não para reverenciar os deuses, mas para divertir as multidões. Era a instituição romana por excelência, a que eles transportavam por toda parte; eles, que nós ousamos considerar como civilizadores.

No entanto, se se dissesse publicamente que a Gália de antes da conquista era muito mais civilizada do que Roma, isso soaria como um absurdo.

Esse é simplesmente um exemplo característico. Ainda que à Gália tenha sucedido no mesmo solo uma nação que é a nossa, ainda que o patriotismo tenha entre nós como em outras nações uma forte tendência a se estender para o passado, ainda que o pouco de documentos conservados constitua um testemunho irrecusável, a derrota dos exércitos gauleses é um obstáculo insuperável ao reconhecimento da alta qualidade espiritual dessa civilização destruída.

Ainda houve em seu favor tentativas como a de Camille Julian. Mas o território de Troia não tendo nunca mais sido a sede de uma nação, quem se deu ao trabalho de discernir a verdade que reluz da maneira mais evidente na *Ilíada*, em Heródoto, no *Agamenon* de Ésquilo; a saber que Troia era de um nível de civilização, de cultura, de espiritualidade bem mais elevado do que o daqueles que a atacaram injustamente e a destruíram; e que seu desaparecimento foi um desastre na história da humanidade?

Antes de junho de 1940, podia-se ler na imprensa francesa, a título de encorajamento patriótico, artigos comparando o conflito franco-alemão com a guerra de Troia; explicava-se que essa guerra já era uma luta da civilização contra a barbárie, os bárbaros sendo os troianos. Ora, não há para esse erro uma sombra de motivo, senão a derrota de Troia.

Se não se pode impedir-se de cair nesse erro com relação aos gregos, que foram assombrados pelo remorso do crime cometido e testemunharam em favor de suas vítimas, quanto mais com relação às outras nações, cuja prática invariável é caluniar aqueles que mataram?

A história é fundada em documentos. Um historiador se proíbe, por zelo à profissão, hipóteses que não repousam sobre nada. Em aparência, isso é muito razoável; mas na realidade está muito distante disso. Pois, como há buracos nos documentos, o equilíbrio do pensamento exige que hipóteses sem fundamento sejam apresentadas à reflexão, sob a condição de que tenham essa finalidade e que haja, em torno de cada ponto, vários outros mais.

Ainda maior é a necessidade de ler nas entrelinhas dos documentos, se transportar inteiro, com um esquecimento total de si, para os eventos evocados, demorar longamente a atenção em pequenas coisas significativas e discernir todo o significado.

Mas o respeito pelo documento e o espírito profissional do historiador não dispõem o pensamento a esse gênero de exercício. O espírito dito histórico não atravessa o papel para encontrar carne e sangue; ele consiste em uma subordinação do pensamento ao documento.

Ora, pela natureza das coisas, os documentos emanam dos poderosos, dos vencedores. Assim, a história não é outra coisa além de uma compilação dos depoimentos feitos pelos assassinos relativamente a suas vítimas e a si mesmos.

O que se nomeia de tribunal da história, assim informado, não poderia julgar de outra maneira senão à da fábula dos *Animais doentes da peste*.

Sobre os romanos, não se tem absolutamente nada além dos escritos dos próprios romanos e de seus escravos gregos. Esses, os desgraçados, em meio a suas reticências servis, disseram o bastante, para quem se dê ao trabalho de lê-los com uma atenção verdadeira. Mas por que dar-se a esse trabalho? Não há motivação para esse esforço. Não são os cartagineses que dispõem dos prêmios da Academia nem das cátedras da Sorbonne.

Por que, da mesma forma, alguém se daria ao trabalho de pôr em dúvida as informações dadas pelos hebreus sobre as populações de Canaã que exterminaram ou submeteram? Não são as pessoas de Jericó que fazem as nomeações no Instituto Católico.

Sabe-se por uma biografia de Hitler que um dos livros que exerceram a mais profunda influência em sua juventude era uma obra de décima ordem sobre Sila. Qual é a importância da obra ser de décima ordem? Ela refletia a atitude daqueles que se nomeia de elite. Quem escreveria sobre Sila com desprezo? Se Hitler desejou a espécie de grandeza que via glorificada nesse livro e por todo lado, não houve erro de sua parte. É exatamente essa grandeza que ele atingiu, essa mesma diante da qual nós nos inclinamos com baixeza desde que voltamos os olhos para o passado.

Nós nos atemos à baixa submissão com relação a ela, não tentamos, como Hitler, agarrá-la com nossas mãos. Porém, nisso ele vale mais do que nós. Se se reconhece algo como um bem, é preciso querer agarrá-lo. Abster-se é uma frouxidão.

Que se imagine esse adolescente miserável, desenraizado, errando nas ruas de Viena, esfomeado de grandeza.

Era boa coisa que fosse esfomeado de grandeza. De quem é a culpa se ele não discerniu outro modo de grandeza além do crime? Desde que o povo sabe ler e não tem mais tradições orais, são as pessoas incapazes de manejar uma pluma que fornecem ao público concepções da grandeza e exemplos suscetíveis de ilustrá-las.

O autor desse livro medíocre sobre Sila, todos aqueles que ao escrever sobre Sila ou sobre Roma tinham tornado possível a atmosfera em que esse livro foi escrito, mais geralmente todos os que, tendo autoridade para manejar a palavra ou a pluma, contribuíram para a atmosfera de pensamento em que Hitler adolescente cresceu, todos esses são talvez mais culpados do que Hitler pelos crimes que ele comete. Em sua maioria estão mortos; mas os de hoje são como seus antepassados, e não se tornam mais inocentes por conta do acaso de uma data de nascimento.

Fala-se em castigar Hitler. Mas não se pode castigá-lo. Ele desejava uma única coisa e a tem; é estar na história. Que seja morto, que seja torturado, que seja preso, que seja humilhado, a história estará sempre lá para proteger sua alma contra todo ataque do sofrimento e da morte. O que se lhe infligirá será inevitavelmente a morte histórica, sofrimento histórico; história. Como, para aquele que chegou ao amor perfeito de Deus, todo evento é um bem como se viesse de Deus, também para esse idólatra da história, tudo o que vem da história é bom. Mais ainda, ele está sem dúvida com a vantagem; pois o amor puro de Deus habita no centro da alma; ele deixa a sensibilidade exposta aos golpes; ele não constitui uma armadura. A idolatria é uma armadura; ela impede a dor de entrar na alma. Não importa o que se inflija a

Hitler, isso não o impedirá de se sentir um ser grandioso. Sobretudo não impedirá, em vinte, cinquenta, cem ou duzentos anos, que um garotinho sonhador e solitário, alemão ou não, pense que Hitler foi um ser grandioso, teve de ponta a ponta um destino grandioso, e de desejar com toda a sua alma um destino semelhante. Nesse caso, que desgraça para seus contemporâneos.

O único castigo capaz de punir Hitler e de afastar seu exemplo dos garotinhos com sede de grandeza dos séculos futuros, é uma transformação tão total do sentido da grandeza que Hitler esteja excluído dele.

É uma quimera, devida à cegueira dos ódios nacionais, crer que se possa excluir Hitler da grandeza sem uma transformação total, entre os homens de hoje, da concepção e do sentido da grandeza. E para contribuir para essa transformação, é preciso tê-la realizado em si mesmo. Cada um pode neste instante começar o castigo de Hitler no interior de sua própria alma, modificando a distribuição do sentimento da grandeza. Isso está longe de ser fácil, pois uma pressão social tão pesada e envolvente quanto a da atmosfera se opõe a isso. É preciso, para conseguir, se excluir espiritualmente da sociedade. É por isso que Platão dizia que a capacidade de discernir o bem não existe senão para as almas predestinadas que receberam uma educação direta da parte de Deus.

Não há sentido em pesquisar até onde vão as semelhanças e as diferenças entre Hitler e Napoleão. O único problema que tenha interesse é saber se se pode legitimamente excluir o primeiro da grandeza sem excluir o segundo; se o que suscita admiração por eles é análogo ou essencialmente diferente. E se, depois de se ter colocado a questão claramente e tê-la encarado de frente longamente, deixa-se resvalar para a mentira, se está perdido.

Marco-Aurélio dizia mais ou menos, a propósito de Alexandre e de César: se eles não foram justos, nada me força a imitá-los. Da mesma forma, nada nos força a admirá-los.

Nada nos força, exceto a influência soberana da força.

Pode-se admirar sem amar? E se a admiração é um amor, como se ousa amar outra coisa além do bem?

Seria simples fazer consigo mesmo um pacto de só admirar na história as ações e as vidas através das quais irradia o espírito da verdade, da justiça e do amor; e bem abaixo delas aquelas no interior das quais pode-se discernir ao trabalho um pressentimento real desse espírito.

Isso exclui, por exemplo, o próprio São Luís, por causa do infeliz conselho dado a seus amigos, de mergulhar a espada no ventre de qualquer um que dissesse na presença deles falas manchadas de heresia ou incredulidade.

Será dito, é verdade, para desculpá-lo, que era o espírito de seu tempo, o qual, estando situado sete séculos antes de nossa era, estava obnubilado na mesma proporção. É uma mentira. Pouco antes de São Luís, os católicos de Béziers, longe de mergulhar a espada no corpo dos heréticos de sua cidade, morreram todos em vez de consentir a entregá-los. A Igreja esqueceu-se de colocá-los no nível dos mártires, nível que ela concede a inquisidores punidos com a morte por suas vítimas. Os amantes da tolerância, das luzes e da laicidade, no curso dos três últimos séculos, quase não comemoraram essa lembrança tampouco; uma forma tão heroica da virtude que nomeavam banalmente de tolerância teria sido incômoda para eles.

Mas ainda que fosse verdade, ainda que a crueldade do fanatismo tivesse dominado todas as almas da Idade Média, a única conclusão a se tirar seria que não há nada a se admirar nem a amar nessa época. Isso não colocaria São Luís um milímetro mais próximo do bem. O espírito da verdade, da justiça e do amor não tem absolutamente nada a ver com um milésimo; ele é eterno; o mal é a distância que separa dele as ações e os pensamentos; uma crueldade do século X é exatamente tão cruel, nem mais nem menos, quanto uma crueldade do século XIX.

Para discernir uma crueldade, é preciso levar em conta circunstâncias, significações variáveis ligadas aos atos e às palavras, a linguagem simbólica própria a cada meio; mas uma vez que uma ação tenha indubitavelmente sido reconhecida como uma crueldade, independentemente do lugar e da data, ela é horrível.

Isso seria sentido irresistivelmente se se amasse como a si mesmo todos os desgraçados que, há dois ou três mil anos, sofreram pela crueldade de seus semelhantes.

Não seria possível então escrever, como o Professor Carcopino, que a escravidão tinha se tornado doce em Roma sob o Império, visto que ela comportava raramente um castigo mais rigoroso do que as chicotadas.

A superstição moderna do progresso é um subproduto da mentira pela qual se fez do cristianismo a religião romana oficial; ela está ligada à destruição dos tesouros espirituais dos países conquistados por Roma, à dissimulação da perfeita continuidade entre esses tesouros e o cristianismo, a uma concepção histórica da Redenção, que faz dela uma operação temporal e não eterna.

O pensamento do progresso foi mais tarde laicizado; ele é agora o veneno de nossa época. Estabelecendo-se que a humanidade no século XIV é uma grande e boa coisa, mas um horror no século XIX, seria possível impedir um rapazinho do século XX, amante de leituras históricas, de dizer a si mesmo: "Eu sinto em mim mesmo que agora a época em que a humanidade era uma virtude acabou e que a época da inumanidade retorna?" O que proíbe de imaginar uma sucessão cíclica em vez de uma linha contínua? O dogma do progresso desonra o bem fazendo dele uma questão de moda.

É, aliás, somente porque o espírito histórico consiste em crer na palavra dos assassinos que esse dogma parece responder tão bem aos fatos. Quando por momentos o horror chega a perfurar a insensibilidade espessa de um leitor de Tito Lívio, ele se diz: "Eram os costumes da época". Ora, sente-se com a evidência dos historiadores gregos que a brutalidade dos romanos horrorizou e paralisou seus contemporâneos exatamente como faz hoje a dos alemães.

Salvo erro, entre todos os fatos relativos a romanos que se pode encontrar na história antiga, só há um exemplo de bem perfeitamente puro. Sob o triunvirato, durante as proscrições, os personagens consulares, os cônsules, os pretores cujos nomes estavam na lista abraçaram os joelhos de seus próprios escravos e imploraram sua ajuda nomeando-os como seus senhores e salvadores; pois o orgulho romano não resistia à desgraça. Os escravos, com razão, os rechaçaram. Houve pouquíssimas exceções. Mas um romano, sem ter tido de se rebaixar, foi escondido por seus escravos em sua própria casa. Soldados que o tinham visto entrar puseram os escravos sob tortura para forçá-los a entregar seu senhor. Os escravos sofreram tudo sem se dobrarem. Mas o senhor, de seu esconderijo, via a tortura. Ele não pôde suportar o espetáculo, veio se entregar aos soldados e foi imediatamente morto.

Qualquer um que tenha o coração no lugar, se tivesse de escolher entre vários destinos, escolheria ser indiferentemente esse senhor ou um desses escravos, em vez de um dos Scipiões, ou César, ou Cícero, ou Augusto, ou Virgílio, ou mesmo um dos Gracos.

Aqui está um exemplo do que é legítimo admirar. Há na história poucas coisas perfeitamente puras. A maioria concerne a seres cujo nome desapareceu, como esse romano, como os habitantes de Béziers no início do século XIII. Se se procurassem nomes que evocam a pureza, poucos seriam encontrados. Na história grega, apenas se poderia nomear, talvez, Aristides, Dião, o amigo de Platão, e Ágis, o pequeno rei socialista de Esparta, assassinado aos vinte anos. Na história da França, se encontraria um outro nome além de Joana d'Arc? Não é certo.

Mas pouco importa. Quem obriga a admirar muitas coisas? O essencial é admirar somente o que se pode admirar com toda a alma. Quem pode admirar Alexandre com toda a alma, se não se tem uma alma vil?

Há pessoas que propõem suprimir o ensino da história. É verdade que seria preciso suprimir o costume absurdo de aprender lições de história, fora um esqueleto tão reduzido quanto possível de datas e de pontos de ancoragem, e aplicar à história o mesmo tipo de atenção que à literatura. Mas quanto a suprimir o estudo da história, seria desastroso. Não há pátria sem história. Vê-se bem demais nos Estados Unidos o que é um povo privado da dimensão do tempo.

Outros propõem ensinar a história colocando as guerras no último plano. Seria mentir. Nós hoje podemos sentir muito bem, e isto é igualmente evidente para o passado, que nada é mais importante para os povos que a guerra. É preciso falar da guerra como ou mais do que já se faz; mas é preciso falar de outra maneira.

Não há outro procedimento para o conhecimento do coração humano senão o estudo da história aliado à experiência da vida, de tal maneira que se esclareçam mutuamente. Deve ser obrigatório fornecer esse alimento ao pensamento dos adolescentes e dos homens. Mas é preciso que seja um alimento pleno de verdade. É preciso não somente que os fatos estejam exatos, na medida em que se pode controlá-los, mas que sejam mostrados em sua perspectiva verdadeira relativamente ao bem e ao mal.

A história é um tecido de baixezas e de crueldades em que algumas gotas de pureza brilham de vez em quando. Se assim é, é primeiramente porque há pouca pureza entre os homens; depois, porque a maior parte desse pouco é e permanece escondida. É preciso procurar dela, se for possível, testemunhos indiretos. As igrejas românicas e o canto gregoriano só puderam surgir em meio a populações em que havia muito mais pureza do que houve nos séculos seguintes.

Para amar a França, é preciso sentir que ela tem um passado, mas não se deve amar o envelope histórico desse passado. É preciso amar a parte muda, anônima, desaparecida.

É absolutamente falso que um mecanismo providencial transmita à memória da posteridade o que uma época tem de melhor. Pela natureza das coisas, é a falsa grandeza que é transmitida. Há sim um mecanismo providencial, mas ele opera somente de maneira a misturar um pouco de grandeza autêntica a muito de falsa grandeza; a distingui-las para nós. Sem ele estaríamos perdidos.

A transmissão da falsa grandeza através dos séculos não é particular à história. É uma lei geral. Ela governa também, pelo exemplo, as letras e as artes. Há uma certa dominação do talento literário sobre os séculos que responde à dominação do talento político sobre o espaço; são dominações de mesma natureza, igualmente temporais, pertencendo igualmente ao domínio da matéria e da força, igualmente baixos. Também podem ser um objeto de negócio e de troca.

Ariosto não enrubesceu ao dizer a seu senhor, o Duque de Este, no curso de seu poema, algo que se resume a isto: Eu estou sob o seu poder durante minha vida, e depende de você que eu seja rico ou pobre. Mas seu nome está sob o meu poder no futuro, e depende de mim que em trezentos anos fale-se bem, mal ou nada sobre você. Nós temos interesse em nos entender. Dê-me seu favor e riqueza e eu farei seu elogio.

Virgílio tinha muito bem o tino das conveniências para expor publicamente um negócio dessa natureza. Mas, na realidade, essa é exatamente a transação que se dá entre Augusto e ele. Seus versos são frequentemente deliciosos de ler, mas apesar disso, para ele e seus semelhantes, seria preciso encontrar um outro nome que não o de poeta. A poesia não se vende. Deus seria injusto se a *Eneida*, tendo sido composta nessas condições, tivesse o valor da *Ilíada*. Mas Deus é justo, e a *Eneida* está infinitamente distante dessa igualdade.

Não é somente no estudo da história, mas em todos os estudos propostos às crianças, que o bem é desprezado, e uma vez homens, elas não encontram nos alimentos oferecidos ao ânimo senão motivos para, com esse desprezo, endurecerem-se.

É evidente, é uma verdade que chegou ao estado de lugar comum entre as crianças e os homens, que o talento nada tem a ver com a moralidade. Ora, só se propõe à admiração das crianças e dos homens o talento em todos os domínios. Em todas as manifestações do talento, qualquer uma delas, eles veem se apresentar com despudor a ausência das virtudes que se lhes recomenda praticar. Que se pode concluir, senão que a virtude é o próprio da mediocridade? Essa persuasão penetrou tão fundo que até mesmo a palavra virtude é agora ridícula, ela que era no passado tão plena de sentido, como também as palavras honestidade e bondade. Os ingleses estão mais próximos do passado que os outros países; também não há hoje nenhuma palavra na língua francesa para traduzir "good" e "wicked".

Como uma criança que vê glorificar nas lições de história a crueldade e a ambição; nas de literatura o egoísmo, o orgulho, a futilidade, a sede de fazer barulho; nas de ciência todas as descobertas que abalaram a vida dos homens, sem que se leve em conta nem o método da descoberta nem o efeito do abalo; como elas aprenderiam a admirar o bem? Tudo o que tenta ir contra essa corrente tão generalizada, por exemplo os elogios de Pasteur, soa falso. Na atmosfera da falsa grandeza, é vão querer encontrar a verdadeira. É preciso desprezar a falsa grandeza.

É verdade que o talento não tem laço com a moralidade; mas é que não há grandeza no talento. É falso que não haja laços entre a beleza perfeita, a verdade perfeita, a justiça perfeita; há mais do que laços, há unidade misteriosa, pois o bem é uno.

Há um ponto de grandeza em que o gênio criador de beleza, o gênio revelador de verdade, o heroísmo e a santidade são indiscerníveis. Sendo assim, na abordagem desse ponto, tende-se a confundir as grandezas. Não se pode discernir em Giotto o gênio do pintor e o espírito franciscano; nem nos quadros e poemas da seita Zen na China o gênio do pintor ou do poeta e o estado de iluminação místico; nem, quando Velasquez põe na tela reis e mendigos, o gênio do pintor e o amor fervente e imparcial que penetra no fundo das almas. A *Ilíada*, as tragédias de Ésquilo e as de Sófocles portam a marca evidente de que os poetas que as fizeram estavam no estado de santidade. Do ponto de vista puramente poético, sem levar em conta nada mais, é infinitamente preferível ter composto o Cântico de São Francisco de Assis, essa joia de beleza pura, em vez de toda a obra de Victor Hugo. Racine escreveu a única obra de toda a literatura francesa que possa quase ser posta ao lado das obras primas gregas no momento em que sua alma era trabalhada pela conversão. Ele estava longe da santidade quando escreveu suas outras peças, mas, também, não se encontra ali essa beleza dilacerante. Uma tragédia como *King Lear* é o fruto direto do puro espírito de amor. A santidade irradia nas igrejas românicas e no canto gregoriano. Monteverdi, Bach, Mozart foram seres puros em sua vida como em sua obra.

Se há gênios em quem a genialidade é pura a ponto de ser manifestamente muito próxima da grandeza própria aos mais perfeitos santos, por que perder tempo admirando outros? Pode-se usar os outros, extrair deles conhecimentos e júbilos; mas por que amá-los? Por que conceder o coração a outra coisa além do bem?

Há na literatura francesa uma corrente discernível de pureza. Na poesia, é preciso começar por Villon, o primeiro, o maior. Nada sabemos de seus erros, nem mesmo se houve erro de sua parte; mas a pureza da alma se manifestou através da expressão dilacerante da desgraça. O último ou quase é Racine, por causa de *Fedro* e dos *Cânticos espirituais*; entre os dois pode-se nomear Maurice Scève, d'Aubigné, Théophile de Viau, que foram três grandes poetas e três seres de uma rara elevação. No século XIX, todos os poetas foram mais ou menos do meio das letras, o que macula vergonhosamente a poesia; pelo menos Lamartine e Vigny realmente aspiraram a algo de puro e autêntico. Há um pouco de verdadeira poesia em Gérard de Nerval. No fim do século, Mallarmé foi admirado tanto como uma espécie de santo como um poeta, e eram nele duas grandezas indiscerníveis entre si. Mallarmé é um verdadeiro poeta.

Na prosa, há talvez uma pureza misteriosa em Rabelais, em que aliás tudo é misterioso. Há certamente em Montaigne, apesar de suas numerosas carências, porque ele estava sempre habitado pela presença de um ser puro e sem o qual teria sem dúvida permanecido na mediocridade, isto é, por La Boétie. No século XVII, pode-se pensar em Descartes, em Retz, em Port-Royal, sobretudo em Molière. No século XVIII, há Montesquieu e Rousseau. Talvez isso seja tudo.

Supondo-se alguma exatidão nessa enumeração, isso não significaria que não se deva ler o resto, mas que se deve lê-lo sem acreditar que ali se encontra a genialidade da França. A genialidade da França só reside no que é puro.

Tem-se absolutamente razão quando se diz que se trata de uma genialidade cristã e helênica. Por isso, seria legítimo reservar uma parte bem menor na educação e na cultura dos franceses às coisas especificamente francesas do que à arte românica, ao canto gregoriano, à poesia litúrgica e à arte, à poesia, à prosa dos gregos da época boa. Ali se pode beber torrentes da beleza absolutamente pura sob todos os pontos de vista.

É uma desgraça que o grego seja visto como uma matéria de erudição para especialistas. Se se cessasse de subordinar o estudo do grego ao do latim, e se se procurasse somente tornar uma criança capaz de ler facilmente e com prazer um texto grego fácil com uma tradução ao lado, se poderia difundir amplamente um leve conhecimento do grego, mesmo fora do secundário. Toda criança um pouco talentosa poderia entrar em contato direto com a civilização de que nós retiramos as próprias noções de beleza, verdade e justiça.

Nunca o amor pelo bem se acenderá nos corações de toda a população, como é necessário para a salvação do país, enquanto se crer que em qualquer domínio a grandeza pode ser o efeito de outra coisa além do bem.

É por isso que Cristo disse: "Uma boa árvore produz bons frutos; uma árvore ruim produz frutos podres" [cf. Lc 6,43]. Ou uma obra de arte perfeitamente bela é um fruto podre, ou a inspiração que a produz está próxima da santidade.

Se o bem puro nunca fosse capaz de produzir aqui embaixo grandeza real na arte, na ciência, na especulação teórica, na ação pública, se em todos esses domínios só houvesse grandeza falsa, se em todos esses domínios tudo fosse desprezível, e por isso condenável, não haveria nenhuma esperança para a vida profana. Não haveria iluminação possível deste mundo pelo outro.

Não é assim, e é por isso que é indispensável distinguir a grandeza real da falsa, e propor ao amor somente a primeira. A grandeza real é o belo fruto que cresce na árvore boa, e a árvore boa é uma disposição da alma próxima à santidade. As outras pretensas grandezas devem ser examinadas friamente, como são examinadas curiosidades naturais. Se, na realidade, a repartição entre essas duas rubricas pode comportar erros, não é menos essencial inscrever no mais profundo do coração o próprio princípio da repartição.

A concepção moderna da ciência é responsável, como a da história e a da arte, pelas monstruosidades atuais, e deve ser, também ela, transformada antes que se possa esperar ver despontar uma civilização melhor.

Isso é ainda mais decisivo na medida em que, ainda que a ciência seja rigorosamente um assunto de especialistas, o prestígio da ciência e dos estudiosos na mente de todos é imenso, e nos países não totalitários supera em muito qualquer outro. Na França, quando a guerra estourou, ele era talvez o único que subsistia; nada mais era objeto de respeito. Na atmosfera do Palácio da Descoberta, em 1937, havia algo ao mesmo tempo publicitário e religioso, tomando-se essa palavra no sentido mais grosseiro. A ciência, com a técnica que a aplica, é nossa única razão para termos orgulho de sermos ocidentais, pessoas de raça branca, modernos.

Um missionário que persuade um polinésio de abandonar suas tradições ancestrais, tão poéticas e tão belas, sobre a criação do mundo, pelas do Gênesis, impregnadas de uma poesia muito semelhante, esse missionário retira sua força persuasiva da consciência de que tem sua superioridade de homem branco, consciência fundada na ciência. Ele é, contudo, pessoalmente estrangeiro à ciência tanto quanto o polinésio, pois qualquer um que não seja especialista é completamente estrangeiro a ela. O Gênesis mais ainda. Um professor de povoado que zomba do vigário, e cuja atitude dissuade as crianças de irem à missa, retira sua força persuasiva da consciência de sua superioridade de homem moderno sobre um dogma medieval, consciência fundada na ciência. Contudo, relativamente a suas possibilidades de controle, a teoria de Einstein é pelo menos tão pouco fundada e tão contrária ao bom senso quanto a tradição cristã concernente à concepção e ao nascimento de Cristo.

Duvida-se de tudo na França, não se respeita nada; há pessoas que desprezam a religião, a pátria, o Estado, os tribunais, a propriedade, a arte, enfim todas as coisas; mas seu desprezo se refreia diante da ciência. O cientificismo mais grosseiro tem adeptos tão fervorosos quanto os anarquistas. Le Dantec é seu grande homem. Os "bandidos trágicos" de Bonnot retiravam dali sua inspiração, e aquele que, dentre eles, era aos olhos dos camaradas mais herói do que os outros, era apelidado de "Raymond a ciência". No outro polo, encontram-se padres ou religiosos tomados pela vida religiosa a ponto de desprezar todos os valores profanos, mas seu desprezo se refreia diante da ciência. Em todas as polêmicas em que a religião e a ciência parecem estar em conflito, há do lado da Igreja uma inferioridade intelectual quase cômica, pois ela se deve, não à força dos argumentos adversos, geralmente muito medíocres, mas unicamente a um complexo de inferioridade.

Com relação ao prestígio da ciência, não há hoje quem seja descrente. Isso confere aos estudiosos, e também aos filósofos e escritores que escrevem sobre a ciência, uma responsabilidade igual à que tinham os padres do século XIII. Uns e outros são seres humanos que a sociedade alimenta para que tenham o prazer de procurar, de encontrar e de comunicar o que é a verdade. No século XX como no século XIII, o pão gasto para esse fim é provavelmente, por desgraça, pão desperdiçado, ou talvez pior.

A Igreja do século XIII tinha Cristo; mas ela tinha a Inquisição. A ciência do século XX não tem Inquisição; mas tampouco tem Cristo, nem nada equivalente.

O encargo assumido hoje pelos estudiosos e por todos aqueles que escrevem em torno da ciência é um peso tal que, também eles, como os historiadores ou mais do que eles, são talvez mais culpados dos crimes de Hitler do que o próprio Hitler.

É o que aparece em uma passagem do *Mein Kampf*: "O homem nunca deve cair no erro de crer que é senhor e mestre da natureza... Ele sentirá então que, em um mundo onde os planetas e os sóis seguem trajetórias circulares, onde luas giram em torno dos planetas, onde a força reina por toda parte e sozinha enquanto senhora da fraqueza, que coage a servi-la com docilidade ou esmaga, o homem não pode obedecer a leis especiais".

Essas linhas expressam de uma maneira irrepreensível a única conclusão que se possa tirar, sendo-se razoável, da concepção de mundo encerrada em nossa ciência. A vida inteira de Hitler é apenas a realização dessa conclusão. Quem pode repreendê-lo por ter posto em prática o que acreditou reconhecer como verdadeiro? Aqueles que, trazendo em si os fundamentos da mesma crença, não tomaram consciência dela e não a traduziram em atos, só escaparam ao crime porque lhes faltava uma certa espécie de coragem que está em Hitler.

Uma vez mais, não é o adolescente abandonado, miserável vagabundo, com a alma esfomeada, que é justo de acusar, mas os que lhe deram mentira para comer. E aqueles que lhe deram mentira para comer, eram nossos antepassados, a quem somos semelhantes.

Na catástrofe de nosso tempo, os carrascos e as vítimas são, uns e outros, antes de tudo portadores involuntários de um testemunho sobre a miséria atroz no fundo da qual jazemos.

Para se ter o direito de punir os culpados, seria preciso primeiro nos purificar de seu crime, contido sob todo tipo de disfarce em nossa própria alma. Mas se nós tivermos êxito nessa operação, uma vez realizada não teremos mais nenhum desejo de punir, e se acreditarmos estar obrigados a fazê-lo, o faremos o menos possível e com uma dor extrema.

Hitler viu muito bem o absurdo da concepção do século XVIII ainda favorecida hoje, e que aliás já tem suas raízes em Descartes. Há dois ou três séculos crê-se tanto que a força é a senhora única de todos os fenômenos da natureza, quanto que os homens podem e devem fundar na justiça, reconhecida por meio da razão, suas relações mútuas. É um absurdo gritante. Não é concebível que tudo no universo seja absolutamente submetido ao império da força e que o ser humano possa esquivar-se a ela, enquanto é feito de carne e de sangue e seu pensamento vagabundeia ao sabor das impressões sensíveis.

Há apenas uma escolha a ser feita. Ou percebe-se em marcha no universo, ao lado da força, um outro princípio, ou reconhece-se a força como senhora única e soberana também das relações humanas.

No primeiro caso, faz-se radical oposição à ciência moderna tal como fundada por Galileu, Descartes e vários outros, continuada no século XVIII, notadamente por Newton, no século XIX e no século XX. No segundo caso, faz-se radical oposição ao humanismo que surgiu no Renascimento, que triunfou em 1789, que, em uma forma consideravelmente degradada, serviu de inspiração a toda a Terceira República.

A filosofia que inspirou o espírito laico e a política radical se funda nessa ciência e nesse humanismo, que são, percebe-se, manifestamente incompatíveis. Não se pode, portanto, dizer que a vitória de Hitler sobre a França de 1940 tenha sido a vitória de uma mentira sobre a verdade. Uma mentira incoerente foi vencida por uma mentira coerente. É por isso que, ao mesmo tempo que os exércitos, curvaram-se os ânimos.

No curso dos últimos séculos, sentiu-se confusamente a contradição entre a ciência e o humanismo, ainda que nunca se tenha tido a coragem intelectual de encará-la de frente. Sem tê-la primeiramente exposto à observação, tentou-se resolvê-la. Essa improbidade da inteligência é sempre punida com o erro.

O utilitarismo foi o fruto de uma dessas tentativas. É a suposição de um maravilhoso e simples mecanismo por meio do qual a força, entrando na esfera das relações humanas, se torna produtora automática de justiça.

O liberalismo econômico dos burgueses do século XIX repousa inteiramente na crença em tal mecanismo. A única restrição era que, para ter a propriedade de ser produtora automática de justiça, a força deve ter a forma do dinheiro, excluindo-se todo recurso aos exércitos e ao poder político.

O marxismo é somente a crença em um mecanismo desse gênero. Ali, a força é batizada de história; ela tem por forma a luta de classes; a justiça é rejeitada em um porvir que deve ser precedido de uma espécie de catástrofe apocalíptica.

E Hitler também, após seu momento de coragem intelectual e de clarividência, caiu na crença nesse mecanismo tacanho. Mas para ele era preciso um modelo de máquina inédito. Somente, ele não tem o gosto nem a capacidade da invenção intelectual, afora alguns clarões de intuição genial. Ele também tomou emprestado seu modelo de máquina das pessoas que o obcecavam continuamente pela repulsão que lhe inspiravam. Ele escolheu simplesmente como máquina a noção de raça eleita, a raça destinada a tudo submeter, e em seguida a estabelecer entre seus escravos a espécie de justiça que convém à escravidão.

Em todas essas concepções em aparência diversas e no fundo tão semelhantes, há apenas um único inconveniente, o mesmo para todas. É que são mentirosas.

A força não é uma máquina de criação automática de justiça. É um mecanismo cego do qual saem, ao acaso, indiferentemente, efeitos justos ou injustos, mas, para o jogo das probabilidades, quase sempre injustos. O curso do tempo nada modifica; ele não aumenta no funcionamento desse mecanismo a proporção ínfima dos efeitos por acaso conformes à justiça.

Se a força fosse absolutamente soberana, a justiça seria absolutamente irreal. Mas ela não é assim. Nós sabemos experimentalmente. Ela é real no fundo do coração dos homens. A estrutura de um coração humano é uma realidade entre as realidades deste universo, da mesma forma que a trajetória de um astro.

Não está no poder de um ser humano excluir em absoluto qualquer espécie de justiça das finalidades que ele atribui a suas ações. Mesmo os nazistas não puderam fazê-lo. Se isso fosse possível para os homens, eles sem dúvida poderiam tê-lo feito.

(Diga-se de passagem, sua concepção da ordem justa que deve no fim das contas resultar de suas vitórias repousa no pensamento de que, para todos os que são escravos por natureza, a servidão é a condição ao mesmo tempo mais justa e mais feliz. Ora, é o próprio pensamento de Aristóteles, seu grande argumento para a apologia da escravidão. Santo Tomás, ainda que não aprovasse a escravidão, considerava Aristóteles como a maior autoridade para todos os assuntos de estudo acessíveis à razão humana, dentre os quais a justiça. Por isso, a existência no cristianismo contemporâneo de uma corrente tomista constitui um laço de cumplicidade – em meio a muitos outros, infelizmente – entre o campo nazista e o campo adversário. Pois, ainda que rechacemos esse pensamento de Aristóteles, somos forçosamente levados em nossa ignorância a acolher outros que foram a raiz daquele. Um ser humano que se dá ao trabalho de elaborar uma apologia da escravidão não ama a justiça. O século em que viveu não faz diferença. Aceitar como tendo autoridade o pensamento de um ser humano que não ama a justiça, isso constitui uma ofensa à justiça, inevitavelmente punida pela diminuição do discernimento. Se Santo Tomás cometeu essa ofensa, nada nos compele a repeti-la.)

Se a justiça é indelével no coração do ser humano, ela tem uma realidade neste mundo. É a ciência, então, que se equivoca.

Não a ciência, se for preciso falar com exatidão, mas a ciência moderna. Os gregos tinham uma ciência que é o fundamento da nossa. Ela compreendia a aritmética, a geometria, a álgebra sob uma forma que lhes era própria, a astronomia, a mecânica, a física, a biologia. A quantidade de conhecimentos acumulados era naturalmente muito menor. Mas pelo caráter científico, no sentido que essa palavra tem para nós, a partir de critérios válidos a nossos olhos, essa ciência igualava e superava a nossa. Ela era mais exata, mais precisa, mais rigorosa. O uso da demonstração e do método experimental eram concebidos, ambos, com uma clareza perfeita.

Se isso não é em geral reconhecido, é unicamente porque o assunto em si mesmo é pouco conhecido. Poucas pessoas, se não são levadas a isso por uma vocação particular, terão a ideia de mergulhar na atmosfera da ciência grega como em uma coisa atual e viva. Aqueles que o fizeram não tiveram de se esforçar para reconhecerem a verdade.

A geração de matemáticos que se aproxima hoje dos quarenta anos reconheceu que após uma longa queda do espírito científico no desenvolvimento da matemática, o retorno do rigor indispensável aos estudiosos está se operando pelo uso de métodos quase idênticos aos métodos dos geômetras gregos.

Quanto à aplicabilidade técnica, se a ciência grega não produziu muito nesse quesito, não é que não fosse suscetível a isso, é que os estudiosos gregos não queriam. Essas pessoas, visivelmente muito atrasadas com relação a nós, como convém a homens de vinte e cinco séculos atrás, temiam o efeito de invenções técnicas suscetíveis de serem postas em uso por tiranos e conquistadores. Assim, em vez de entregarem ao público o maior número possível de descobertas técnicas e de vendê-las ao melhor comprador, eles conservavam rigorosamente secretas as que lhes acontecia de fazer por diversão; e presumivelmente permaneciam pobres. Mas Arquimedes pôs uma vez em prática seu saber técnico para defender sua pátria. Ele mesmo o pôs em prática, sem revelar nenhum segredo a ninguém. O relato das maravilhas que soube realizar é ainda hoje em grande parte incompreensível para nós. Ele teve tanto êxito que os romanos só entraram em Siracusa pagando o preço de uma semitraição.

Ora, essa ciência, tão científica quanto a nossa ou mais, não era de modo algum materialista. Mais ainda, não era um estudo profano. Os gregos a consideravam como um estudo religioso.

Os romanos mataram Arquimedes. Pouco depois eles mataram a Grécia, como os alemães, sem a Inglaterra, teriam matado a França. A ciência grega desapareceu por completo. Na civilização romana nada subsistiu. Se a lembrança dela foi transmitida para a Idade Média, foi pelo pensamento dito gnóstico, em meios iniciáticos.

Mesmo nesse caso, parece que houve somente conservação e não continuação criadora; exceto talvez no que concerne à alquimia, da qual se sabe tão pouco.

De toda maneira, no domínio público, a ciência grega só ressuscitou no início do século XVI (salvo erro de data), na Itália e na França. Ela tomou rapidamente um impulso prodigioso e invadiu a vida da Europa inteira. Hoje, a quase totalidade de nossos pensamentos, de nossos costumes, de nossas reações, de nosso comportamento leva uma marca impressa seja por seu espírito seja por suas aplicações.

Isso é verdadeiro, mais particularmente, para os intelectuais, mesmo que não sejam o que se nomeia de "cientistas", e ainda mais verdadeiro para os operários, que passam toda a vida em um universo artificial constituído pelas aplicações da ciência.

Mas, como em certos contos, essa ciência despertada depois de quase dois milênios de letargia não era mais a mesma. Ela tinha sido modificada. Era uma outra, absolutamente incompatível com qualquer espírito religioso.

É por isso que hoje a religião é uma coisa da manhã de domingo. O resto da semana é dominado pelo espírito da ciência.

Os descrentes, que submetem toda a semana à ciência, têm um sentimento triunfante de unidade interior. Mas eles se equivocam, pois sua moral não está menos em contradição com a ciência do que a religião dos outros. Hitler notou isso com clareza. Ele faz, aliás, muitas pessoas notarem isso, em toda parte onde é sensível a presença ou a ameaça das SS, e mesmo mais longe. Hoje não há quase nada além da adesão sem reservas a um sistema totalitário, preto, vermelho ou outro, que possa dar, por assim dizer, uma ilusão sólida de unidade interior. É por isso que ela constitui uma tentação tão forte para tantas almas atormentadas.

Para os cristãos, a incompatibilidade absoluta entre o espírito da religião e o espírito da ciência, que têm um e outro sua adesão, aloja na alma um mal-estar permanente, surdo e inconfesso. Ele pode ser quase imperceptível; ele é, segundo o caso, mais ou menos sensível; ele é, claro, quase sempre inconfesso. Ele impede a coesão interior. Ele se opõe a que a luz cristã impregne todos os pensamentos. Por um efeito indireto de sua presença contínua, os cristãos mais fervorosos carregam em cada hora de sua vida julgamentos, opiniões, em que se encontram aplicados sem que saibam critérios contrários ao espírito do cristianismo. Porém a consequência mais funesta desse mal-estar é tornar impossível que se exerça em sua plenitude a virtude da probidade intelectual.

O fenômeno moderno da irreligiosidade do povo se explica quase inteiramente pela incompatibilidade entre a ciência e a religião. Ele se desenvolveu quando se começou a instalar o povo das cidades em um universo artificial, cristalização da ciência. Na Rússia, a transformação foi acelerada por uma propaganda que, para desenraizar a fé, se apoiava quase inteiramente no espírito da ciência e da técnica. Por toda parte, depois que o povo das cidades se tornou irreligioso, o povo dos campos, influenciável por seu complexo de inferioridade com relação às cidades, seguiu, ainda que em menor grau.

Pelo próprio fato da deserção das Igrejas pelo povo, a religião foi automaticamente situada à direita, tornando-se uma coisa burguesa, uma coisa de bons-moços.

Pois na realidade uma religião instituída é obrigada a se apoiar naqueles que vão à igreja. Ela não pode se apoiar nos que permanecem de fora. É verdade que desde antes dessa deserção, a servilidade do clero diante dos poderes temporais lhe fez cometer erros graves. Mas eles teriam sido reparáveis sem essa deserção. Se eles provocaram em parte essa deserção, foi uma parte muito pequena. Foi quase unicamente a ciência que esvaziou as igrejas.

Se uma parte da burguesia foi menos importunada em sua piedade pela ciência do que a classe operária, é primeiramente porque ela tinha um contato menos permanente e menos carnal com as aplicações da ciência. Mas é sobretudo porque ela não tinha fé. Quem não tem fé não pode perdê-la. Salvo algumas exceções, a prática da religião era para ela uma conveniência. A concepção científica do mundo não impede de respeitar as conveniências.

Assim o cristianismo é na realidade, excetuando-se alguns centros de luz, uma conveniência relativa aos interesses daqueles que exploram o povo.

Não é, portanto, surpreendente que ele tenha uma parte em suma tão medíocre, neste momento, na luta contra a forma atual do mal.

Ainda mais porque, mesmo nos meios, nos corações em que a vida religiosa é sincera e íntima, muito frequentemente ela tem em seu próprio centro um princípio de impureza, por causa de uma insuficiência do espírito da verdade. A existência da ciência dá aos cristãos uma consciência pesada. Poucos entre eles ousam ter a certeza de que, se partissem do zero e considerassem todos os problemas abolindo qualquer preferência, com um espírito de exame absolutamente imparcial, o dogma cristão lhes apareceria como sendo a verdade manifesta e total.

Essa incerteza deveria distender os laços com a religião; não é assim, e o que impede que seja assim é que a vida religiosa lhes fornece algo de que precisam. Eles sentem mais ou menos confusamente em si mesmos que estão ligados à religião por uma necessidade. Ora, a necessidade não é um laço legítimo do ser humano com Deus. Como diz Platão, há uma grande distância entre a natureza da necessidade e a do bem. Deus se dá ao homem gratuitamente e como se por acréscimo, mas o homem não deve desejar recebê-lo. Ele deve se dar totalmente, incondicionalmente, e pelo único motivo que após ter errado de ilusão em ilusão na busca ininterrupta do bem, está certo de ter discernido a verdade ao voltar-se para Deus.

Dostoiévski cometeu a mais abominável blasfêmia quando disse: "Se Cristo não é a verdade, eu prefiro estar fora da verdade com Cristo". Cristo disse: "Eu sou a verdade". Ele disse também que era pão, bebida; mas ele disse: "Eu sou o pão verdadeiro, a bebida verdadeira" [cf. Jo 6,55], isto é, o pão que é somente verdade, a bebida que é somente verdade. É preciso desejá-lo primeiro como verdade, somente em seguida como alimento.

Há de se ter esquecido completamente dessas coisas, pois se pôde tomar Bergson por um cristão; ele que acreditava ver na energia dos místicos a forma acabada deste impulso vital do qual se fez um ídolo. Ao passo que a maravilha, no caso dos místicos e dos santos, não é que tenham mais vida, uma vida mais intensa do que as outras, mas que neles a verdade tenha se tornado a vida. Neste mundo aqui, a vida, o impulso vital caro a Bergson, não é nada mais do que mentira, e unicamente a morte é verdadeira. Pois a vida impele a crer no que se necessita crer para viver; essa servidão foi erigida em doutrina sob o nome de pragmatismo; e a filosofia de Bergson é uma forma do pragmatismo.

Mas os seres que, apesar da carne e do sangue, atravessaram interiormente um limite equivalente à morte recebem para além disso uma outra vida, que não é em primeiro lugar vida, que é em primeiro lugar verdade. Verdade tornada viva. Verdadeira como a morte e viva como a vida. Uma vida, como dizem os contos de Grimm, branca como a neve e vermelha como o sangue. É ela que é o sopro de verdade, o Espírito divino.

Já Pascal tinha cometido o crime da falta de probidade na procura de Deus. Tendo tido a inteligência formada pela prática da ciência, ele não ousou esperar que ao conceder a essa inteligência seu livre jogo encontraria no dogma cristão uma certeza. E ele tampouco ousou correr o risco de ter de prescindir do cristianismo. Ele empreendeu uma pesquisa intelectual decidindo previamente para onde ela deveria levar. Para evitar qualquer risco de desembocar em outro lugar, ele se submeteu a uma sugestão consciente e voluntária. Depois disso, procurou provas. No domínio das probabilidades, das indicações, ele percebeu coisas muito fortes. Mas quanto às provas propriamente ditas, ele apresentou somente provas miseráveis, o argumento da aposta, as profecias, os milagres. O que é ainda mais grave para ele é que nunca atingiu a certeza. Nunca recebeu a fé, e isso porque tinha buscado obtê-la.

A maioria dos que vão para o cristianismo, ou que, tendo nascido nele e nunca o tendo deixado, se apegam a ele com um movimento verdadeiramente sincero e fervoroso, são levados e em seguida mantidos por uma necessidade do coração. Eles não poderiam prescindir da religião. Ao menos não poderiam prescindir sem que isso resultasse em uma espécie de degradação dentro deles. Ora, para que o sentimento religioso proceda do espírito da verdade, é preciso estar totalmente pronto para abandonar sua religião, ao preço de perder assim toda a razão de viver, no caso em que ela seria outra coisa, não a verdade. Somente nessa disposição de espírito se pode discernir se há verdade, ou não, nela. De outra forma, não se ousa nem mesmo colocar o problema com todo o rigor.

Deus não deve ser para um coração humano uma razão de viver como o tesouro para o avarento. Harpagão e Grandet amavam seu tesouro; eles teriam se exposto à morte por ele; eles morreriam de tristeza por causa dele; eles teriam realizado maravilhas de coragem e de energia por ele. Pode-se amar a Deus assim. Mas não se deve. Ou melhor, é somente a uma certa parte da alma que essa espécie de amor é permitida, porque ela não é suscetível de nenhuma outra, mas ela deve permanecer submetida e abandonada à parte da alma que vale mais.

Pode-se afirmar sem temer exagerar que hoje o espírito da verdade está quase ausente da vida religiosa.

Isso se constata entre outras coisas na natureza dos argumentos trazidos em favor do cristianismo. Vários são da espécie publicidade para pílulas Pink. É o caso de Bergson e tudo o que se inspira dele. Em Bergson a fé aparece como uma pílula Pink da espécie superior, que comunica um grau prodigioso de vitalidade. O mesmo vale para a argumentação histórica. Ela consiste em dizer: "Vejam como os homens eram medíocres antes de Cristo. Cristo veio, e vejam como os homens, apesar das falhas, foram em seguida, no conjunto, algo bom!" Isso é absolutamente contrário à verdade. Mas mesmo que fosse verdade, é reduzir a apologética ao nível dos anúncios de especialidades farmacêuticas, que descrevem o doente antes e depois. É mensurar a eficácia da Paixão de Cristo, que, se não é fictícia, é necessariamente infinita, por um efeito histórico, temporal, humano, que, ainda que fosse real, o que não é, seria necessariamente finito.

O pragmatismo invadiu e maculou a concepção da fé em si mesma.

Se o espírito da verdade está quase ausente da vida religiosa, seria singular que estivesse presente na vida profana. Seria a inversão de uma hierarquia eterna. Mas não é assim.

Os estudiosos exigem do público que conceda à ciência o respeito religioso que se deve à verdade, e o público acredita neles. Mas ele está sendo enganado. A ciência não é um fruto do Espírito da verdade, e isso é evidente desde que se preste atenção.

Pois o esforço da pesquisa científica, tal como foi compreendida desde o século XVI até os nossos dias, não pode ter por motivação o amor da verdade.

Há nisso um critério cuja aplicação é universal e segura; ele consiste em, para apreciar uma coisa qualquer, tentar discernir a proporção de bem contida, não na coisa em si, mas nas motivações do esforço que a produziu. Pois o bem que reside na motivação estará também na coisa em si mesma, na mesma medida. A palavra de Cristo sobre as árvores e os frutos garante isso.

Somente Deus, é verdade, discerne as motivações no segredo dos corações. Mas a concepção que domina uma atividade, concepção que geralmente não é secreta, é compatível com certas motivações e não com outras; há algumas que são excluídas por necessidade, pela natureza das coisas.

Trata-se então de uma análise que leva a apreciar o produto de uma atividade humana particular pelo exame das motivações compatíveis com a concepção que as preside.

Dessa análise decorre um método para melhorar os homens – povos e indivíduos, e si mesmo para começar – modificando as concepções de maneira a fazer atuar as motivações mais puras.

A certeza de que toda concepção incompatível com as motivações realmente puras é em si mesma manchada de erro é o primeiro dos artigos da fé. A fé é antes de tudo a certeza de que o bem é uno. Crer que há vários bens distintos e mutuamente independentes, como verdade, beleza, moralidade, é isso que constitui o pecado do politeísmo, bem mais do que deixar a imaginação brincar com Apolo e Diana.

Aplicando-se esse método à análise da ciência dos três ou quatro últimos séculos, deve-se reconhecer que o belo nome de verdade está infinitamente acima dela. Os estudiosos, no esforço que fornecem dia após dia ao longo de toda a sua vida, não podem ser levados pelo desejo de possuir a verdade. Pois o que eles adquirem são simplesmente conhecimentos, e os conhecimentos não são por si mesmos um objeto de desejo.

Uma criança aprende uma lição de geografia para ter uma nota boa, ou por obediência às ordens recebidas, ou para agradar seus pais, ou porque sente uma poesia nos países distantes e em seus nomes. Se nenhuma dessas motivações existir, ele não aprende sua lição.

Se em um certo momento ele ignora qual é a capital do Brasil, e se no momento seguinte aprende, ele tem um conhecimento a mais. Mas não está de modo algum mais perto da verdade do que antes. A aquisição de um conhecimento faz, em certos casos, aproximar-se da verdade, mas em outros não. Como discernir os casos?

Se um homem surpreende a mulher que ama e a quem tinha dado toda a sua confiança em flagrante delito de infidelidade, ele entra em contato brutal com a verdade. Se ele fica sabendo que uma mulher que não conhece, cujo nome ouve pela primeira vez, em uma cidade que tampouco conhece, traiu seu marido, isso não muda de modo algum sua relação com a verdade.

Esse exemplo fornece a chave. A aquisição dos conhecimentos faz aproximar-se da verdade quando se trata do conhecimento do que se ama, e em nenhum outro caso.

Amor pela verdade é uma expressão imprópria. A verdade não é um objeto de amor. Ela não é um objeto. O que se ama é algo que existe, em que se pensa, e que pode ocasionar a verdade ou o erro. Uma verdade é sempre a verdade de algo. A verdade é o brilho da realidade. O objeto do amor não é a verdade, mas a realidade. Desejar a verdade é desejar um contato direto com a realidade. Desejar um contato com a realidade é amá-la. Só se deseja a verdade para amá-la em sua verdade. Deseja-se conhecer a verdade do que se ama. Em vez de falar em amor pela verdade, é melhor falar em um espírito da verdade no amor.

O amor real e puro deseja sempre, antes de tudo, permanecer inteiramente na verdade, independentemente do que seja, incondicionalmente. Qualquer outra espécie de amor deseja antes de tudo satisfações e, desta feita, é o princípio do erro e da mentira. O amor real e puro é em si mesmo espírito da verdade. É o Espírito Santo. A palavra grega que se traduz por espírito significa literalmente sopro ígneo, sopro misturado com fogo, e ela designava, na Antiguidade, a noção que a ciência designa hoje pela palavra energia. O que nós traduzimos como "espírito da verdade" significa a energia da verdade, a verdade como força ativa. O amor puro é essa força ativa, o amor que não quer por preço algum, em nenhum caso, nem mentira nem erro.

Para que esse amor fosse a motivação do estudioso em seu esforço exaustivo de pesquisa, seria preciso que ele tivesse algo para amar. Seria preciso que a concepção que se fizesse do objeto de seu estudo encerrasse um bem. Ora, é o contrário que ocorre. Desde o Renascimento – mais exatamente, desde a segunda metade do Renascimento – a própria concepção da ciência é a de um estudo cujo objeto se situa fora do bem e do mal, sobretudo fora do bem, considerado sem nenhuma relação nem com o bem nem com o mal, mais particularmente sem nenhuma relação com o bem. A ciência estuda somente os fatos como tais, e até mesmo os matemáticos consideram as relações matemáticas como fatos da mente. Os fatos, a força, a matéria, isolados, considerados em si mesmos, sem relação com nada mais, nisso tudo não há nada que um pensamento humano possa amar.

Sendo assim, a aquisição de conhecimentos novos não é um estímulo suficiente ao esforço dos estudiosos. Outros se fazem necessários.

Eles têm primeiramente o estímulo contido na caça, no esporte, no jogo. Ouve-se com frequência matemáticos compararem sua especialidade com o jogo de xadrez. Alguns a comparam com as atividades em que é preciso ter faro, intuição psicológica, porque dizem que é preciso adivinhar antes quais concepções matemáticas serão, ao insistir-se nelas, estéreis ou fecundas. Trata-se ainda de um jogo, e quase de um jogo de azar. Pouquíssimos estudiosos penetram bastante fundo na ciência para terem o coração tomado pela beleza. Há um matemático que compara voluntariamente a matemática a uma escultura em uma pedra particularmente dura. Pessoas que se dão ao público como padres da verdade degradam singularmente o papel que assumem comparando-se com jogadores de xadrez; a comparação com um escultor é mais honrosa. Mas se se tem a vocação de ser escultor, é melhor ser escultor em vez de matemático. Examinando-a de perto, essa comparação, na concepção atual da ciência, não tem sentido. Ela é um pressentimento muito confuso de uma outra concepção.

A técnica tem uma parte tão grande no prestígio da ciência que se seria inclinado a supor que o pensamento da aplicabilidade é um estímulo poderoso para os estudiosos. Na realidade, o que é um estímulo, não é o pensamento da aplicabilidade, é o próprio prestígio que a aplicabilidade dá à ciência. Como políticos que se embriagam por fazer a história, os estudiosos estão embriagados por se sentirem dentro de uma grande coisa. Grande no sentido da falsa grandeza; uma grandeza independente de qualquer consideração do bem.

Ao mesmo tempo alguns deles, aqueles cujas pesquisas são sobretudo teóricas, sem deixar de degustar dessa embriaguez, se sentem orgulhosos ao dizerem-se indiferentes à aplicabilidade técnica. Eles gozam assim de duas vantagens na realidade incompatíveis, mas compatíveis na ilusão; o que é sempre uma situação extremamente agradável. Eles estão entre os que fazem o destino dos homens, e sendo assim sua indiferença a esse destino reduz a humanidade às proporções de uma raça de formigas; é uma situação de deuses. Eles não se dão conta de que na concepção atual da ciência, apartando-se da aplicabilidade técnica, não resta mais nada que seja suscetível de ser visto como um bem. A habilidade em um jogo análogo ao xadrez é uma coisa de valor nulo. Sem a técnica, ninguém hoje no público se interessaria pela ciência; e se o público não se interessasse pela ciência, os que seguem uma carreira científica teriam de escolher uma outra. Eles não têm direito à atitude de desapego que assumem. Mas ainda que não seja legítima, é um estímulo.

Para outros, o pensamento da aplicabilidade, pelo contrário, serve de estímulo. Mas eles só são sensíveis à importância, não ao bem nem ao mal. Um estudioso que se sinta a ponto de fazer uma descoberta suscetível de transformar a vida humana dirige todas as suas forças para chegar lá. Quase ou nunca ocorre, parece, que ele se detenha para estimar os efeitos prováveis da transformação em bem e em mal, e renuncie a suas pesquisas se o mal parece mais provável. Um tal heroísmo parece até mesmo impossível; ele deveria, contudo, ser autoevidente. Mas nisso, como em outros assuntos, domina a falsa grandeza, a que se define pela quantidade e não pelo bem.

Enfim, os estudiosos são perpetuamente aguilhoados por motivações sociais quase inconfessáveis tamanha sua mesquinhez, e que não desempenham um grande papel em aparência, mas são muito fortes. Quem viu os franceses, em 1940, abandonar tão facilmente a pátria e alguns meses mais tarde, antes de serem realmente mordidos pela fome, fazer prodígios de resistência, desafiar o cansaço e o frio durante horas, para se procurar um ovo, não pode ignorar a inacreditável energia das motivações mesquinhas.

A primeira motivação social dos estudiosos é, pura e simplesmente, o dever profissional. Os estudiosos são pessoas pagas para fabricar ciência; espera-se deles que a fabriquem; eles se sentem obrigados a fabricá-la. Mas isso é insuficiente como excitante. O avanço, as cátedras, as recompensas de qualquer espécie, honrarias e dinheiro, as recepções no estrangeiro, a estima ou a admiração dos colegas, a reputação, a celebridade, os títulos, tudo isso conta muito.

Os costumes dos estudiosos são a melhor prova disso. Nos séculos XVI e XVII, os estudiosos se lançavam desafios. Quando publicavam suas descobertas, omitiam expressamente conexões no encadeamento das provas, ou ainda alteravam a ordem, para impedir seus colegas de compreender totalmente; eles se protegiam assim do perigo de um rival pretender ter feito a mesma descoberta antes deles. O próprio Descartes confessa ter feito isso em sua Geometria. Isso prova que não era uma filosofia no sentido que a palavra tinha para Pitágoras e Platão, um amante da Sabedoria divina; desde o desaparecimento da Grécia não houve filosofia.

Hoje, assim que um estudioso encontra algo, antes mesmo de ter amadurecido e posto à prova o valor, ele se precipita para enviar o que é chamado de uma "nota para a resenha" a fim de assegurar a prioridade. Um caso como o de Gauss é talvez único em nossa ciência; ele esquecia no fundo das gavetas manuscritos encerrando as descobertas mais maravilhosas, depois, quando alguém trazia à tona algo sensacional, ele fazia notar com negligência: "Tudo isso está exato, eu o havia descoberto há quinze anos; mas pode-se ir muito mais longe neste sentido e partir ainda de tal, tal e tal teorema". Mas também era um gênio de primeiríssima ordem. Talvez tenha havido alguns como ele, um minúsculo punhado, no curso dos três ou quatro últimos séculos; o que significou a ciência para eles permaneceu em segredo. Os estímulos inferiores têm um lugar considerável no esforço cotidiano de todos os outros.

Hoje, a facilidade das comunicações pelo mundo em tempos de paz e uma especialização levada ao extremo têm por efeito que os estudiosos de cada especialidade, que constituem uns para os outros o único público, formem o equivalente a um povoado. As fofocas circulam ali continuamente; cada um conhece cada outro, tem por cada outro simpatia ou antipatia. As gerações e as nacionalidades se chocam; a vida privada, a política, as rivalidades de carreira têm um lugar considerável. Sendo assim, a opinião coletiva desse povoado está necessariamente viciada; ora, ela constitui o único controle do estudioso, pois nem os profanos, nem os estudiosos das outras especialidades tomam qualquer conhecimento de suas pesquisas. A força dos estímulos sociais submete o pensamento do estudioso a essa opinião coletiva; ele procura agradá-la. O que ela consente em admitir é admitido na ciência; o que ela não admite é excluído. Não existe nenhum juiz desinteressado, pois cada especialista, pelo próprio fato de que é especialista, é um juiz interessado.

Diz-se que a fecundidade de uma teoria é um critério objetivo. Mas esse critério atua somente para as que são admitidas. Uma teoria recusada pela opinião coletiva do povoado dos estudiosos é forçosamente estéril, porque não se procura desenvolvê-la mais. É sobretudo o caso da física, onde até mesmo os meios de pesquisa e de controle são um monopólio nas mãos de um círculo muito fechado. Se as pessoas não estivessem entusiasmadas pela teoria dos quanta quando Planck a lançou pela primeira vez, e mesmo que fosse absurda -- ou talvez porque o era, pois se estava cansado da razão –, nunca se teria sabido que era fecunda. No momento em que causou o entusiasmo, não se tinha nenhum dado permitindo prever que o seria. Assim, há um processo darwinista na ciência. As teorias crescem ao acaso, e há a sobrevivência das mais aptas. Uma tal ciência pode ser uma forma de impulso vital, mas não uma forma de procurar a verdade.

Até mesmo o grande público não pode ignorar, e não ignora, que a ciência, como todo produto de uma opinião coletiva, está submetida à moda. Os estudiosos lhe falam com bastante frequência de teorias fora de moda. Seria um escândalo, se não estivéssemos embrutecidos demais para sermos sensíveis a algum escândalo. Como se pode devotar um respeito religioso a uma coisa submetida à moda? Os negros fetichistas nos são muito superiores; eles são infinitamente menos idólatras do que nós. Eles devotam um respeito religioso a um pedaço de madeira esculpida que é bela, e à qual a beleza confere um caráter de eternidade.

Nós sofremos realmente da doença da idolatria; ela é tão profunda que retira dos cristãos a faculdade do testemunho pela verdade. Nenhum diálogo de surdos pode aproximar-se em força cômica do debate do espírito moderno com a Igreja. Os descrentes escolhem argumentos contra a fé cristã, em nome do espírito científico, verdade que constituem indiretamente ou mesmo diretamente provas manifestas da fé. Os cristãos nunca percebem, e se esforçam debilmente, com uma consciência pesada, com uma falta aflitiva de probidade intelectual, em negar essas verdades. Sua cegueira é o castigo pelo crime da idolatria.

Não menos cômico é o embaraço dos adoradores do ídolo quando desejam expressar seu entusiasmo. Eles procuram o que louvar, e não encontram. É fácil louvar a aplicabilidade; somente, a aplicabilidade é a técnica, não é ciência. O que louvar na ciência em si? E mais precisamente, dado que a ciência reside em homens, o que louvar nos estudiosos? Não é fácil discernir. Quando se quer propor um estudioso à admiração do público, escolhe-se sempre Pasteur, ao menos na França. Ele serve de cobertura à idolatria da ciência como Joana D'Arc à idolatria nacionalista.

Ele é escolhido porque fez muito para aliviar os males físicos dos homens. Mas se a intenção de conseguir isso não foi a motivação dominante de seus esforços, é preciso considerar o fato de que ele conseguiu como uma simples coincidência. Se essa é a motivação dominante, a admiração que se lhe deve não tem relação com a grandeza da ciência; trata-se de uma virtude prática; Pasteur seria posto nesse caso na mesma categoria de uma enfermeira dedicada até o heroísmo, e não diferiria dela senão pela extensão dos resultados.

O espírito da verdade, estando ausente das motivações da ciência, não pode estar presente na ciência. Se em revanche se contasse com sua presença em um grau mais elevado na filosofia e nas letras, seria uma decepção.

Há muitos livros ou artigos que dão a impressão de que o autor, primeiro antes de começar a escrever, depois antes de entregar a cópia para impressão, se perguntou com uma ansiedade real: "Estou na verdade"? Há muitos leitores que, antes de abrir um livro, se perguntam com uma ansiedade real: "Vou encontrar aqui verdade"? Se se propusesse a todos os que têm como profissão pensar, padres, pastores, filósofos, escritores, estudiosos, professores de toda espécie, a escolha, a partir do instante presente, entre dois destinos: ou entregar-se imediata e definitivamente à idiotia, no sentido literal, com todas as humilhações que um tal desmoronamento provoca, guardando somente lucidez o bastante para provar de todo o amargor; ou um desenvolvimento súbito e prodigioso das faculdades intelectuais, que lhes asseguraria uma celebridade mundial imediata e a glória após a morte durante milênios, mas com o inconveniente de que seu pensamento residiria sempre um pouco fora da verdade; pode-se crer que muitos dentre eles sentiriam, por uma tal escolha, uma leve hesitação?

O espírito da verdade está hoje quase ausente tanto da religião como da ciência e de todo o pensamento. Os males atrozes em meio aos quais nos debatemos, sem conseguir nem mesmo sentir toda a tragédia, vêm inteiramente daí. "Este espírito de mentira e de erro – Da queda dos reis funesto precursor", do qual falava Racine, não é mais hoje o monopólio dos soberanos. Ele se estende a todas as classes da população; ele captura nações inteiras e coloca-as em frenesi.

O remédio é fazer descer novamente o espírito da verdade entre nós; e primeiro na religião e na ciência; o que implica que elas se reconciliem.

O espírito de verdade pode residir na ciência à condição de que a motivação do estudioso seja o amor pelo objeto que é a matéria de seu estudo. Esse objeto é o universo no qual vivemos.

O que se pode amar nele, senão sua beleza? A verdadeira definição da ciência é que ela é o estudo da beleza do mundo.

Assim que se pensa nisso, é evidente. A matéria, a força cega não são o objeto da ciência. O pensamento não pode alcançá-las; elas fogem na dianteira. O pensamento do estudioso alcança apenas relações que capturam matéria e força em uma rede invisível, impalpável e inalterável de ordem e de harmonia. "A trama do céu é vasta, diz Lao Zi; suas malhas são largas; no entanto, nada passa por elas".

Como o pensamento humano teria por objeto outra coisa além do pensamento? Essa é uma dificuldade tão conhecida na teoria do conhecimento que se renuncia a considerá-la, ela é deixada de lado como um lugar comum. Mas há uma resposta. É que o objeto do pensamento humano é, também ele, pensamento. O estudioso tem por finalidade a união de seu próprio ânimo com a sabedoria misteriosa eternamente inscrita no universo. Sendo assim, como haveria oposição ou mesmo separação entre o espírito da ciência e o da religião? A investigação científica é somente uma forma da contemplação religiosa.

Esse era o caso na Grécia. O que aconteceu desde então? Como pode ser que essa ciência, que, quando a espada romana a fez cair em falência, tinha o espírito religioso por essência, tenha despertado materialista ao sair de sua longa letargia? Que evento tinha ocorrido no intervalo?

Uma transformação na religião tinha ocorrido. Não se trata do advento do cristianismo. O cristianismo original, tal como se encontra ainda presente para nós no Novo Testamento, e sobretudo nos evangelhos, era, como a religião antiga dos Mistérios, perfeitamente apto para ser a inspiração central de uma ciência perfeitamente rigorosa. Mas o cristianismo sofreu uma transformação, provavelmente ligada à sua passagem à posição de religião romana oficial.

Depois dessa transformação, o pensamento cristão, excetuados alguns raros místicos sempre expostos ao perigo de serem condenados, não admite mais outra noção da Providência divina senão a de uma Providência pessoal.

Essa noção se encontra no Evangelho, pois nele Deus é nomeado como o Pai. Mas a noção de uma Providência impessoal, e em um sentido quase análogo a um mecanismo, se encontra nele também. "[Sede] filhos de vosso Pai que está nos céus. Porque ele faz nascer o sol para bons e maus, e chover sobre justos e injustos. [...] Portanto, sede perfeitos como o vosso Pai celeste é perfeito" (Mt 5,45-46).

Assim, é a imparcialidade cega da matéria inerte, é essa regularidade impiedosa da ordem do mundo, absolutamente indiferente à qualidade dos homens, e desta feita tão frequentemente acusada de injustiça – é isso que é proposto como modelo de perfeição para a alma humana. É um pensamento de uma profundidade tal que não somos nem mesmo hoje capazes de captá-lo; o cristianismo contemporâneo o perdeu totalmente.

Todas as parábolas sobre a semente respondem à noção de uma providência impessoal. A graça cai, de onde está Deus, em todos os seres; o que ela se torna depende do que eles são; onde ela penetra realmente, os frutos que porta são o efeito de um processo análogo a um mecanismo, e que, como um mecanismo, se dá na duração. A virtude da paciência, ou para traduzir mais exatamente a palavra grega, da espera imóvel, é relativa a essa necessidade da duração.

A não intervenção de Deus na operação da graça é expressa o mais claramente possível: "E dizia: 'O Reino de Deus é como um homem que joga a semente na terra. Quer ele durma ou vigie, de dia ou de noite, a semente germina e cresce sem que ele saiba como. É por si mesma que a terra dá fruto, primeiro vêm as folhas, depois a espiga, em seguida o grão que enche a espiga'" (Mc 4,26-28).

Tudo o que concerne à demanda evoca também algo de análogo a um mecanismo. Todo desejo real de um bem puro, a partir de um certo grau de intensidade, faz descer o bem correspondente. Se o efeito não se produz, o desejo não é real, ou é fraco demais, ou o bem desejado é imperfeito, ou está misturado com mal. Quando as condições estão preenchidas, Deus jamais recusa. Como a germinação da graça, é um processo que se realiza na duração. É por isso que Cristo nos prescreve ser inoportunos. As comparações que utiliza nesse ponto evocam, também elas, um mecanismo. É um mecanismo psicológico que impele o juiz a satisfazer a viúva: "vou fazer-lhe justiça, porque esta viúva está me aborrecendo" (Lc 18,5), e o homem adormecido a abrir-se a seu amigo: "Se ele não se levantar e não lhe der os pães por ser seu amigo, ao menos se levantará por causa do incômodo e lhe dará quantos necessitar" (Lc 11,8). Se nós exercemos uma espécie de coação sobre Deus, só pode tratar-se de um mecanismo instituído por Deus. Os mecanismos sobrenaturais são pelo menos tão rigorosos quanto a lei da queda dos corpos; mas os mecanismos naturais são as condições para a produção dos eventos como tais, sem relação com nenhuma consideração de valor; e os mecanismos sobrenaturais são as condições para a produção do bem puro como tal.

É o que se confirma pela experiência prática dos santos. Eles constataram, diz-se, que podiam às vezes, pela força do desejo, fazer descer à alma mais bem do que ela mesma desejaria. Isso confirma que o bem desce do céu para a terra somente na proporção em que certas condições são efetivamente realizadas na terra.

Toda a obra de São João da Cruz não é senão um estudo rigorosamente científico dos mecanismos sobrenaturais. A filosofia de Platão também.

Mesmo o julgamento, no Evangelho, aparece como algo impessoal: "Quem nele crê não é condenado [...] E o julgamento consiste no seguinte: [...] todo aquele que faz o mal odeia a luz e não se aproxima da luz, para que suas obras não sejam desmascaradas. Mas quem pratica a verdade vem à luz, para que as obras apareçam, pois são feitas em Deus" (Jo 3,18). "Julgo como ouço, e meu julgamento é justo" (Jo 5,30). "Se alguém escuta as minhas palavras e não as guarda, eu não o condeno, porque não vim para condenar o mundo, mas para o salvar. Quem me rejeita e não recebe minhas palavras, já tem quem o condene: a palavra que falei é que o condenará no último dia" (Jo 12,47-48).

Na parábola dos trabalhadores da vinha, parece haver capricho da parte do dono da vinha. Mas se se prestar um pouco de atenção, vê-se o contrário. Ele só paga um único salário porque só tem um único salário. Ele não tem trocado. São Paulo definiu o salário: "Eu conhecerei a maneira como sou conhecido". Isso não comporta graus. Da mesma forma, não há graus no ato que faz merecer o salário. Há um chamado; acorre-se ou não. Não está no poder de ninguém chegar antes do chamado, mesmo por um segundo. O momento não conta; não se leva em conta tampouco a quantidade e a qualidade do trabalho na vinha. Passa-se um tempo ou não na eternidade conforme o consentimento ou a recusa.

"Todo aquele que se eleva será humilhado, e quem se humilha será elevado" (Lc 14,11); isso evoca uma balança, como se a parte terrestre da alma estivesse em um prato, e a parte divina no outro. Um hino da Sexta-Feira Santa também compara a Cruz a uma balança. "Aqueles receberam sua recompensa". Somente Deus tem, então, o poder de recompensar os esforços que não têm recompensa aqui embaixo, os esforços realizados em vão; o vazio atrai a graça. Os esforços em vão constituem a operação que Cristo chama de "recolher tesouros no céu" (Mt 6,19).

Seria possível encontrar nos evangelhos, ainda que eles nos tenham transmitido apenas uma parte débil dos ensinamentos de Cristo, o que se poderia nomear como uma física sobrenatural da alma humana. Como toda doutrina científica, ela só contém coisas claramente inteligíveis e experimentalmente verificáveis. Somente, a verificação é constituída pela marcha em direção à perfeição, e por isso é preciso crer na palavra dos que a realizaram. Mas nós cremos na palavra, e sem poder controlá-la, nos estudiosos e no que nos dizem sobre o que acontece em seus laboratórios, ainda que ignoremos se amam a verdade. Seria mais justo crer na palavra dos santos, ao menos dos que são autênticos, pois é certo que eles amam perfeitamente a verdade.

O problema dos milagres só causa dificuldade entre a religião e a ciência porque está mal colocado. Seria preciso, para formulá-lo bem, definir o milagre. Ao se dizer que é um fato contrário às leis da natureza diz-se uma coisa absolutamente desprovida de significado. Nós não conhecemos as leis da natureza. Nós só podemos fazer suposições acerca delas. Se as que nós supomos são refutadas por fatos, é que nossa suposição era ao menos parcialmente errônea. Dizer que um milagre é o efeito de um querer particular de Deus não é menos absurdo. Entre os eventos que ocorrem, nós não temos nenhuma razão para afirmar que alguns mais do que outros procedem do querer de Deus. Nós sabemos somente, de uma maneira geral, que tudo o que ocorre, sem nenhuma exceção, é conforme à vontade de Deus enquanto Criador; e que tudo o que encerra ao menos uma parcela de bem puro procede da inspiração sobrenatural de Deus enquanto bem absoluto. Mas quando um santo faz um milagre, o que é bom é a santidade, não o milagre.

Um milagre é um fenômeno físico entre as condições prévias do qual se encontra um abandono total da alma seja ao bem, seja ao mal.

É preciso dizer seja ao bem, seja ao mal, pois há milagres diabólicos. "Porque se levantarão falsos cristos e falsos profetas que farão sinais e prodígios, para seduzir, se possível, até os escolhidos" (Mc 13,22). "Muitos me dirão naquele dia: 'Senhor, Senhor, não profetizamos em teu nome, não expulsamos demônios em teu nome, não fizemos muitos milagres em teu nome?' Então lhes declararei: Nunca vos conheci. Afastai-vos de mim, vós que praticais o mal" (Mt 7,22-23).

Não é de modo algum contrário às leis da natureza que a um abandono total da alma ao bem ou ao mal correspondam fenômenos físicos que só ocorrem nesses casos. Seria contrário às leis da natureza que fosse diferente. Pois a cada maneira de ser da alma humana corresponde algo de físico. À tristeza corresponde água salgada nos olhos; porque não a certos estados de êxtase místico, como são contados, uma certa elevação do corpo acima do chão? O fato é exato ou não; pouco importa. O que é certo é que, se o êxtase místico é algo de real na alma, ele deve corresponder no corpo a fenômenos que não aparecem quando a alma está em um outro estado. A ligação entre o êxtase místico e esses fenômenos é constituída por um mecanismo análogo ao que liga a tristeza às lágrimas. Nós não sabemos nada sobre o primeiro mecanismo. Mas nós não sabemos nada mais sobre o segundo.

O único fato sobrenatural daqui debaixo é a santidade em si mesma e o que se aproxima dela; é o fato de que os mandamentos divinos se tornam naqueles que amam Deus uma motivação, uma força ativa, uma energia motora, no sentido literal, como a gasolina em um automóvel. Se três passos são realizados sem nenhum outro esforço além do desejo de obedecer a Deus, esses três passos são milagrosos; eles o são igualmente, que sejam executados no chão ou na água. Somente, se são executados no chão, nada extraordinário aparece.

Diz-se que as histórias de caminhada sobre as águas e de ressurreição de mortos são frequentes na Índia a ponto de ninguém, salvo os tolos, se incomodar para ver um fato desse gênero. É certo, em todo caso, que os relatos sobre esses temas são muito frequentes por lá. Eles eram muito frequentes também na Grécia da época baixa, como pode-se ver em Luciano. Isso diminui singularmente o valor apologético dos milagres para o cristianismo.

Uma anedota hindu conta que um asceta, após quatorze anos de solidão, retornou para ver sua família. Seu irmão lhe perguntou o que ele tinha adquirido. Ele o levou até um rio e o atravessou a pé diante de seus olhos. O irmão acenou para o barqueiro, atravessou de barco, pagou um vintém, e disse ao asceta: "Vale a pena ter feito quatorze anos de esforços para adquirir o que eu posso me procurar por um vintém"? É a atitude do bom senso.

Sobre a exatidão dos fatos extraordinários relatados no Evangelho, nada se pode afirmar ou negar senão ao acaso, e o problema é desprovido de interesse. É certo que Cristo tinha certos poderes particulares; como se duvidaria disso, uma vez que se pode verificar que santos hindus ou tibetanos os possuem? Saber qual é o grau de exatidão de cada anedota particular não nos seria útil.

Os poderes exercidos por Cristo constituíam não uma prova, mas um elo no encadeamento de uma demonstração. Eles eram o sinal certo de que Cristo estava situado fora da humanidade ordinária, entre os que se doaram ao mal ou ao bem. Eles não indicavam qual dos dois. Mas a discriminação era fácil de ser feita pela perfeição manifesta de Cristo, a pureza de sua vida, a perfeita beleza de suas palavras, e o fato de que exercia seus poderes somente por atos de compaixão. Resultava daí, unicamente, que ele era um santo. Mas os que estavam certos de que era um santo, quando o ouviam afirmar que era o filho de Deus, podiam hesitar quanto ao sentido dessas palavras, mas tinham a obrigação de crer que elas encerravam uma verdade. Pois um santo, quando diz tais coisas, não pode nem mentir nem se enganar. Nós, da mesma forma, somos obrigados a crer em tudo o que diz Cristo, salvo naquilo em que se pode supor uma transcrição ruim; e o que confere a força da prova é a beleza. Quando o que está em questão é o bem, a beleza é uma prova rigorosa e certeira; e, mesmo, não pode haver nenhuma outra. É absolutamente impossível que haja outra qualquer.

Cristo disse: "Se eu não tivesse feito entre eles atos que nenhum outro fez, eles não teriam culpa", mas ele disse também: "Se eu não tivesse vindo lhes falar, eles não teriam culpa". Em outro momento ele fala de suas "belas ações". Os atos e as palavras são postos em conjunto. O caráter excepcional dos atos não tinha outra finalidade além de chamar a atenção. Uma vez a atenção atraída, não pode haver outra prova senão a beleza, a pureza, a perfeição.

A fala endereçada a Tomé: "Felizes os que creem sem terem visto" (Jo 20,30) não pode tratar dos que, sem tê-lo visto, creem no fato da ressurreição. Seria um elogio da credulidade, não da fé. Há por toda parte mulheres velhas que não pedem mais do que crer indiferentemente em todas as histórias de mortos ressuscitados. Seguramente os que são considerados felizes são os que não precisam da ressurreição para crer, e para quem a perfeição e a Cruz são provas.

Assim, do ponto de vista religioso, os milagres são coisa secundária, e do ponto de vista científico entram naturalmente na concepção científica do mundo. Quanto à ideia de provar Deus pela violação das leis da natureza, ela teria sem dúvida parecido monstruosa aos primeiros cristãos. Ela só poderia surgir nos espíritos doentes, que creem que a fixidez da ordem do mundo pode fornecer argumentos legítimos aos ateus.

A sucessão dos eventos do mundo aparece, também, no Evangelho, como regulada por uma Providência em um sentido pelo menos impessoal e análogo a um mecanismo. Cristo disse a seus discípulos:

"Olhai os pássaros do céu: não semeiam, nem colhem, nem guardam em celeiros, mas o Pai celeste os alimenta. [...] Observai como crescem os lírios do campo: não trabalham nem fiam. Mas eu vos digo que nem Salomão com toda a sua glória se vestiu como um deles. [...] Não se vendem dois pardais por uma moedinha de cobre? E nenhum deles cai por terra sem a vontade do vosso Pai" (Mt 6,26.29s.; 10,29). Isso significa que a solicitude da qual os santos são objeto por parte de Deus é da mesma espécie da que envolve os pássaros e os lírios. As leis da natureza regulam a maneira como a seiva alça-se nas plantas e se abre em flores, como os pássaros encontram o alimento; e elas são dispostas de tal maneira que se produz beleza. As leis da natureza são também dispostas providencialmente, de tal maneira que, entre as criaturas humanas, a resolução de procurar primeiramente o reino e a justiça do Pai celeste não acarreta automaticamente a morte.

Pode-se também dizer, caso se queira, que Deus zela por cada pássaro, cada flor e cada santo; é a mesma coisa.

A relação do todo com as partes é própria à inteligência humana. No plano dos eventos enquanto tais, seja que se considere o universo como um todo, ou qualquer uma de suas partes, recortada como se queira no espaço, no tempo, em qualquer classificação; ou uma outra parte, ou uma outra, ou uma coleção de partes; enfim, que se usem noções de todo e de parte como se queira, a conformidade à vontade de Deus permanece invariável. Há tanta conformidade à vontade de Deus em uma folha que cai sem ser vista quanto em um dilúvio. Nesse plano dos acontecimentos, a noção de conformidade à vontade de Deus é idêntica à noção de realidade.

No plano do bem e do mal, pode haver conformidade ou não conformidade à vontade de Deus segundo a relação com o bem e com o mal. A fé na Providência consiste em estar certo de que o universo em sua totalidade é conforme à vontade de Deus não somente no primeiro sentido, mas também no segundo; isto é, que neste universo o bem ganha do mal. Só pode se tratar aí do universo em sua totalidade, pois nas coisas particulares nós não podemos, infelizmente, duvidar de que haja mal. Assim, o objeto dessa certeza é uma disposição eterna e universal constituindo o fundamento da ordem invariável do mundo. A Providência divina nunca aparece de outra forma, salvo erro, nem nos textos sagrados da China, da Índia e da Grécia, nem nos evangelhos.

Mas quando a religião cristã foi oficialmente adotada pelo Império romano, pôs-se na sombra o aspecto impessoal de Deus e da Providência divina. Fez-se de Deus um duplo do Imperador. A operação foi facilitada pela corrente judaica da qual o cristianismo, pelo fato de sua origem histórica, não tinha podido se purificar.

Jeová, nos textos anteriores ao exílio, tem com os hebreus a relação jurídica de um senhor com seus escravos. Eles eram escravos do Faraó; Jeová, tendo-os retirado das mãos do Faraó, foi o sucessor de seus direitos. Eles são sua propriedade, e eles os domina como qualquer homem domina seus escravos, salvo que ele dispõe de uma escolha mais larga de recompensas e castigos. Ele lhes ordena indiferentemente o bem e o mal, mas com muito mais frequência o mal, e nos dois casos eles só podem obedecer. Importa pouco que sejam mantidos na obediência pelas motivações mais baixas, contanto que as ordens sejam executadas.

Uma tal concepção estava precisamente à altura do coração e da inteligência dos romanos. A escravidão tinha penetrado neles e degradado todas as relações humanas. Eles aviltaram as mais belas coisas. Eles desonraram os suplicantes forçando-os a mentir. Eles desonraram a gratidão vendo-a como uma escravidão atenuada; em sua concepção, ao se receber uma boa-ação, alienava-se em troca uma parte de sua liberdade. Se a boa-ação era importante, os costumes correntes forçavam a dizer ao benfeitor que se era seu escravo. Eles desonraram o amor; estar apaixonado, para eles, era ou adquirir a pessoa amada como propriedade, ou então, se não fosse possível, se submeter servilmente a ela para obter prazeres carnais, devendo-se aceitar a partilha com dez mais. Eles desonraram a pátria concebendo o patriotismo como a vontade de submeter à escravidão todos os homens que não são compatriotas. Mas seria mais curto enumerar o que eles não desonraram. Não se encontraria provavelmente nada.

Entre outras coisas, eles desonraram a soberania. A noção antiga de soberania legítima, tanto que se possa adivinhá-la, parece ter sido extremamente bela. Não se pode mais do que adivinhá-la, pois ela não existia entre os gregos. Mas é ela, provavelmente, que sobreviveu na Espanha até o século XVII, e, em um grau muito mais débil, na Inglaterra até os nossos dias.

El Cid, após um exílio brutal e injusto, após ter conquistado sozinho terras mais extensas do que o reino onde nasceu, obtém o favor de uma entrevista com o rei; e ao percebê-lo ao mais longe desce do cavalo, se lança ao chão sobre as mãos e os joelhos e beija a terra. Na *Estrela de Sevilha* de Lopo de Vega, o rei quer impedir a condenação à morte de um assassino, porque o assassinato tinha sido encomendado em segredo por ele mesmo; ele convoca separadamente cada um dos três juízes para lhes significar suas ordens; cada um, ajoelhado, protesta sua submissão total. Depois do que, tão logo reunidos em tribunal, condenam à morte com unanimidade. Ao rei que exige explicações, eles respondem: "Como súditos nós te somos submetidos em todas as coisas, mas como juízes nós só obedecemos à nossa consciência".

Essa concepção é a de uma submissão incondicionada, total, mas concedida unicamente à legitimidade, sem nenhuma consideração nem pelo poder nem pelas possibilidades de prosperidade ou de desgraça, de recompensa ou castigo. É exatamente a mesma concepção da obediência ao superior nas ordens monásticas. Um rei obedecido assim era realmente uma imagem de Deus para seus súditos, como um prior de convento para seus religiosos, não por uma ilusão que o teria feito parecer divino, mas unicamente pelo efeito de uma convenção que se acreditava ratificada divinamente. Era um respeito religioso absolutamente puro de idolatria. A mesma concepção de senhoria legítima era transposta, abaixo do rei, de alto a baixo da escala social. A vida pública inteira se encontrava assim impregnada da virtude religiosa de obediência, como a de um convento beneditino da época boa.

Nas épocas conhecidas por nós, encontra-se essa concepção entre os árabes, onde T. E. Lawrence ainda a observou; na Espanha até o momento em que esse país desgraçado teve de sofrer sob o neto de Luís XIV e perdeu assim sua alma; nos países ao sul do Rio Loire até sua conquista pela França e mesmo depois, pois essa inspiração é ainda sensível em Théophile de Viau. A realeza francesa hesitou por muito tempo entre essa concepção e a concepção romana, mas ela escolheu a concepção romana, e é por isso que sua restauração está fora de questão. Seríamos afortunados demais se houvesse para nós uma possibilidade qualquer de realeza realmente legítima.

Um certo número de indicações leva a concluir que a concepção espanhola da realeza legítima era a das monarquias orientais da Antiguidade. Mas ela foi ferida por vezes demais. Os assírios lhe fizeram muito mal. Alexandre também – esse produto da pedagogia de Aristóteles, e que nunca foi renegado por seu mestre. Os hebreus, esses escravos fugidos, sempre a ignoraram. Os romanos sem dúvida também, punhado de aventureiros reunidos pela necessidade.

O que a substituía em Roma, era a relação do senhor com o escravo. Cícero já confessava com vergonha que se via como sendo, pela metade, escravo de César. A partir de Augusto, o imperador foi visto como sendo o senhor de todos os habitantes do Império romano no sentido de um proprietário de escravos.

Os homens não imaginam que se possa lhes infligir as desgraças que acham natural infligir a outro. Mas quando isso ocorre efetivamente, para seu próprio horror, eles acham isso natural; eles não encontram, no fundo de seu coração, nenhum recurso para a indignação e a resistência contra um tratamento que seu coração nunca repugnou infligir. É assim ao menos quando as circunstâncias são tais que, mesmo para a imaginação, nada possa servir de apoio exterior, quando não se pode ter nenhum recurso senão no segredo do coração. Se os crimes passados destruíram esses recursos, a fraqueza é total e se aceita qualquer grau de vergonha. É sobre esse mecanismo do coração humano que repousa a lei de reciprocidade expressa no Apocalipse pela fórmula: "Se alguém arrasta para a escravidão, ele será arrastado para a escravidão".

É assim que muitos franceses, tendo achado natural falar de colaboração com as pessoas nativas oprimidas das colônias francesas, continuaram a pronunciar essa palavra sem nenhum pesar ao falar com seus senhores alemães.

Da mesma forma os romanos, considerando a escravidão como a instituição de base da sociedade, não encontravam nada em seu coração que pudesse dizer não a um homem que afirmava ter sobre eles o direito de um proprietário e tinha vitoriosamente apoiado essa afirmação com as armas. Nada tampouco que pudesse dizer não a seus herdeiros, dos quais eles eram a propriedade por direito de herança. Daí todas as frouxidões cuja enumeração repugnaria Tácito, ainda mais porque participou delas. Eles se suicidavam assim que recebiam a ordem, não de outra forma; um escravo não se suicida, seria roubar o senhor. Calígula tinha por detrás dele, quando comia, senadores de pé em túnica, o que era em Roma, para os escravos, a marca característica da degradação. Nos banquetes ele se ausentava por um quarto de hora para levar uma mulher nobre em seu gabinete particular, depois a trazia de volta vermelha e despenteada entre os convivas, em meio aos quais estava seu marido. Mas essas pessoas tinham sempre achado plenamente natural tratar assim não somente seus escravos, mas as populações colonizadas das províncias.

Assim no culto ao Imperador, o que era divinizado era a instituição da escravidão. Milhões de escravos faziam um culto idólatra a seu proprietário.

É isso que determinou a atitude dos romanos em matéria religiosa. Foi dito que eles eram tolerantes. Eles toleravam, com efeito, todas as práticas religiosas esvaziadas de conteúdo espiritual.

É provável que Hitler, se tivesse essa fantasia, poderia tolerar a teosofia sem perigo. Os romanos podiam facilmente tolerar o culto de Mitra, orientalismo falsificado para esnobes e mulheres desocupadas.

Havia duas exceções à sua tolerância. Primeiramente, eles não podiam, naturalmente, sofrer que qualquer um pretendesse a um direito de propriedade sobre seus escravos. Daí sua hostilidade contra Jeová. Os judeus eram sua propriedade e não podiam ter um outro proprietário, humano ou divino. Tratava-se simplesmente de uma contestação entre escravistas. Finalmente os romanos, por zelo de seu prestígio e para demonstrar experimentalmente que eram os senhores, mataram quase em sua totalidade o gado humano cuja propriedade se encontrava contestada.

A outra exceção era relativa à vida espiritual. Os romanos não podiam tolerar nada que fosse rico em conteúdo espiritual. O amor de Deus é um fogo perigoso cujo contato podia ser funesto para sua miserável divinização da escravidão. Também destruíram impiedosamente a vida espiritual sob todas as suas formas. Eles perseguiram cruelmente os pitagóricos e todos os filósofos afiliados a tradições autênticas. Diga-se de passagem, é extremamente misterioso que uma clareira tenha permitido uma vez a um estoico de verdade, de inspiração grega e não romana, subir ao trono; e o mistério aumenta pelo fato de que ele maltratou os cristãos[14]. Eles exterminaram todos os druidas da Gália; aniquilaram os cultos egípcios; afogaram no sangue e desonraram com engenhosas calúnias a adoração de Dionísio. Sabe-se o que eles fizeram dos cristãos no início.

Contudo, eles sentiam um mal-estar em sua idolatria excessivamente grosseira. Como Hitler, eles conheciam o valor de um envelope ilusório de espiritualidade. Eles teriam desejado tomar a casca exterior de uma tradição religiosa autêntica para aplicá-la sobre seu ateísmo visível demais. Hitler também gostaria bastante de encontrar ou fundar uma religião.

Augusto fez uma tentativa de aproximação com o clero de Elêusis. A instituição dos mistérios de Elêusis já se encontrava degradada quase até a aniquilação, ignora-se em decorrência do quê, no tempo dos sucessores de Alexandre. Os massacres de Sila, que encheram de sangue as ruas de Atenas como água em uma enchente, não devem lhes ter feito nenhum bem. É muito duvido-

---

14. A autora se refere a Marco Aurélio (121-180 d.C.), de cujas *Memórias* fora uma leitora voraz.

so que no tempo do Império subsistisse algum traço da tradição autêntica. No entanto, as pessoas de Elêusis se recusaram à operação.

Os cristãos consentiram quando estavam cansados demais de serem massacrados, infelizes demais por não verem chegar o fim triunfal do mundo. É assim que o Pai de Cristo, acomodado à moda romana, se tornou senhor e proprietário de escravos. Jeová fornecia a transição. Não havia mais nenhum inconveniente em acolhê-lo. Não havia mais contestação de propriedade entre o imperador romano e ele, desde a destruição de Jerusalém.

O Evangelho, é verdade, é cheio de comparações retiradas da escravidão. Mas na boca de Cristo essa palavra é uma argúcia do amor. Os escravos são homens que quiseram de todo o coração se dar a Deus como escravos. E, ainda que seja um dom realizado em um instante e de uma vez por todas, em seguida esses escravos não cessam por um segundo de suplicar a Deus que consinta mantê-los na escravidão.

Isso é incompatível com a concepção romana. Se fôssemos propriedade de Deus, como poderíamos nos dar a ele como escravos? Ele nos libertou pelo fato de que nos criou. Nós estamos fora de seu reino. Apenas nosso consentimento pode, com o tempo, realizar a operação inversa, e fazer de nós mesmos algo de inerte, algo de análogo ao nada, onde Deus seja senhor absoluto.

A inspiração verdadeiramente cristã foi, felizmente, conservada pela mística. Mas afora a mística pura, a idolatria romana maculou tudo. Idolatria, pois é o modo da adoração, não o nome atribuído ao objeto, que separa a idolatria da religião. Se um cristão adora Deus com um coração disposto como o coração de um pagão de

Roma na homenagem rendida ao imperador, esse cristão também é idólatra.

A concepção romana de Deus subsiste ainda hoje, até em pessoas com o espírito de um Maritain.

Ele escreveu: "A noção de direito é mesmo mais profunda do que a de obrigação moral, pois Deus tem um direito soberano sobre as criaturas e não tem obrigação moral para com elas (ainda que deva a si mesmo dar-lhes o que é requisitado pela natureza)".

Nem a noção de obrigação nem a de direito poderiam convir a Deus, mas a de direito infinitamente menos. Pois a noção de direito está infinitamente mais distante do bem puro. Ela é uma mistura de bem e de mal; pois a posse de um direito implica a possibilidade de fazer seja um bom, seja um mal uso dele. Pelo contrário, a realização de uma obrigação é sempre, incondicionalmente, um bem sob todos os pontos de vista. É por isso que as pessoas de 1789 cometeram um erro tão desastroso escolhendo como princípio de sua inspiração a noção de direito.

Um direito soberano é o direito de propriedade segundo a concepção romana ou qualquer outra que lhe seja essencialmente idêntica. Atribuir a Deus um direito soberano sem obrigação é fazer dele o equivalente infinito de um proprietário de escravos em Roma. Isso não permite mais do que um devotamento servil. O devotamento de um escravo por um homem que o vê como sua propriedade é coisa baixa. O amor que leva um ser humano livre a abandonar seu corpo e sua alma em servidão ao que constitui o bem perfeito é o contrário de um amor servil.

Na tradição mística da Igreja católica, um dos objetos principais das purificações pelas quais a alma deve passar é a abolição total da concepção romana de Deus. Enquanto resta um traço disso, a união de amor é impossível.

Mas a propagação dos místicos foi impotente para aniquilar essa concepção da Igreja tal como estava aniquilada em sua alma, porque a Igreja necessitava dela como o Império havia precisado. Ela era necessária para sua dominação temporal. De maneira que a divisão do poder em poder espiritual e temporal, de que se fala tão frequentemente a propósito da Idade Média, é coisa mais complexa do que se pensa. A obediência ao rei conforme a concepção espanhola clássica é uma coisa infinitamente mais religiosa e mais pura do que a obediência a uma Igreja armada da Inquisição e propondo uma concepção escravista de Deus, como foi em larga medida o caso no século XIII. Poderia bem ser que, por exemplo no século XIII em Aragão, o rei tenha sido o detentor de uma autoridade realmente espiritual, e a Igreja de uma autoridade realmente temporal. De qualquer maneira, o espírito romano de imperialismo e de dominação jamais abandonou suficientemente a Igreja para que ela abolisse a concepção romana de Deus.

Em consequência, a concepção da Providência se tornou irreconhecível. Ela é de um absurdo gritante ao ponto de ensurdecer o pensamento. Os mistérios autênticos da fé são, também eles, absurdos, mas de um absurdo que ilumina o pensamento e lhe faz produzir em abundância verdades evidentes para a inteligência. Os outros absurdos são talvez mistérios diabólicos. Uns e outros se encontram misturados no pensamento cristão corrente como o joio e o trigo.

A concepção da Providência que responde ao Deus do tipo romano é uma intervenção pessoal de Deus no universo para ajustar certos meios com vistas a fins particulares. Admite-se que a ordem do mundo, abandonada a si mesma e sem intervenção particular de Deus em tal lugar, em tal instante, para tal fim, poderia produzir efeitos não conformes ao querer de Deus. Admite-se que Deus pratica essas intervenções particulares. Mas admite-se que essas intervenções, destinadas a corrigir o jogo da causalidade, são em si mesmas submetidas a causalidades. Deus viola a ordem do mundo para fazer surgir nele não o que quer produzir, mas causas que trarão o que ele quer produzir a título de efeito.

Ao refletir-se sobre isso, essas suposições correspondem exatamente à situação do ser humano diante da matéria. O ser humano tem fins particulares que o obrigam a intervenções particulares, as quais são submetidas à lei da causalidade. Que se imagine um grande proprietário romano que tem vastos domínios e numerosos escravos; depois, que se alargue o domínio nas dimensões do próprio universo. Tal é a concepção de Deus que na realidade domina uma parte do cristianismo, cuja mácula contamina, talvez, mais ou menos o cristianismo inteiro, exceto os místicos.

Se se supõe um tal proprietário vivendo sozinho, sem nunca encontrar seus iguais, sem nenhuma relação senão com seus escravos, pode-se perguntar como um fim particular pode surgir no pensamento. Ele não tem necessidades insatisfeitas. Ele buscaria o bem de seus escravos? Nesse caso, ele o faria bem mal, pois na realidade os escravos estão sujeitos ao crime e à desgraça. Se se busca lhes inspirar bons sentimentos pela enumeração de tudo o que há de feliz em seu destino – como faziam sem dúvida no passado os predicadores escravistas na América – só se torna mais manifesto o quanto essa parte de bem é limitada, o quanto há desproporção entre o poder atribuído ao senhor e a parte respectiva do bem e do mal. Como não se pode dissimular, será dito aos escravos que se são desgraçados, é por culpa deles. Mas essa afirmação, se aceita, não traz nenhum esclarecimento para o problema de saber o que podem ser as vontades do proprietário. É impossível se representarem essas vontades de outra forma além de caprichos dos quais alguns são benevolentes. Na realidade, são representadas assim.

Todas as tentativas para deslindar na estrutura do universo as marcas de benevolência do proprietário estão, sem nenhuma exceção, no mesmo nível que a frase de Bernardin de Saint-Pierre sobre os melões e as refeições em família. Há nessas tentativas o mesmo absurdo central que nas considerações históricas sobre os efeitos da Encarnação. O bem que é dado ao ser humano observar no universo é finito, limitado. Tentar encontrar nele uma marca da ação divina é fazer de Deus em si mesmo um bem finito, limitado. É uma blasfêmia.

As tentativas do mesmo gênero na análise da história podem ser ilustradas por um pensamento engenhoso expresso em uma revista católica de Nova York, quando do último aniversário da descoberta da América. Ela dizia que Deus tinha enviado Cristóvão Colombo à América a fim que houvesse alguns séculos mais tarde um país capaz de vencer Hitler. Isso está ainda bem abaixo de Bernardin de Saint-Pierre; é atroz. Deus aparentemente despreza, ele também, as raças de cor; o extermínio das populações da América no século XVI lhe parecia pouca coisa a pagar pela salvação dos Europeus no século XX; e ele não podia lhes levar a salvação por meios menos sangrentos. É de se acreditar que, em vez de enviar Cristóvão Colombo à América com mais de quatro séculos de antecedência, teria sido mais simples enviar alguém para assassinar Hitler por volta de 1923.

Seria um erro pensar que se trata de um grau excepcional de imbecilidade. Toda interpretação providencial da história está, por necessidade, situada exatamente nesse nível. É o caso da concepção histórica de Bossuet. Ela é ao mesmo tempo atroz e estúpida, igualmente revoltante para a inteligência e para o coração. É preciso ser bem sensível à sonoridade das palavras para ver esse prelado cortesão como um grande pensador.

Quando a noção de Providência é introduzida na vida privada, o resultado não é menos cômico. Quando o raio cai a um centímetro de alguém sem tocá-lo, crê-se com frequência que se foi preservado pela Providência. Os que estão a um quilômetro de lá não pensam dever a vida a uma intervenção divina. Aparentemente, quando o mecanismo do universo está a ponto de matar um ser humano, Deus se pergunta se lhe agrada ou não lhe salvar a vida, e se decide fazê-lo, dá um empurrãozinho quase imperceptível no mecanismo. Ele pode perfeitamente deslocar o raio em um centímetro para salvar uma vida, mas não um quilômetro, ainda menos impedi-lo pura e simplesmente de cair. É preciso crer que se pensa assim. De outra maneira dir-se-ia que a Providência intervém para nos impedir de ser mortos pelo raio em todos os instantes de nossa vida, no mesmo grau que no instante em que o raio cai a um centímetro de nós. O único instante em que ela não intervém para impedir que tal ser humano seja morto pelo raio é o instante mesmo em que o raio mata, se ao menos isso ocorrer. Tudo o que não ocorre é impedido por Deus no mesmo grau. Tudo o que ocorre é permitido por Deus no mesmo grau.

A concepção absurda da Providência como intervenção pessoal e particular de Deus a fins particulares é incompatível com a verdadeira fé. Mas não é uma incompatibilidade evidente. Ela é incompatível com a concepção científica do mundo; e nisso a incompatibilidade é evidente. Os cristãos que, sob a influência da educação e do meio, têm neles essa concepção da Providência têm também a concepção científica do mundo, e isso os fraciona em dois compartimentos entre os quais se encontra uma divisória vedada; um para a concepção científica do mundo, o outro para a concepção do mundo como domínio onde age a Providência pessoal de Deus. Desta feita, eles não podem pensar nem esta nem aquela. A segunda, aliás, não é pensável. Os descrentes, não sendo contidos por nenhum respeito, discernem facilmente que essa Providência pessoal e particular é ridícula, e a fé em si mesma é desta feita, a seus olhos, marcada pelo ridículo.

Os desígnios particulares atribuídos a Deus são recortes feitos por nós na complexidade mais do que infinita das conexões de causalidade. Nós os fazemos reunindo por entre a duração alguns eventos a alguns de seus efeitos escolhidos em meio a milhares outros. Dizendo, sobre esses recortes, que eles são conformes ao querer de Deus, nós temos razão. Mas isso é verdade no mesmo grau e sem nenhuma exceção quanto a todos os recortes que poderiam ser feitos por toda espécie de espírito humano ou não humano, em qualquer escala de grandeza, no transcorrer do espaço e do tempo, na complexidade do universo.

Não se pode recortar na continuidade do espaço e do tempo um evento que seria como um átomo; mas a enfermidade da linguagem humana obriga a falar como se fosse possível.

Todos os eventos que compõem o universo na totalidade do curso do tempo, cada um desses eventos, cada reunião possível de vários eventos, cada relação entre dois eventos ou mais, entre um evento é uma reunião de eventos – tudo isso, no mesmo grau, foi permitido pelo querer de Deus. Tudo isso são as intenções particulares de Deus. A soma das intenções particulares de Deus é o próprio universo. Somente o que é mal se excetua, e mesmo isso deve ser excetuado não inteiramente, sob todos os pontos de vista, mas unicamente na medida em que é mal. Sob todos os outros pontos de vista, isso é conforme ao querer de Deus.

Um soldado fustigado por uma ferida muito dolorosa, e impedido por ela de tomar parte em uma batalha em que todo o seu regimento é massacrado, poderá crer que Deus quis não lhe causar dor, mas lhe salvar a vida. Isso é de uma ingenuidade extrema e uma armadilha do amor próprio. Deus quis lhe causar dor e lhe salvar a vida e produzir todos os efeitos que na realidade se produziram, mas não um dentre eles mais do que os outros.

Não há senão um caso em que seja legítimo falar de querer particular de Deus; é quando surge em uma alma uma impulsão particular que traz a marca reconhecível dos mandamentos de Deus. Mas trata-se então de Deus enquanto fonte de inspiração.

A concepção atual da Providência se assemelha ao exercício escolar que se nomeia de explicação francesa, quando é executado por um professor ruim sobre um texto poético perfeitamente belo. O professor dirá: "O poeta pôs tal palavra para obter tal efeito". Isso só pode ser verdadeiro para a poesia de segunda, décima ou quinquagésima ordem. Em um fragmento poético perfeitamente belo, todos os efeitos, todas as ressonâncias, todas as evocações suscetíveis de serem instigadas pela presença de tal ou tal palavra em tal lugar, respondem no mesmo grau, isto é, perfeitamente, à inspiração do poeta. O mesmo ocorre para todas as artes. É assim que o poeta imita Deus. A inspiração poética em seu ponto supremo de perfeição é uma das coisas humanas que podem por analogia dar uma noção do querer de Deus. O poeta é uma pessoa; contudo, nos momentos em que ele toca a perfeição poética, está atravessado por uma inspiração impessoal. É nos momentos medíocres que sua inspiração é pessoal; e não se trata então verdadeiramente da inspiração. Ao servir-se da inspiração poética como de uma imagem para conceber por analogia o querer de Deus, não se deve tomar a forma medíocre, mas a forma perfeita.

A Providência divina não é um tormento, uma anomalia na ordem do mundo. É a ordem do mundo em si mesma. Ou melhor, é o princípio ordenador deste universo. É a Sabedoria eterna, única, estendida ao longo de todo o universo em uma rede soberana de relações.

É assim que a concebeu toda a Antiguidade pré-romana. Todas as partes do Antigo Testamento em que penetrou a inspiração universal do mundo antigo nos trazem essa concepção envolvida em um esplendor verbal incomparável. Mas nós estamos cegos. Nós lemos sem compreender.

A força bruta não é soberana aqui embaixo. Ela é, por natureza, cega e indeterminada. O que é soberano aqui embaixo é a determinação, o limite. A Sabedoria eterna aprisiona este universo em uma rede, uma malha de determinações. O universo não se contorce. A força bruta da matéria, que nos parece soberania, não é outra coisa na realidade senão perfeita obediência.

Essa é a garantia concedida ao ser humano, a arca da aliança, o pacto, a promessa visível e palpável aqui embaixo, o apoio certo da esperança. Essa é a verdade que nos morde o coração a cada vez que estamos sensíveis à beleza do mundo. Essa é a verdade que brilha com incomparáveis tons de alegria nas partes belas e puras do Antigo Testamento, na Grécia entre os pitagóricos e todos os sábios, na China de Lao Zi, nas escrituras sagradas hindus, nos fragmentos egípcios. Ela está talvez escondida em inumeráveis mitos e contos. Ela aparecerá diante de nós, sob nossos olhos, em nossa própria ciência, se um dia, como em Agar, Deus nos abrir os olhos.

Ela é discernida através, até mesmo, das palavras nas quais Hitler afirma o erro contrário: "... em um mundo onde os planetas e os sóis seguem trajetórias circulares, onde luas giram em torno dos planetas, onde a força reina por toda parte e sozinha enquanto senhora da fraqueza, que coage a servi-la com docilidade ou esmaga..." Como a força cega suscitaria círculos? Não é a fraqueza que serve docilmente a força. É a força que é dócil à Sabedoria eterna.

Hitler e sua juventude fanática nunca sentiram isso ao olhar para os astros à noite. Mas quem jamais tentou ensiná-los? A civilização da qual somos tão orgulhosos fez tudo para dissimular isso; e enquanto algo em nossa alma for capaz de sentir orgulho dela, nós não somos inocentes quanto a nenhum dos crimes de Hitler.

Na Índia, uma palavra cujo sentido original é "equilíbrio" significa ao mesmo tempo a ordem do mundo e a justiça. Aqui está um texto sagrado sobre esse assunto, que, sob uma forma simbólica, é relativo ao mesmo tempo à criação do mundo e à sociedade humana.

> "Deus, na verdade, existia na origem, absolutamente só. Estando só, ele não se manifestava. Ele produziu uma forma superior, a soberania... É por isso que não há nada acima da soberania. É por isso que nas cerimônias o padre está sentado acima do soberano...
> Deus não se manifestava ainda. Ele produziu a classe dos camponeses, artesãos e comerciantes.
> Ele não se manifestava ainda. Ele produziu a classe dos servidores.
> Ele não se manifestava ainda. Ele produziu uma forma superior, a justiça. A justiça é a soberania da soberania. É por isso que não há nada acima da justiça. Aquele que é desprovido de poder pode igualar aquele que é muito poderoso por meio da justiça, como por meio de uma autoridade monárquica. O que é justiça, é verdade. É por isso que, quando alguém diz a verdade, diz-se: 'Ele é justo'. E quando alguém diz a justiça, diz-se: 'Ele é verdadeiro'. É que realmente a justiça e a verdade são a mesma coisa".

Uma estância hindu muito antiga diz:

> Isto de onde o sol levanta,
> Isto em que o sol se põe,
> Isto, os deuses o fizeram justiça,
> A mesma hoje, a mesma amanhã.

Anaximandro escreveu:

> É a partir do indeterminado que tem lugar o nascimento para as coisas; e a destruição é um retorno ao indeterminado, que se realiza em virtude da necessidade. Pois as coisas sofrem um castigo e uma expiação umas da parte das outras, por causa de sua injustiça, conforme à ordem do tempo.

É isso, a verdade, e não a concepção monstruosa colhida por Hitler na vulgarização da ciência moderna. Toda força visível e palpável está sujeita a um limite invisível que ela nunca transporá. No mar, uma onda sobe, sobe e sobe; mas um ponto, onde não há, todavia, mais do que vazio, a estanca e a faz descer. Da mesma maneira a torrente alemã estancou-se, sem que ninguém tenha sabido o porquê, à beira do canal da Mancha.

Os pitagóricos diziam que o universo é constituído a partir do indeterminado e do princípio que determina, que limita, que estanca. É sempre ele que domina.

A tradição relativa ao arco-íris, seguramente tomada de empréstimo por Moisés aos egípcios, expressa da maneira mais tocante a esperança que a ordem do mundo deve dar aos homens: "[Deus diz:] Quando cobrir de nuvens a terra, aparecerá o arco-íris nas nuvens. Então eu me lembrarei de minha aliança convosco e com todas as espécies de seres vivos, e as águas não virão mais como dilúvio para destruir a vida animal" (Gn 9,13-14).

O belo semicírculo do arco-íris é o testemunho de que os fenômenos daqui debaixo, por mais aterrorizantes que possam ser, estão todos submetidos a um limite. A esplêndida poesia desse texto quer que ele faça lembrar a Deus de exercer sua função de princípio que limita.

"Impuseste um limite que as águas não deviam ultrapassar, para não tornarem a cobrir a terra" (Sl 104,9).

E como as oscilações das ondas, todas as sucessões de eventos aqui embaixo, sendo todas rupturas de equilíbrio mutuamente compensadas, nascimentos e destruições, crescimentos e diminuições, tornam todas sensíveis à presença invisível de uma rede de limites sem substância e mais dura do que qualquer diamante. É por isso que as vicissitudes das coisas são belas, ainda que deixem perceber uma necessidade impiedosa. Impiedosa, mas que não é a força, que é senhora soberana de toda força.

Mas o pensamento que embriagou verdadeiramente os antigos é que o que faz obedecer a força cega da matéria não é uma outra força, mais forte. É o amor. Eles pensavam que a matéria é dócil à Sabedoria eterna pela virtude do amor que a faz consentir à obediência.

Platão dizia no *Timeu* que a Providência divina domina a necessidade exercendo sobre ela uma persuasão sábia. Um poema estoico do século III antes da era cristã, mas cuja inspiração já se provou bem mais antiga, diz a Deus:

> A você toda esta gente que rola em torno da terra
> obedece onde que você a leve e ela consente à sua
> dominação.
> Tal é a virtude do servidor que você mantém sob
> tuas invencíveis mãos,
> de duplo corte, em fogo, eternamente vivo, o raio.

O raio, o traço de fogo vertical que jorra do céu para a terra, é a troca de amor entre Deus e sua criação, e é por isso que "lançador do raio" é por excelência o epíteto de Zeus.

É daí que vem a concepção estoica do *amor fati*, amor da ordem do mundo, posta por eles no centro de toda virtude. A ordem do mundo deve ser amada porque é pura obediência a Deus. Independentemente do que este universo nos conceda ou nos inflija, ele o faz exclusivamente por obediência. Quando um amigo há muito tempo ausente e ansiosamente esperado aperta nossa mão, não importa que a pressão em si mesma seja agradável ou penosa; se ele aperta forte demais e faz mal, nem se nota. Quando ele fala, não nos ocorre perguntar-nos se o som da voz é em si mesmo agradável. A pressão da mão, a voz, tudo é somente para nós o sinal de uma presença, e a esse título infinitamente querido. Da mesma forma, tudo o que nos acontece no curso de nossa vida, sendo trazido pela obediência total deste universo a Deus, nos põe em contato com o bem absoluto que constitui o querer divino; a esse título, tudo sem exceção, alegrias e dores indistintamente, deve ser acolhido na mesma atitude interior de amor e de gratidão.

Os homens que ignoram o verdadeiro bem desobedecem a Deus neste sentido em que não lhe obedecem como convém a uma criatura pensante, por um consentimento do pensamento. Mas seus corpos e suas almas são absolutamente submetidos às leis dos mecanismos que regem soberanamente a matéria física e psíquica. A matéria física e psíquica neles obedece perfeitamente; eles são perfeitamente obedientes enquanto são matéria, e não são outra coisa se não têm nem desejam a luz sobrenatural que, somente, eleva o ser humano acima da matéria. É por isso que o mal que eles nos fazem deve ser acolhido como o mal que nos faz a matéria inerte. Além da compaixão que convém conceder a um pensamento humano perdido e em sofrimento, eles devem ser amados como deve ser amada a matéria inerte, enquanto partes da ordem perfeitamente bela do universo.

Claro, quando os romanos acreditaram dever desonrar o estoicismo adotando-o, eles substituíram o amor por uma insensibilidade baseada no orgulho. Daí o preconceito, comum ainda hoje, de uma oposição entre o estoicismo e o cristianismo, ao passo que são dois pensamentos gêmeos. Até mesmo os nomes das pessoas da Trindade, Logos, Pneuma, são tomados de empréstimo do vocabulário estoico. O conhecimento de certas teorias estoicas lança uma luz viva sobre várias passagens enigmáticas do Novo Testamento. Havia troca entre os dois pensamentos por causa de suas afinidades. No centro de uma e da outra se encontravam a humildade, a obediência e o amor.

Mas vários textos indicam que o pensamento estoico foi também o do mundo antigo inteiro, até a Ásia do Leste. Toda a humanidade no passado viveu no deslumbramento do pensamento de que o universo onde nos encontramos não é outra coisa senão a perfeita obediência.

Os gregos ficaram embriagados ao encontrarem na ciência uma confirmação resplandecente disso, e foi a motivação de seu entusiasmo por ela.

A operação da inteligência no estudo científico fez aparecer ao pensamento a necessidade soberana sobre a matéria como uma rede de relações imateriais e sem força. A necessidade só é perfeitamente concebida no momento em que as relações aparecem como perfeitamente imateriais. Elas são, então, apresentadas ao pensamento somente pelo efeito de uma atenção elevada e pura, que parte de um ponto da alma não submetido à força. Aquilo que na alma humana está submetido à força é o que se encontra sob o império das necessidades. É preciso esquecer toda necessidade para conceber as relações em sua pureza imaterial. Se se chega lá, dá-se conta do jogo das forças pelas quais a satisfação é concedida ou recusada às necessidades.

As forças daqui debaixo são soberanamente determinadas pela necessidade; a necessidade é constituída por relações que são pensamentos; por isso a força que é soberana aqui embaixo é soberanamente dominada pelo pensamento. O ser humano é uma criatura pensante; ele está do lado do que comanda a força. Ele não é, certamente, senhor e mestre da natureza, e Hitler tinha razão em dizer que crendo sê-lo ele se engana; mas ele é filho do senhor, o filho da casa. A ciência é a prova disso. Uma criança bem jovem em uma casa rica é em muitas coisas submetida aos empregados; mas quando ela está no colo de seu pai e se identifica com ele pelo amor, ele toma parte na autoridade.

Enquanto o ser humano tolerar ter a alma preenchida por seus próprios pensamentos, por seus pensamentos pessoais, ele estará inteiramente submetido até o mais íntimo de seus pensamentos à coação das necessidades e ao jogo mecânico da força. Mas tudo muda quando, pela virtude de uma verdadeira atenção, ele esvazia sua alma para deixar penetrar nela os pensamentos da sabedoria eterna. Ele porta então em si os pensamentos aos quais a força é submetida.

A natureza da relação, e da atenção indispensável para concebê-la, era aos olhos dos gregos uma prova de que a necessidade é realmente obediência a Deus. Eles tinham uma outra prova. Eram os símbolos inscritos nas relações em si mesmas, como a assinatura do pintor está escrita em um quadro.

O simbolismo grego explica o fato de que Pitágoras tenha oferecido um sacrifício em sua alegria de ter encontrado a inscrição do triângulo retângulo no semicírculo.

O círculo, aos olhos dos gregos, era a imagem de Deus. Pois um círculo que gira em torno de si mesmo é um movimento em que nada muda e perfeitamente fechado em si mesmo. O símbolo do movimento circular expressava para eles a mesma verdade que é expressa no dogma cristão pela concepção do ato eterno de onde procedem as relações entre as Pessoas da Trindade.

A média proporcional era a seus olhos a imagem da mediação divina entre Deus e as criaturas. Os trabalhos matemáticos dos pitagóricos tinham por objeto a procura de médias proporcionais entre números que não fazem parte de uma mesma progressão geométrica, por exemplo entre a unidade e um número não quadrado. O triângulo retângulo lhes forneceu a solução. O triângulo retângulo é o reservatório de todas as médias proporcionais. Mas desde que é passível de ser inscrito no semicírculo, o círculo o substitui nessa função. Assim, o círculo, imagem geométrica de Deus, é a fonte da imagem geométrica da Mediação divina. Um encontro tão maravilhoso valia um sacrifício.

A geometria é, assim, uma linguagem dupla, que ao mesmo tempo dá informações sobre as forças que estão em ação na matéria e fala das relações sobrenaturais entre Deus e as criaturas. Ela é como essas letras cifradas que parecem igualmente coerentes antes e depois da decifração.

O cuidado com o símbolo desapareceu completamente de nossa ciência. No entanto, bastaria se dar ao trabalho para ler facilmente, em certas partes ao menos da matemática moderna, como a teoria dos conjuntos ou o cálculo integral, símbolos tão claros, tão belos, tão plenos de significado espiritual quanto o do círculo e da mediação.

Do pensamento moderno à sabedoria antiga o caminho seria curto e direto, se se quisesse segui-lo.

Na filosofia moderna apareceram um pouco por todo lado, sob diferentes formas, análises suscetíveis de preparar uma teoria completa da percepção sensível. A verdade fundamental que revelaria uma tal teoria é que a realidade dos objetos percebidos pelos sentidos não reside nas impressões sensíveis, mas unicamente nas necessidades cujas impressões constituem os sinais.

Este universo onde nós estamos não tem outra realidade além da necessidade; e a necessidade é uma combinação de relações que se esvaem assim que deixam de ser sustentadas por uma atenção elevada e pura. Este universo em torno de nós é pensamento materialmente presente em nossa carne.

A ciência, em suas diferentes áreas, capta através de todos os fenômenos relações matemáticas ou análogas às relações matemáticas. A matemática eterna, essa linguagem com duas finalidades, é o pano com a qual é tecida a ordem do mundo.

Todo fenômeno é uma modificação na distribuição da energia, e por isso é determinado pelas leis da energia. Mas há várias espécies de energia, e elas estão dispostas em uma ordem hierárquica. A força mecânica, gravidade ou gravitação no sentido de Newton, que nos faz continuamente sentir sua coação, não é a espécie mais elevada. A luz impalpável e sem peso é uma energia que faz as árvores e as espigas de trigo subirem apesar da gravidade. Nós a comemos no trigo e nos frutos, e sua presença em nós nos dá a força de nos manter de pé e trabalhar.

Um infinitamente pequeno, em certas condições, opera de uma maneira decisiva. Não há massa tão pesada que um ponto não lhe seja equivalente; pois uma massa não cai se está sustentada por um só ponto, à condição de que esse ponto seja o centro de gravidade. Certas transformações químicas têm como condição a atividade de bactérias quase invisíveis. Os catalisadores são fragmentos imperceptíveis de matéria cuja presença é indispensável para outras transformações químicas. Outros fragmentos minúsculos, de composição quase idêntica, têm por sua presença uma virtude não menos decisiva de inibição; sobre esse mecanismo está fundada a mais potente das medicações recentemente descobertas.

Assim, não é somente a matemática, é a ciência inteira que, sem que pensemos em notá-lo, é um espelho simbólico das verdades sobrenaturais.

A psicologia moderna gostaria de fazer do estudo da alma uma ciência. Um pouco mais de precisão bastaria para chegar lá. Seria necessário adotar como base a noção de matéria psíquica, ligada ao axioma de Lavoisier, válido para toda matéria, "nada se perde, nada se cria"; dito de outro modo, as mudanças são ou modificações de forma, sob as quais algo persiste, ou deslocamentos, mas nunca simplesmente aparecimentos e desaparecimentos. Seria preciso introduzir a noção de limite, e estabelecer como princípio que na parte terrestre da alma tudo é finito, limitado, suscetível de esgotamento. Enfim, seria preciso introduzir a noção de energia, estabelecendo que os fenômenos psíquicos, como os fenômenos físicos, são modificações na repartição e na qualidade da energia e são determinados pelas leis da energética.

As tentativas contemporâneas de fundar uma ciência social se cumpririam, também elas, ao preço de um pouco mais de precisão. Seria preciso adotar como base a noção platônica do grande animal ou a noção apocalíptica da Besta. A ciência social é o estudo do grande animal e deve descrever minuciosamente a anatomia, a fisiologia, os reflexos naturais e condicionados, as técnicas de adestramento.

A ciência da alma e a ciência social são uma e outra totalmente impossíveis se a noção de sobrenatural não for rigorosamente definida e introduzida na ciência, a título de noção científica, para ser manejada com uma extrema precisão.

Se as ciências do homem fossem assim fundadas por métodos de um rigor matemático, e mantidas ao mesmo tempo em ligação com a fé; se nas ciências da natureza e na matemática a interpretação simbólica retomasse o lugar que tinha no passado; a unidade da ordem estabelecida neste universo apareceria em sua soberana clareza.

A ordem do mundo é a beleza do mundo. O que difere é somente o regime da atenção, segundo se tenta conceber as relações necessárias que a compõem ou contemplar seu brilho.

Há uma única e mesma coisa que, relativamente a Deus, é Sabedoria eterna, relativamente ao universo, perfeita obediência, relativamente ao nosso amor, beleza, relativamente à nossa inteligência, equilíbrio das relações necessárias, relativamente à nossa carne, força brutal.

Hoje, a ciência, a história, a política, a organização do trabalho, até mesmo a religião na medida em que está marcada pela mácula romana, não oferecem ao pensamento dos homens mais do que a força bruta. Tal é nossa civilização. Essa árvore porta os frutos que merece.

O retorno à verdade faria aparecer entre outras coisas a verdade do trabalho físico.

O trabalho físico consentido é, depois da morte, a forma mais perfeita da virtude da obediência.

O caráter penoso do trabalho indicado pelo relato do Gênesis foi mal compreendido, na falta de uma noção justa do castigo. Lê-se erradamente nesse texto uma nuance de desdém pelo trabalho. É mais provável que tenha sido transmitido por uma civilização muito antiga em que o trabalho físico era reverenciado acima de qualquer outra atividade.

Vários sinais indicam que houve uma tal civilização, que há muito tempo o trabalho físico era por excelência uma atividade religiosa e por isso uma coisa sagrada. Os Mistérios, religião de toda a Antiguidade pré-romana, estavam inteiramente fundados em expressões simbólicas da salvação da alma retiradas da agricultura. O mesmo simbolismo se encontra nas parábolas do Evangelho. O papel de Hefesto no Prometeu de Ésquilo parece evocar uma religião de ferreiros. Prometeu é exatamente a projeção intemporal de Cristo, um Deus crucificado e redentor que veio lançar um fogo sobre a terra; no simbolismo grego como no Evangelho, o fogo é a imagem do Espírito Santo. Ésquilo, que nunca diz nada por acaso, diz que o fogo dado por Prometeu aos homens era propriedade pessoal de Hefesto, o que parece indicar que

Hefesto é sua personificação. Hefesto é um deus ferreiro. Imagina-se uma religião de ferreiros vendo no fogo que torna o ferro dócil a imagem da operação do Espírito Santo sobre a natureza humana.

Houve talvez um tempo em que uma verdade idêntica estava traduzida em diferentes sistemas de símbolos, e em que cada sistema era adaptado a um certo trabalho físico de maneira a fazer dele a expressão direta da fé.

Em todo caso, todas as tradições religiosas da Antiguidade, inclusive o Antigo Testamento, fazem remontar os ofícios a um ensinamento direto de Deus. A maioria afirma que Deus se encarnou para essa missão pedagógica. Os egípcios, por exemplo, pensavam que a encarnação de Osíris havia tido como objeto ao mesmo tempo esse ensinamento prático e a Redenção pela Paixão.

Independentemente da verdade encerrada nesses relatos extremamente misteriosos, a crença em um ensinamento direto dos ofícios por Deus implica a lembrança de um tempo em que o exercício dos ofícios era por excelência uma atividade sagrada.

Não resta disso nenhum traço em Homero, nem em Hesíodo, nem na Grécia clássica, nem no pouco que sabemos das outras civilizações da Antiguidade. Na Grécia o trabalho era coisa servil. Nós não podemos saber se já o era antes da invasão helênica, no tempo dos pelasgos, nem se os Mistérios conservavam explicitamente em seu ensinamento secreto a lembrança de um tempo em que era reverenciado. Logo no início da Grécia clássica nós vemos findar uma forma de civilização em que, salvo o trabalho físico, todas as atividades humanas eram sagradas; em que arte, poesia, filosofia, ciência e política não se distinguiam, por assim dizer, da religião. Um século ou dois mais tarde, por um mecanismo que discernimos mal, mas em que, em todo caso, o dinheiro desempenhou um papel importante, todas essas atividades tinham se tornado exclusivamente profanas e apartadas de qualquer inspiração espiritual. O pouco de religião que permanecia era relegado aos lugares reservados ao culto. Platão, em sua época, era uma sobrevivência de um passado já distante. Os estoicos gregos foram uma chama que reluziu de uma faísca ainda viva do passado.

Os romanos, nação ateia e materialista, aniquilaram os restos de vida espiritual nos territórios ocupados por eles por meio do extermínio; eles só adotaram o cristianismo esvaziando-o de seu conteúdo espiritual. Sob sua dominação, toda atividade humana sem distinção foi coisa servil; e eles acabaram por privar de toda realidade a instituição da escravidão, o que preparou seu desaparecimento, rebaixando ao estado de escravidão todos os seres humanos.

Os pretensos bárbaros, dos quais muitos sem dúvida eram originários da Trácia e por isso nutridos da espiritualidade dos Mistérios, levaram o cristianismo a sério. O resultado foi a necessidade de haver uma civilização cristã. Nós vemos aparecer a promessa dela nos séculos XI e XII. Os países ao sul do Rio Loire, que eram o principal centro de difusão dela, estavam impregnados ao mesmo tempo de espiritualidade cristã e de espiritualidade antiga; se for verdade ao menos que os Albigenses são maniqueístas, e por isso procedem não somente do pensamento persa, mas também do pensamento gnóstico, estoico, pitagórico, egípcio. A civilização então em germe teria sido pura de toda mácula de escravidão. Os ofícios estariam no centro.

O quadro que faz Maquiavel da Florença do século XII é um modelo do que o jargão moderno chamaria de uma democracia sindical. Em Toulouse, os cavaleiros e os operários lutavam lado a lado contra Simon de Monfort para defender o mesmo tesouro espiritual, que lhes era comum. As corporações, instituídas no curso desse período de gestação, eram instituições religiosas. Basta ver uma igreja românica, ouvir uma melodia gregoriana, ler um dos poemas perfeitos dos trovadores, ou, melhor ainda, os textos litúrgicos, para reconhecer que a arte era indiscernível da fé tanto quanto na Grécia em seu melhor momento.

Mas uma civilização cristã, em que a luz cristã teria iluminado a vida inteira, só teria sido possível se a concepção romana do assujeitamento pela Igreja tivesse sido eliminada. A luta encarniçada e vitoriosa de São Bernardo contra Abelardo mostra que seria preciso muito esforço. No início do século XIII a civilização ainda a nascer foi destruída pelo aniquilamento de seu principal centro, isto é, os países ao sul do Rio Loire, pelo estabelecimento da Inquisição, e pelo sufocamento do pensamento religioso sob a noção de ortodoxia.

A noção de ortodoxia, separando rigorosamente o domínio relativo ao bem das almas, que é o de uma submissão incondicionada do pensamento a uma autoridade exterior, e o domínio relativo às coisas ditas profanas, no qual a inteligência é livre, torna impossível essa penetração mútua do religioso e do profano que seria a essência de uma civilização cristã. É em vão que todos os dias, na missa, um pouco de água é misturado com o vinho.

Os séculos XIII, XIV, o início do XV, são o período de decadência da Idade Média. Degradação progressiva e morte de uma civilização que não tivera o tempo de nascer, ressecamento progressivo de um simples germe.

Por volta do século XV ocorreu a primeira Renascença, que foi como um fraco pressentimento de ressurreição da civilização pré-romana e do espírito do século XII. A Grécia autêntica, Pitágoras, Platão, foram então objeto de um respeito religioso que se unia em perfeita harmonia com a fé cristã. Mas essa atitude de espírito foi muito breve.

Logo veio a segunda Renascença cuja orientação era oposta. É ela que produziu o que nós nomeamos de nossa civilização moderna.

Nós temos muito orgulho dela, mas não ignoramos que ela está doente. E todo mundo concorda quanto ao diagnóstico da doença. Ela está doente por não saber com justeza que lugar conceder ao trabalho físico e aos que o executam.

Muitas inteligências se esgotam nesse problema, alvoroçando-se enquanto tateiam. Não se sabe por onde começar, de onde partir, pelo que se guiar; assim os esforços são estéreis.

O melhor é meditar o velho relato do Gênesis, situando-o no meio que é o seu, o do pensamento antigo.

Quando um ser humano se pôs por um crime fora do bem, o verdadeiro castigo constitui sua reintegração na plenitude do bem por meio da dor. Nada é maravilhoso como um castigo.

O ser humano se pôs fora da obediência. Deus escolheu como castigos o trabalho e a morte. Por consequência, o trabalho e a morte, se o ser humano os sofre consentindo a sofrê-los, constituem um transporte no bem supremo da obediência a Deus.

Isso é de uma evidência luminosa se, como a Antiguidade, considera-se a passividade da matéria inerte como a perfeição da obediência a Deus, e a beleza do mundo como o brilho da perfeita obediência.

Independentemente do significado misterioso da morte no céu, ela é aqui embaixo a transfiguração de um ser feito de carne trepidante e de pensamento, de um ser que deseja e odeia, espera e teme, quer e não quer, em um pequeno amontoado de matéria inerte.

O consentimento a essa transformação é para o ser humano o ato supremo de total obediência. É por isso que São Paulo diz do próprio Cristo, acerca da Paixão, *o que Ele sofreu lhe ensinou a obediência e o tornou perfeito* [cf. Hb 5,8-9].

Mas o consentimento à morte só pode ser plenamente real quando a morte se faz presente. Ele só pode estar próximo da plenitude quando a morte está perto. Quando a possibilidade da morte é abstrata e distante, ele é abstrato.

O trabalho físico é uma morte cotidiana.

Trabalhar é colocar seu próprio ser, alma e carne, no circuito da matéria inerte, fazer dele um intermediário entre um estado e um outro estado de um fragmento de matéria, fazer dele um instrumento. O trabalhador faz de seu corpo e de sua alma um apêndice do instrumento que maneja. Os movimentos de seu corpo e a atenção do espírito estão em função das exigências do instrumento, que por si mesmo é adaptado à matéria do trabalho.

A morte e o trabalho são coisas de necessidade e não de escolha. O universo se doa ao ser humano no alimento e no calor somente se o ser humano se doa ao universo no trabalho. Mas a morte e o trabalho podem ser sofridos com revolta ou consentimento. Eles podem ser sofridos em sua verdade nua ou cobertos pela mentira.

O trabalho violenta a natureza humana. Ora há superabundância de forças juvenis que querem gastar-se e não encontram emprego; ora há esgotamento, e a vontade deve sem cessar suplementar, ao preço de uma tensão muito dolorosa, a insuficiência da energia física; há mil preocupações, cuidados, angústias, mil desejos, mil curiosidades que arrastam o pensamento para longe; a monotonia causa desgosto; e o tempo pesa com um peso quase intolerável.

O pensamento humano domina o tempo e percorre sem cessar, com rapidez, o passado e o porvir, atravessando qualquer intervalo; mas aquele que trabalha está submetido ao tempo à maneira da matéria inerte que atravessa um instante após o outro. É por aí sobretudo que o trabalho violenta a natureza humana. É por isso que os trabalhadores expressam o sofrimento do trabalho pela expressão "encontrar o tempo longo".

O consentimento à morte, quando a morte está presente e é vista em sua nudez, é um arrebatamento supremo, instantâneo, do que cada um chama de eu. O consentimento ao trabalho é menos violento. Mas onde está completo, ele se renova a cada manhã ao longo de toda uma existência humana, dia após dia, e a cada dia dura até a noite, e isso recomeça no dia seguinte, e isso se prolonga frequentemente até a morte. A cada manhã o trabalhador consente o trabalho por aquele dia e pela vida inteira. Ele consente triste ou alegre, preocupado ou ávido de diversão, cansado ou transbordando de energia.

Imediatamente depois do consentimento à morte, o consentimento à lei que torna o trabalho indispensável à conservação da vida é o ato mais perfeito de obediência que seja dado ao ser humano realizar.

Sendo assim, as outras atividades humanas, mandamento dos homens, elaboração de planos técnicos, arte, ciência, filosofia, e assim vai, são todas inferiores ao trabalho físico com significado espiritual.

É fácil definir o lugar que deve ocupar o trabalho físico em uma vida social e bem ordenada. Ele deve ser o seu centro espiritual.

Série **Clássicos da Espiritualidade**

– *A nuvem do não saber*
Anônimo do século XIV

– *Tratado da oração e da meditação*
São Pedro de Alcântara

– *Da oração*
João Cassiano

– *Noite escura*
São João da Cruz

– *Relatos de um peregrino russo*
Anônimo do século XIX

– *O espelho das almas simples e aniquiladas e que permanecem somente na vontade e no desejo do Amor*
Marguerite Porete

– *Imitação de Cristo*
Tomás de Kempis

– *De diligendo Deo – "Deus há de ser amado"*
São Bernardo de Claraval

– *O meio divino – Ensaio de vida interior*
Pierre Teilhard de Chardin

– *Itinerário da mente para Deus*
São Boaventura

– *Teu coração deseja mais – Reflexões e orações*
Edith Stein

– *Cântico dos Cânticos*
Frei Luís de León

– *Livro da Vida*
Santa Teresa de Jesus

– *Castelo interior ou Moradas*
Santa Teresa de Jesus

– *Caminho de perfeição*
Santa Teresa de Jesus

– *Conselhos espirituais*
Mestre Eckhart

– *O livro da divina consolação*
Mestre Eckhart

– *A nobreza da alma humana e outros textos*
Mestre Eckhart

– *Carta a um religioso*
Simone Weil

- *De mãos vazias – A espiritualidade de Santa Teresinha do Menino Jesus*
  Conrado de Meester
- *Revelações do amor divino*
  Juliana de Norwich
- *A Igreja e o mundo sem Deus*
  Thomas Merton
- *Filoteia*
  São Francisco de Sales
- *A harpa de São Francisco*
  Felix Timmermann
- *Tratado do amor de Deus*
  São Francisco de Sales
- *Espera de Deus*
  Simone Weil
- *Contemplação num mundo de ação*
  Thomas Merton
- *Pensamentos desordenados sobre o amor de Deus*
  Simone Weil
- *Aos meus irmãozinhos*
  Charles de Foucauld
- *Revelações ou a luz fluente da divindade*
  Matilde de Magdeburg
- *A sós com Deus*
  Charles de Foucauld
- *Pequena filocalia*
  Jean-Yves Leloup
- *Direção espiritual e meditação*
  Thomas Merton
- *As sete palavras do Cristo na Cruz*
  São Roberto Belarmino
- *Tende o Senhor no coração*
  Mestre de São Bartolo
- *O Pão Vivo*
  Thomas Merton
- *O enraizamento*
  Simone Weil
- *Na liberdade da solidão*
  Thomas Merton
- *O sermão do Senhor na montanha*
  Santo Agostinho

Conecte-se conosco:

- facebook.com/editoravozes
- @editoravozes
- @editora_vozes
- youtube.com/editoravozes
- +55 24 2233-9033

www.vozes.com.br

Conheça nossas lojas:

www.livrariavozes.com.br

Belo Horizonte – Brasília – Campinas – Cuiabá – Curitiba
Fortaleza – Juiz de Fora – Petrópolis – Recife – São Paulo

EDITORA VOZES LTDA.
Rua Frei Luís, 100 – Centro – Cep 25689-900 – Petrópolis, RJ
Tel.: (24) 2233-9000 – E-mail: vendas@vozes.com.br